搭地鐵
玩遍北京

太雅

世界主題之旅 61

搭地鐵 玩遍北京

2020年版

作　　者　黃靜宜

總 編 輯　張芳玲
發想企劃　taiya旅遊研究室
修訂協力　寶島李、林婻妁、田宇宸
編輯部主任　張焙宜
主責編輯　謝樹華
修訂主編　李辰翰、鄧鈺澐
封面設計　許志忠
美術設計　許志忠
地圖繪製　許志忠

國家圖書館出版品預行編目資料

搭地鐵玩遍北京／黃靜宜作.
— 六版. — 臺北市 : 太雅, 2019. 09
面； 公分. —（世界主題之旅；61）
ISBN 978-986-336-340-8（平裝）
1.火車旅行　2.地下鐵路　3.北京市
671.096　108010412

太雅出版社
TEL：(02)2882-0755 FAX：(02)2882-1500
E-MAIL：taiya@morningstar.com.tw
郵政信箱：台北市郵政53-1291號信箱
太雅網址：http://taiya.morningstar.com.tw
購書網址：http://www.morningstar.com.tw
讀者專線：(04)2359-5819 分機230

出 版 者　太雅出版有限公司
台北市11167劍潭路13號2樓
行政院新聞局局版台業字第五〇〇四號

總 經 銷　知己圖書股份有限公司
106台北市辛亥路一段30號9樓
TEL：(02)2367-2044 / 2367-2047　FAX：(02)2363-5741
407台中市西屯區工業30路1號
TEL：(04)2359-5819 FAX：(04)2359-5493
E-mail：service@morningstar.com.tw
網路書店 http://www.morningstar.com.tw
郵政劃撥 15060393(知己圖書股份有限公司)

法律顧問　陳思成律師

印　　刷　上好印刷股份有限公司　TEL：(04)2315-0280
裝　　訂　大和精緻製訂股份有限公司　TEL：(04)2311-0221

六　　版　西元2019年09月10日
定　　價　390元
(本書如有破損或缺頁，退換書請寄至：台中市工業30路1號 太雅出版倉儲部收)

ISBN 978-986-336-340-8
Published by TAIYA Publishing Co.,Ltd.
Printed in Taiwan

編輯室：本書內容為作者實地採訪的資料，書本發行後，開放時間、服務內容、票價費用、商店餐廳營業狀況等，均有變動的可能，建議讀者多利用書中的網址查詢最新的資訊，也歡迎實地旅行或是當地居住的讀者，不吝提供最新資訊，以幫助我們下一次的增修。聯絡信箱：taiya@morningstar.com.tw

隆福寺

作者序

在北京待了近2年，我很幸運是個「全職」的漫遊者，有目標也好，沒有也罷，可以一時興起就往城市的深處前去。常常在一陣瞎闖胡走之後，發現自己腿已經快斷了，但看著北京地圖上又少了一塊陌生地帶，對這座城市又認識了一層，一種成就感油然而生。

一群同在異鄉晃蕩的台灣朋友，經常相約尋訪京城的好吃好玩之處，也讓北京的旅居生活更加多采多姿，所以本書不僅是我的「北京漫遊集」，也綜合了許多北京台灣客的漫遊心得。我總覺得理想的旅遊書應該兼顧觀光客的需求，也有在地人的視野，這也是我寫《搭地鐵玩遍北京》遵循的原則！

這些年來兩岸關係經歷了從必須經第三地轉機到直航開通這樣的巨大變化，而北京亦藉由舉辦奧運的洗禮，對世界展現其除了是政治中心以外的亮麗面貌。北京不斷在變，兩岸關係也不斷在變，而身為旅人的你我，所能做的就是恣意享受這座城市的變與不變。不管你是初次造訪，還是已有數面之緣，相信北京永遠會有你沒看到的新角落。所以，還等什麼？現在就出發吧。北京歡迎你！

作者 **黃靜宜**
Sindia

關於作者

黃靜宜

1974年生，中央大學中文系畢業。曾任電子、平面媒體記者近10年。於網路媒體、旅遊雜誌等發表多篇北京報導，現為文字工作者。

個人部落格：blog.udn.com/sindia2007

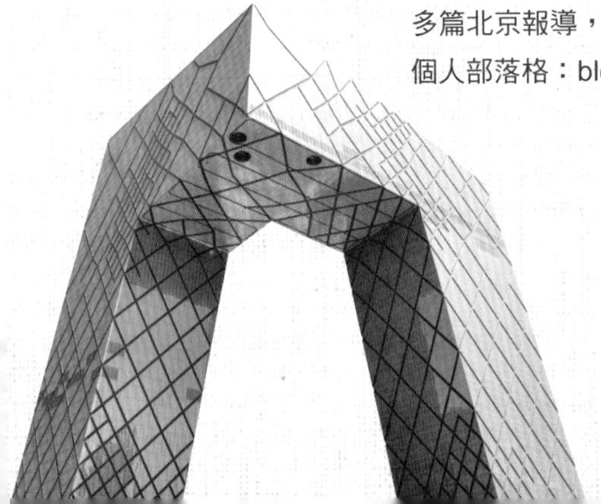

新版修訂者序

寶島李，一名專職廣告人兼過氣的部落客，閒暇無事就愛瞎研究歷史與美食，持續經營並更新部落格與FB《寶島李的愛碗亭》。現定居於北京，認為了解一個城市，就要從吃開始，因此經常與北京吃貨同好在各大著名美食大飯店、酒樓、餐廳、酒吧、路邊攤踢館。

2010年陰錯陽差的來到北京工作，那是08年北京奧運會之後，經過整治的北京，沙塵暴得到控制，整個改頭換面，天空總是透藍。春天的時候，百花盛開，潛伏了一個冬天的枯樹也發出嫩芽，這時能親眼目睹從小到大在課本上描述的、春天樹木換上的「新綠」是什麼顏色，那是種生意盎然的綠，除了綠以外，還能感受到生命用盡全力茁壯的正能量。夏天的時候，滿城的柳絮飛舞，見識了「白雪紛紛何所似，灑鹽空中差可擬，未若柳絮因風起」。

秋天是北京最棒的時節，經常有大風，天空中沒有一絲雲朵，少了參照物，天空看起來特別的高，這才領略何謂「秋高氣爽」，而秋天轉為金黃的銀杏，令北京搖身一變成為「滿城盡帶黃金甲」的黃金城則更令人驚奇。冬天算是最令人頭疼的了，空氣中總是瀰漫著一股燒煤供暖的煙燻味，不過最令人興奮的當屬下雪的時候，下過雪後，白雪靄靄的北京城當下就成了水墨畫中的北平。

慢慢的看，細細的品，北京的文化就跟北京的燒餅一樣，越嚼越有麵香，越嚼越有味道。

修訂協力

寶島李

田宇宸

林婧妁

目錄

編輯室提醒

出發前，請記得利用書上提供的Data再一次確認

每一個城市都是有生命的，會隨著時間不斷成長，「改變」於是成為不可避免的常態，雖然本書的作者與編輯已經盡力，讓書中呈現最新最完整的資訊，但是，我們仍要提醒本書的讀者，必要的時候，請多利用書中的電話，再次確認相關訊息。

資訊不代表對服務品質的背書

本書作者所提供的飯店、餐廳、商店等等資訊，是作者個人經歷或採訪獲得的資訊，本書作者盡力介紹有特色與價值的旅遊資訊，但是過去有讀者因為店家或機構服務態度不佳，而產生對作者的誤解。敝社申明，「服務」是一種「人為」，作者無法為所有服務生或任何機構的職員背書他們的品行，甚或是費用與服務內容也會隨時間調動，所以，因時因地因人，可能會與作者的體會不同，這也是旅行的特質。

新版與舊版

太雅旅遊書中銷售穩定的書籍，會不斷再版，並利用再版時做修訂工作。通常修訂時，還會新增餐廳、店家，重新製作專題，所以舊版的經典之作，可能會縮小版面，或是僅以情報簡短附錄。不論我們作何改變，一定考量讀者的利益。

票價震盪現象

越受歡迎的觀光城市，參觀門票和交通票券的價格，越容易調漲，但是調幅不大(例如倫敦)，若出現跟書中的價格有微小差距，請以平常心接受。

謝謝眾多讀者的來信

過去太雅旅遊書，透過非常多讀者的來信，得知更多的資訊，甚至幫忙修訂，非常感謝你們幫忙的熱心與愛好旅遊的熱情。歡迎讀者將你所知道的變動後訊息，善用我們提供的「線上讀者情報上傳表單」或是直接寫信來taiya@morningstar.com.tw，讓華文旅遊者在世界成為彼此的幫助。

太雅旅行作家俱樂部

全書地圖目錄

如何使用本書

本書希望讓讀者能在行前充分的準備，了解當地的生活文化、基本資訊，以及自行規畫旅遊行程，從賞美景、嘗美食、買特產，還能住得舒適，擁有一趟最深度、最優質、最精彩的自助旅行。書中規畫簡介如下：

地圖資訊符號

- 金額
- 地址
- 電話
- 時間
- 地圖位置
- 前往方式
- 網址
- 電子信箱
- 傳真
- 休息時間
- 資訊
- 注意事項
- 旅館飯店
- 購物商店
- 餐廳美食
- 觀光景點
- 休閒娛樂
- 劇場表演

旅遊基本資訊

從簽證、班機、貨幣匯率、氣候等，以及當地的機場交通、市區交通、營業時間、物價、小費、緊急電話等資訊一應俱全。

地鐵快易通

了解北京的地鐵系統及如何買票和搭乘，Step by Step圖文對照，輕鬆成為地鐵通，自由穿梭北京。

住宿情報

針對北京各地，介紹不同等級的住宿好所在，滿足不同的住宿需求。

北京印象

中國北京的9大特色印象，還沒出發就先感受城市氛圍！

特色街道走走逛逛

專題介紹南鑼鼓巷、菸袋斜街等特色街區，帶你深入北京獨有的胡同文化。

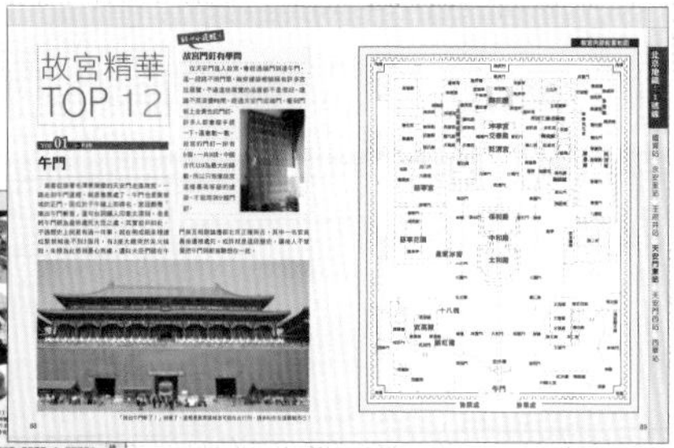

專題報導

北京故宮、天壇、北海公園等，占地廣闊，該從何處著手，才能短時間內走訪精華之地？看專題報導準沒錯。

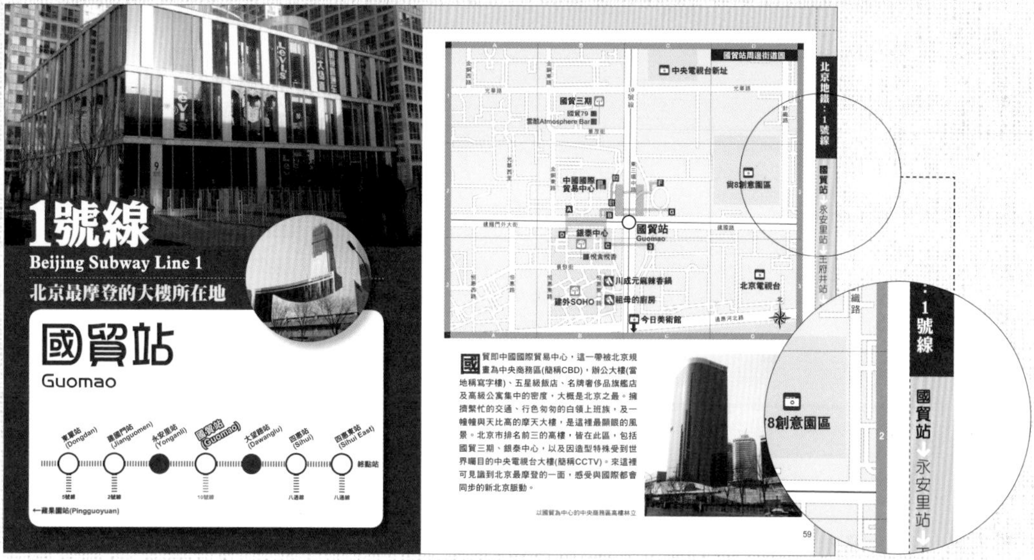
1號線
Beijing Subway Line 1
北京最摩登的大樓所在地
國貿站
Guomao
國貿站周邊街道圖
北京地鐵：1號線
國貿站
永安里站
8創意園區
59

▲
地鐵路線簡圖
不僅有前一站、下一站的相對位置，還包含路線代號編碼、前往地區方向及轉乘路線資訊，輕鬆掌握你的地鐵動線。

▲
地鐵站周邊街道圖
將該站景點、購物、美食的地點位置全都標示在地圖上。

▲
邊欄索引
顯示各單元主題、地鐵路線的顏色、站名，讓你一目了然。

北京達人3大推薦
從作者最愛、焦點必訪、在地人推薦3個角度，推選出必遊必玩之處。
▼

主題景點與購物美食
以遊賞去處、購物血拼、特色美食、休閒娛樂，4大主題引領你進入北京這個城市。
▼

北京達人 Beijing
3大推薦地
腳下咖啡
菸袋斜街
姚記炒肝
宋慶齡故居
湖畔美景一覽無遺
後海
後海這一大片水域其實包含後海、前海及西海(即積水潭)，又稱為什剎海，因這10間寺廟而得名。後海和前海以「銀錠橋」相隔，水域其實是相通的，這一帶周邊酒吧林立，又有後海酒吧街之稱，是遊客最集中的地區。西海則在西北角，鄰近積水潭地鐵站，遊客相對較少。
遊賞去處
購物血拼
特色美食
休閒娛樂
250
251

▲
DATA
提供景點、商店、餐廳詳盡的地址、電話、營業時間和價錢等資訊。

北京旅遊黃頁簿

About Beijing

前往與抵達

簽證

欲前往北京，需有台胞證，台胞證有效期限應在6個月以上。若無台胞證，必須請旅行社代辦，旅行社收費從1,600～1,800元不等，需7個工作天。北京首都機場可辦理落地新證(一次有效台胞證)，但為避免攜帶文件有所遺漏，建議還是事先辦好比較安心。

中華民國
REPUBLIC OF CHINA
TAIWAN
護照
PASSPOR
台湾居民
来往大陆通行证

■辦理台胞證所需文件

1. 護照影本(效期6個月以上，依實際大小影印完整清楚)。
2. 14歲以上備身分證影本(依實際大小影印完整清楚)。
3. 14歲以下備戶口名簿影本。
4. 2吋彩色白底近照(3～6個月內照片，建議不要著白上衣，以免掃描不過)。
5. 有改名者，需附上個人戶籍謄本。
6. 若舊台胞證未過期需附上。

■如何辦理落地簽(一次有效台胞證)

1. 中華民國護照正本(效期建議3個月以上，實際依航空公司及各關口為主)。

2.14歲以上需持身分證正本，14歲以下持戶口名簿正本或戶籍謄本正本。

3.需填妥台灣居民口岸簽證申請表。

4.2吋彩色照片2張(3個月內，需護照規格的大頭照)。

5.費用依各關口為準(一般為¥50元，需自備人民幣)。

註1：因各機場辦理台胞證櫃檯開放時間不一，最好於行前先洽請航空公司，讓該機場櫃檯事先了解，何時有旅客欲辦理落地台胞證，以確保入境時可順利申辦，或是在行前先辦理好台胞證。

註2：若經常來北京，也可在通過海關後，持台胞證辦理自動通關，可以節省不少時間。

人民幣兌換

人民幣單位符號是「¥」，面額最大為100，其次為50、10、5、1、5角、1角。台灣不少銀行已經開辦人民幣兌換業務。在北京要換人民幣，建議可到「中國銀行」辦理，可直接以台幣兌換人民幣，其他銀行可能要拿美金才能兌換。

機場與交通

機場

北京首都機場有3個航站，從台灣到北京的旅客，一般會在最新的T3航站進出，少數在T2航站(依據搭乘航空公司不同而有所差異，詳情可上官網查詢)。T3航站是全世界最大的單體航站，入關後，通常還得搭乘電車，才能抵達正確的登機門，故旅客最好多預留時間搭機。

貼心小提醒！

辨別假鈔有撇步

¥50真鈔左下角50的字體，應該要隨著角度不同而變色。把紙鈔拿起來透光看，可以看到左下角還有一個50的隱形數字。其次，紙幣的人頭、頭髮、衣領等處，摸起來的手感應該是凹凸不平的，假鈔則很平滑。

¥100真鈔從人頭像頭髮、衣領處摸起來有凹凸手感，100字樣隨角度不同，會有顏色變化，此外，真鈔左邊空白處對著光線看時，可看到清晰、有立體感的人頭浮水印。另外，背面的防偽線寬窄一致，線上隱約可看到一排很小的100字樣，間隔有序。另外，右上角100字樣下端的花紋內，印有100的隱形數字。

進入市區

■搭乘出租車

從機場進入北京市區，有3種方式。其一是搭乘機場排班出租車，費用按跳表計算，另加高速公路過路費¥10。一般而言到東三環一帶，車資約需¥80～90，耗時約30～40分鐘，是3種方式中最方便的，但需注意北京會嚴重塞車，上下班時間切勿搭乘。

■搭乘機場巴士

機場巴士共有17條線路(路線資訊可上北京首都機場官網查詢)，可通達北京各處，1樓的7號門外有售票處，根據前往的地點不同，票價從¥15～30不等，是3種方式中最便宜的，但空間較狹窄，帶大件行李的人最好不要嘗試。

http www.bcia.com.cn

■搭乘機場快軌

機場快軌共停2站，一是與

地鐵10號線相交的三元橋站，二是與地鐵2號線及13號線相交的東直門站，票價均￥25，20分鐘到東直門站，可直接轉乘地鐵，是3種方式中最快的，但須注意首班與末班發車時間，以免撲空。發車時間請見P.17機場線。

市區交通

北京市內的大眾運輸工具有公交(即公車)和地鐵，可買單次車票，若搭乘頻率高，也可以買「一卡通」儲值卡，能省去每次排隊購票的麻煩。一卡通可在地鐵站內購買，每張需押金￥20。

出租車

北京出租車基本上很安全，不同車身顏色代表不同公司，無價錢差別，但是司機服務水準參差不齊，有時候是花錢買罪受，其中以「北汽」出租車服務與車況最優，不過車少，可遇不可求。大陸稱「搭出租車」為「打車」，稱「司機」為「師傅」。上下班尖峰時間一車難求，最好改乘地鐵，或使用APP叫車(詳見實用APP

P.13)。打車時最好告知師傅目的地的地標而非地址，如某某小區(即社區)、某某公寓或公園等，因為北京門牌號碼實在不好找。

出租車車資

北京出租車費起步價￥13(3公里以內)，再加燃油附加費￥1／次。每公里加￥2.3。塞車時的低速等候費為每5分鐘￥4.6。另外夜間行駛(23:00～05:00)計價器會自動加價20%。北京出租車均提供發票，下車時記得索取，若不慎在車上遺失物品還可循發票上的電話找回。

北京叫車服務電話：

- 金銀建調度中心：96103
- 北京出租車調度中心：68373399或96106
- 奇華調度中心：961001

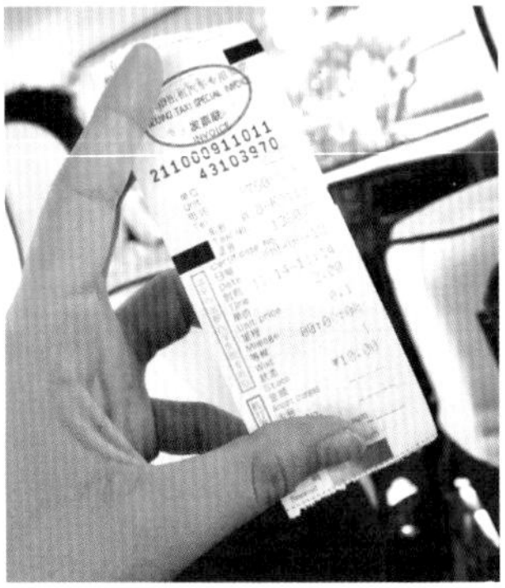

出租車收據

公交

北京公交10公里(含以下)￥2，10公里以上每5公里加￥1，「一卡通」可享半價優惠。線路四通八達，相當方便，而且有公車專用道，如果

510
牡丹园西－双泉堡东
北辰西路北口

公交車站牌

剛好要去的地方有公交站，搭公交甚至可能還比出租車快。

地鐵

詳見「北京地鐵快易通」(P.14)。

北京市區概況

北京很大，面積約有16,400平方公里，是台北的6倍多，由內而外，共有二環、三環、四環、五環、六環、七環等6條環狀道路。當地人會以東南西北表示方位，輔以幾環表示距離定位大致地點，比如東二環、西四環等等。

二環內是北京最主要的古蹟如故宮、雍和宮等遍布的老城區。三、四環是商業及住宅區，經常塞車。五環外基本上屬於郊區，以自然風光為主，如北京植物園、香山公園等。

貼心小提醒！

順遊天津轉乘方式

若欲順道前往天津，可搭4號線到地鐵「北京南站」(即火車站)，再轉搭前往天津的京津城際鐵路，只要半小時即可到達天津。

日常生活資訊

氣候

北京四季分明，春、秋短暫，夏、冬長。最適合旅遊的季節為秋季，但秋季短暫，約兩週的時間就結束；冬季溫度會降到攝氏零度以下，室內有暖氣，不會比台灣冷。北京的冬天很乾燥，除了保暖衣物外，也記得帶保濕乳液，若有防止靜電的產品也可帶著，免得被「電」。

電話

撥至中國大陸的國碼為86，北京區碼為10。台灣手機可在北京漫遊，亦可在機場及書報攤購買當地門號。

■**台灣打北京的市內電話：**
002-86-10-電話號碼

■**台灣打北京手機：**
002-86-手機號碼

■**北京打台灣市內電話：**
00-886-區域號碼(去掉0)-電話號碼

■**北京打台灣手機：**
00-886-手機號碼(去掉0)

電壓

北京電壓為220V，台灣電器需要變壓器才能在北京使用。北京插座形式多樣，建議攜帶一個萬用插座。

網路

北京的「無線網絡」非常普及，甚至小吃店、出租車上都有免費Wi-Fi，可逕行向店員詢問Wi-Fi密碼。

信用卡

稍具規模的店家、百貨公司，幾乎都可以使用VISA或MASTER卡。

醫院

北京醫療水準較其他大陸城市好，若有需要，可到有「外賓部」或「國際醫療部」的醫院就醫，費用較貴，但不用大排長龍。另外台灣人較常去的醫院有中日友好醫院、協和醫院、和睦家醫院等。

公廁

北京公廁很多，景點的廁所基本上都算乾淨，不過在某些胡同內，仍存在只有隔間沒有門的公廁，最好在飯店先上完廁所再出門，衛生紙需自備。

治安

北京是首都，治安很好，晚上出門也沒問題，但人潮擁擠的地方還是得小心扒手。

緊急電話

報警 110	交通事故 122
火警 119	查號台 114
救護車 120	

實用網站

■**北京首都之窗：**
www.beijing.gov.cn

■**北京旅遊訊息網：**
www.visitbeijing.com.cn

■**台商及台商太太新天地：**
www.taimaclub.com

■**背包客棧：**
www.backpackers.com.tw

實用APP

大陸的移動應用非常先進且廣泛，出門要是沒帶手機簡直寸步難行，以下幾款APP可以讓你的北京行更輕鬆。

以下APP需綁定大陸手機門號，可於抵達機場後，在取行李處買支大陸門號並下載安裝即可。

■**百度地圖**
適用系統：Android / ios
在大陸不建議用Google Map，建議下一個百度地圖，準確度非常高，能推薦前往目的地的最佳途徑與預估時間。

■**滴滴出行**
適用系統：Android / ios
叫不到出租車的時候，請用滴滴出行，不要傻傻的在路邊等，出租車支持現金付款，沒有支付寶或微信支付也可以用，不過開車前請跟出租車師傅問一聲能不能現金支付，免得師傅不願意，弄得不愉快。

■**大衆點評**
適用系統：Android / ios
大陸最強的生活平台，各種餐廳、影院、觀光景點門票、酒店住宿，甚至外賣訂餐，都找得到。

北京 地鐵快易通

Metropolitan Transportation

安全检查
Security Check
请您接受安检

地鐵購票通

一卡通儲值卡

卡片每張押金¥20，儲值另計，可向人工售票窗口購買。儲值金額每次需為¥10或以上的倍數。不用卡時可辦理退卡，拿回押金。不過，不是每個地鐵站都能退卡，有退卡需求可上北京地鐵官網(www.bjsubway.com)查詢。若非必要，建議不妨留存這張卡當作紀念，或是回台灣後再轉讓給需要的人。

用一卡通搭地鐵較為方便，不用每次排隊買票(尖峰時間光排隊買票就很耗時)。另外，持一卡通搭公交，可享有5折優惠，亦即1張原價¥2的車票只要¥1。如果懂得搭公交，可省下不少交通費。

票價及如何買票

北京地鐵票價按距離遠近計費，最低票價為¥3(6公里內)，搭乘距離越長費用越高。地鐵票可持零錢至站內的自動售票機或人工售票窗口購買。

自動售票機

使用一卡通的優惠方式是：支出累計滿￥100，超出部分給予8折優惠。滿￥150後超出部分給予5折優惠。累計達￥400後不再打折。

公交起步價為￥2(10公里內)，每增加5公里加價￥1。持一卡通刷卡可享5折優惠。

■售票機操作步驟

STEP 1 放入紙鈔、選張數

选择张数
选择线路
1张
2张
3张
4张
5张
6张

STEP 2 選線路

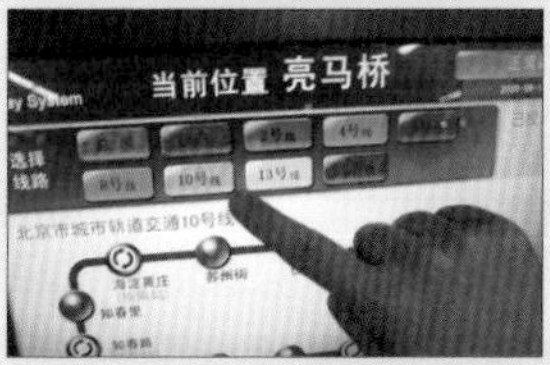
当前位置 亮马桥

STEP 3 選地鐵站

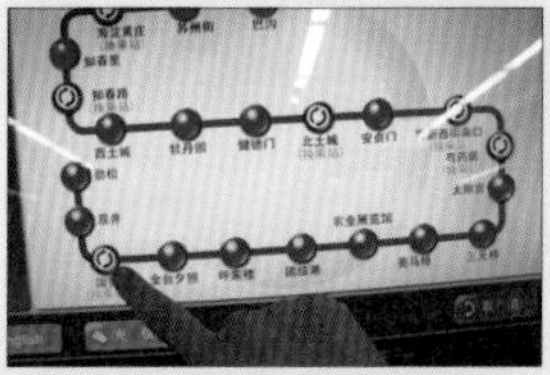

STEP 4 找零取票

貼心小提醒！

地鐵站內拍照要注意

北京地鐵站內的乘客服務中心，也是購票的地方。若在北京地鐵站內拍照時，最好避開有安檢人員或工作人員所在之處，因為他們可能會以為你在拍他，甚至要求你交出SIM卡，在此先提醒讀者。但若是拍攝地鐵內有意思的設計，還是可以的哦！順帶一提，拍攝這張照片時差點被地鐵工作人員制止呢！

乘客服务中心
SERVICE

搭地鐵步驟

1 找地鐵出入口

地鐵出入口處會有地鐵字樣和圖示，一個地鐵站通常會有2個以上的出入口，買票區有自動售票機和人工售票窗口。

2 行李安檢

北京為了維安及防範恐怖攻擊，連搭地鐵也要行李安全檢查，即乘客隨身攜帶的包包、行李，必須通過X光機檢查後才能進入站內。禁止攜帶的物品，如易燃、易爆的危險物品和管制刀具等。另外在幾個特定的地鐵站如天安門、王府井、建國門等站(實施站點會隨政策有所變動)，還實施更嚴格的「人物同檢」，也就是除了隨身物品須檢查外，乘客還得一個個接受安檢人員的手持掃描器檢查，尖峰時間人潮多時，進入這些站內的時間也會拉長，得有心理準備。

备品

3 刷卡進站

進入月台前，將車票或一卡通，對準刷卡處感應，聽到嗶一聲，閘門即會自動開啟，與台北捷運一樣。記得妥善保存車票，出站時必須再刷一次。

4 查詢路線圖

查詢路線圖確認欲搭乘的地鐵線，再依指標標示前往正確搭乘月台。

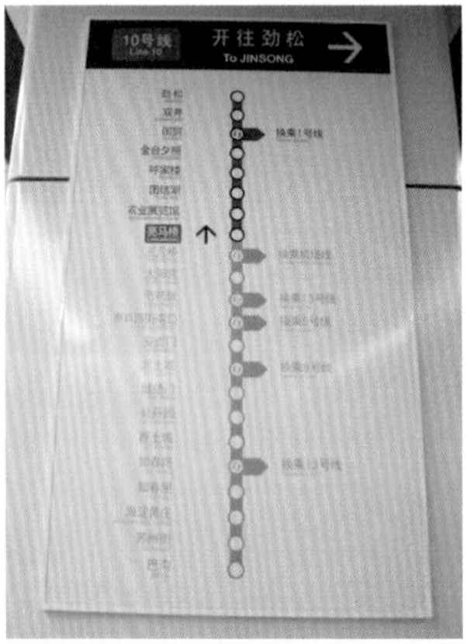
10号线
Line 10
开往劲松
To JINSONG

貼心小提醒！

搭地鐵不可不知

舊地鐵線無電扶梯：北京地鐵雖方便，不過因占地較大，在站體內轉乘走的路，會比在台北搭捷運還多上許多，要有心理準備。此外，舊地鐵如1號線、2號線，無電動手扶梯，新的地鐵，如5號線、10號線雖有手扶梯設計，但人多時常停開，而且電梯也不普及。若你不排斥體驗當地一般民眾的大眾運輸生活(尖峰時間的人潮、沒座位坐、夏天的汗臭……)，或打算以最經濟的方式遊覽北京，加上同行者都是年輕力壯者，沒有小孩或老人，那麼搭地鐵或公交遊覽北京，會是一個很不錯的方式。若沒有上述的心理準備，那麼不妨選擇搭出租車，把腳力花在逛景點上，因為景點本身往往還有得走！

地鐵站內公廁：1、2、13號線較為老舊，公廁為流動公廁；4、5、10號及奧運支線皆是2008年後開始營運的新地鐵，在乘車月台那一層設有廁所。

卫生间
Toilet
出

5 確認乘車方向

走下地鐵站後通常會有左右兩邊月台，月台上有地鐵路線標示，通常會以該條地鐵線最後一個站的站名作為方向標記，例如10號線「往車道溝方向」、「往巴溝」或是1號線「往蘋果園」、「往四惠東」，搭車前記得參照地鐵路線圖，確認欲抵達目的地站名是在哪一個月台，別上錯車了。

开往巴沟
To BAGOU
开往劲松
To JINSONG

往苹果园方向
To PINGGUOYUAN
1
往四惠东方向
TO SIHUI EAST

6 排隊候車

开往劲松
To JINSONG

7 抵達出站

到站後，先參考月台上的站體周邊地圖和出口標示，選擇正確的出口。

西北口 A
东北口 B
出
EXIT

地鐵線營運時間

＊營運時間以各站實際公布為準

地鐵線	行駛方向	首末班時間
1號線	蘋果園→四惠東	首班05:10、末班22:55
	四惠東→蘋果園	首班05:05、末班23:15
2號線	外環(西直門→復興門→東直門→西直門)	首班西直門開出05:10 末班積水潭開出23:00
	內環(積水潭→東直門→復興門→積水潭)	首班西直門開出05:33 末班積水潭開出22:45
4號線 大興線	天宮院→安海橋北	首班05:30、末班22:38
	安海橋北→天宮院	首班05:00、末班22:20
5號線	天通苑北→宋家莊	首班04:59、末班22:48
	宋家莊→天通苑北	首班05:20、末班23:11
6號線	海澱五路居→潞城	首班05:23、末班23:19
	潞城→海澱五路居	首班05:50、末班22:49
7號線	北京西站→焦化廠站	首班05:30、末班23:15
	焦化廠站→北京西站	首班05:10、末班22:25
8號線	朱辛莊→南鑼鼓巷	首班05:10、末班22:05
	南鑼鼓巷→朱辛莊	首班05:30、末班23:00
9號線	郭公莊→國家圖書館	首班05:20、末班22:40
	國家圖書館→郭公莊	首班05:59、末班23:19
10號線	內環(巴溝→國貿→宋家莊→車道溝)	首班04:54、末班20:48
	外環(車道溝→宋家莊→國貿→巴溝)	首班04:49、末班20:59
13號線	西直門→東直門	首班05:35、末班22:42
	東直門→西直門	首班05:35、末班22:42
14號線西段	張郭莊→西局	首班05:30、末班22:10
	西局→張郭莊	首班05:45、末班22:10
14號線東段 (含中段)	北京南站→善各庄	首班05:30、末班22:40
	善各庄→北京南站	首班05:00、末班22:30
15號線	清華東路西口→俸伯	首班05:42、末班23:15
	俸伯→清華東路西口	首班05:30、末班22:11
機場線	T2航站樓往市區	首班06:35、末班23:10
	T3航站樓往市區	首班06:21、末班22:51
	東直門往機場	首班06:00、末班22:30
八通線	四惠→土橋	首班06:00、末班23:22
	土橋→四惠	首班05:20、末班22:42
昌平線	西二旗→昌平西山口	首班05:50、末班23:05
	昌平西山口→西二旗	首班05:45、末班22:20
亦莊線	宋家莊→次渠	首班06:00、末班22:45
	次渠→宋家莊	首班05:23、末班22:08
房山線	郭公莊→蘇莊	首班05:58、末班23:00
	蘇莊→郭公莊	首班05:15、末班22:00

搭地鐵玩遍

北京

Beijing

北京的風貌十分多變。就季節而言，它四季分明，有美極了的春花秋月，也有惱人的霧霾和寒冬。就飲食而言，它匯集了大江南北各路菜系、異國料理，要吃什麼幾乎沒有找不到的，當然也有最具特色的本地小吃。就城市風貌而言，它有全世界最新穎、最令人驚異的建築奇景，也有從600年前就保持原樣到現在的名勝古蹟、街景巷弄。就文化而言，北京有活躍的藝術創意園區，也有全中國最大的古玩市集。北京是座典型新舊交融的大城市，它的新、它的舊，無時無刻不在變化，而那，正是北京最迷人之處！

北京9大印象

繽紛四季風情

北京印象 1

身為亞熱帶島國子民，初到北京，感受到最深刻的不同莫過於天氣。如果你有機會在北京待上一整個年頭，一定會對春夏秋冬四季分明的氣候為之驚豔，那確實是待在號稱「四季如春」的台灣所感受不到的。春天的百花齊放，夏日的高溫炎熱，秋季的金黃蕭瑟，寒冬的冰冷刺骨(「幸運」的話會遇到降雪)，標準的四季分明，在不同的季節去北京，各有不同風情。

彩色的SPRING春天

北京四季中，以秋、冬兩季的風景，與台灣差別最大，至於春天，是北京最「彩色」的季節，也很值得一遊。在北京街頭，最早脫去黃褐色的乾枯外衣而展現繽紛色彩的，是迎春花和連翹，她們總是一叢叢地聚集，花瓣彷如染上了最純粹也最亮眼的鮮黃色，在陽光下更是閃亮得如同黃金，叫人一眼難忘。緊接著，潔白或淺粉、桃紅的杏花、梨花、桃花、梅花，以及白色或紫色的玉蘭花相接盛開，無需刻意前往郊區，街邊人行道或是社區公園，往往就能乍見一樹燦爛。

另外，4月中旬起，有著幽雅香氣的紫丁香，以及有花中神仙之稱的海棠，也陸續展露花顏。紫丁香在居民社區公園即可瞧見，較有規模的賞花地點則是天壇公園和法源寺。其中法源寺每年4月10日還會舉行「丁香詩會」，在盛開的丁香花下吟詩作對，發思古之幽情。

海棠最佳觀賞地則是元大都城垣遺址公園。這裡種植了十幾個品種，包括西府海棠、貼梗海棠、金星海棠、垂絲海棠等3,000多株海棠花，沿著運河綿延成串，景致絕美，稱為「海棠花溪」。在天安門廣場旁的中山公園，亦可見到梅花、桃花等美麗樹種，4月中旬～5月中旬是盛大的鬱金香花卉展。要看牡丹花，則可在4月下旬，走訪故宮後門的景山公園。

其他知名的賞花地點，首推西三環的玉淵潭公園，這是北京最大的櫻花林集中地，種植了2,000多株由日本相贈的櫻花，以吉野櫻為主，一般3月底～4月初是櫻花綻放時節，公園往往湧進上萬遊客，爭相與滿樹的降雪合影，不少少女還會穿著租來的和服賞櫻，展現少女的哈日情懷。另外，東四環的朝陽公園也有一處櫻花谷，不過規模較小。

若要遍賞群花又不嫌稍遠，不妨走一趟西郊北京植物園，那裡開放面積達200多公頃，栽種了數十萬株植物，觀賞植物區包括牡丹園、月季園、碧桃園、丁香院、海棠園、盆景園、木蘭園、集秀園(竹園)、宿根花卉園、芍藥園和梅園等。北京植物園通常在3月底～5月初舉行桃花節活動，徜徉在漫山遍野的各色桃花林中，芳草鮮美，落英繽紛，或許能體會到，陶淵明筆下的桃花源意境呢！

元大都城垣遺址公园

北京市內賞花景點

花季名稱	時間	地點	交通
玉淵潭櫻花季	每年3月底～4月底	玉淵潭公園	地鐵1號線軍事博物館站下車，步行即可抵達
海棠花季	4月中旬起	元大都城垣遺址公園	地鐵10號線北土城站下車，步行即達
丁香花季	4月中旬起	法源寺	地鐵4號線菜市口站C出口
鬱金香花卉展	4月中旬～5月中旬	中山公園	地鐵1號線天安門西站B出口
牡丹花展	4月下旬	景山公園	地鐵6號線北海北站D出口

貼心小提醒！

北京4月會下雪？

如果你恰巧在4月造訪北京，那麼極有機會見識到「4月雪」的威力。Sindia在北京的法源寺見過最熱烈的盛況，一進去就看呆了，在紅牆襯托下，一團團的棉絮密密麻麻從天而降，草地上也因此鋪就了一層棉絮，遠望就像結了一層霜。白雪紛紛何所似？那才女謝道韞一句：「未若柳絮因風起」，果然是千古絕響的比喻。

其實柳絮應該正名為「楊柳絮」，因為始作俑者除了柳樹，還有高大的楊樹，而且都是雌株所為。那團輕飄飄、毛茸茸的東西，都是雌性的楊樹和柳樹結成了種子後產生棉絮，種子包覆在棉絮裡，隨風吹散到各地「傳宗接代」。法源寺一進門就有兩棵高大的楊樹，枝幹上垂掛著一條條毛茸茸的東西，那就是種子了。

儘管北京政府試圖在雌樹上注射藥劑，讓雌性楊樹不再結果實，俗稱「變性手術」，但效力只有1年，也無法廣及全市，成效並不明顯，所以，每年依舊如期上演4月雪大戲，也是另類奇景了。

1

2

12地上毛茸茸的一片，都是楊柳絮

悶熱的SUMMER夏天

北京的夏天，高溫炎熱，又不像台灣可去海邊踏浪消暑，應該是最難熬的季節。唯一的好處大概就是，天色暗得晚，約晚上7點半太陽才下山，讓人誤以為賺到時間，可以多玩一些景點！

夏天玩北京，記得做好防曬。雖然白天普遍悶熱，不過夜幕降臨後晚風習習，結束一天的趴趴走旅程，與三五好友到北京熱鬧商圈露天咖啡座乘涼喝冷飲，不失為一大享受！

1

2

1天氣好時在露天咖啡座喝杯飲料真是一大享受 2三里屯太古里的噴水設施趕走不少酷熱

金黃的AUTUMN秋天

1

如果問Sindia哪個季節去北京最好？Sindia一定選秋天。正確來說，是10月底、11月的深秋時節。那時，北京許多街道，都被金燦燦的銀杏黃葉圍繞，那種黃，純粹濃烈，通體閃著金光，加上銀杏葉宛如小折扇的優美外型，風一起，落英繽紛，像煞絕美浪漫的電影場景，光是待在街頭就足以讓人沉醉良久。深秋到北京看銀杏，絕對是Sindia強烈推薦的私房行程。

銀杏高大挺拔，無病蟲害，樹幹光潔，壽命又長，所以被當作行道樹。深入爬梳銀杏的身世，更會驚訝於它的稀有與珍貴。由於氣候變遷，與它同屬「銀杏科」的植物，均已不存，而在50萬年前的第四紀冰川運動中，歐洲、北美、亞洲的古老銀杏也多數滅絕，唯中國的自然地理條件剛好適合，銀杏生存了下來，所以又被稱為「活化石」。但野生銀杏現存者仍舊十分稀少，目前普遍見到的均是人工培養栽植的銀杏。

當然，秋天也是看紅葉的季節，如果有機會，到北京郊區的香山或植物園，甚至是長城，也可看到漫山遍野的紅葉，總之，秋天的北京，絕對是旅遊的最佳時機。

賞銀杏這裡最美

地點	交通
三里屯東五街	地鐵10號線團結湖站或農展館站
釣魚台賓館牆外銀杏大道	最近地鐵站為2號線阜成門站或1號線木樨園站，轉搭出租車前往
東直門外大街	地鐵2號線東直門站或10號線農展館站
地壇公園	地鐵2號或5號雍和宮站
北大、清華校園	地鐵4號線北京大學東門站

1秋天的慕田峪長城，各種變葉木褪去綠葉，不約而同換上新裝 2三里屯東五街的銀杏大道美景 3釣魚台賓館牆外，有北京市內規模最大的銀杏大道

2

3

銀白的WINTER冬天

貼心小提醒！

南山滑雪場

離北京約1小時車程的河北省密云縣有多處滑雪場，Sindia推薦「南山滑雪場」，有各種等級的滑雪道，不管男女老少初學者都有適合的場地。滑雪票每人約¥200左右，滑雪裝備可在現場租借，費用另計。

官方網站：www.nanshanski.com

秋天如果沒時間，那麼冬天去北京吧！如果你想感受一下有別於亞熱帶的北國風情，又不太怕冷，不排斥穿著一身厚衣外套逛景點的話。北京冬天的溫度動輒零下好幾度，看起來很嚇人，不過，由於氣候乾燥，加上室內幾乎都有暖氣供應，所以北京的冬天其實不如想像中那麼難受。另外，冬天屬於旅遊淡季，不少著名景點如故宮、天壇等，門票有淡、旺季之分，冬天旅遊還可省點門票錢。

喜歡滑雪，或是對滑雪有興趣的人，還可以前往郊區的滑雪場過過癮，費用比去韓國日本滑雪便宜許多。當然了，冒著刺骨寒風到北京，如果能遇上降雪，那才真是值回票價了！不過，這真的得碰運氣，低溫加上水氣，才能形成降雪的條件，有心人不妨多留意北京氣象消息，在預告降雪前抵達北京，或許就能幸運看到籠罩在白雪皚皚之中的北京城！

1遇到下雪，Sindia喜歡去胡同捕捉青瓦灰簷覆蓋上一層層皚皚白雪的鏡頭 2枯枝上覆滿了白雪，更增添出冬天的蕭瑟 3雪融化了，還在屋簷下結成冰柱 4雪景雖美，但清潔人員就有得忙了

1

2

3

4

47-1

北京印象 2

市井胡同漫步

像北京這樣的千年古都，新舊交雜的城市風貌，不僅是最大的特色，也是最有魅力之處。「老北京」和「新北京」同時呈現在當下的時空中，有衝突、有混亂，也有獨特的美感。其中胡同和四合院，正是老北京的重要象徵。

一般認為「胡同」一詞的來歷，是因蒙古語「水井」的讀音與胡同類似，水井又是人群聚居處必備的資源，逐漸演變為住宅區的代稱。元代將整個北京城規畫為棋盤型，街道幾乎都是東西或南北走向，少有彎曲者。這也是因為中國傳統民居四合院大多坐北朝南，通道就形成了東西向的胡同。

曾經，北京是個「胡同多如牛毛」的城市，小小窄窄的巷子交織穿梭，市井氣息濃厚，構築成北京最典型的特色。但隨著都市不斷更新，大量的胡同、四合院被拆除，如今，放眼望去幾乎都是高樓大廈，胡同反而成了稀有的街景，還得費心去找，殊為可惜，來北京的遊客，如果有機會住在四合院裡，也能一懷思古之幽情。

貼心小提醒！

北京胡同名字典故

北京的胡同原本多是隨著當地較為顯著的地標或人物，甚至胡同形狀命名，因此有著如賣豬的豬市胡同、賣灌腸的灌腸胡同，住著啞巴的啞巴胡同，形狀長得像狗尾巴的狗尾巴胡同，諸如此類。時至今日，隨著人們生活不斷變好，比較草根的胡同的名字也變得比較斯文一點，如豬市胡同就改成了「珠市胡同」，灌腸胡同改成了「官場胡同」，狗尾巴胡同成了「高義伯胡同」，而啞巴胡同成了「雅寶胡同」，雅寶胡同其中一段還成了今天北京最高檔的商業街──金寶街。

【四合院之美】

■1飛龍橋胡同裡一戶蠻子門(P.27)前的八字形影壁 ■2設在大門對面的影壁 ■3六角形門簪 ■4抱鼓石門墩，有些上面還刻有小獅子裝飾

或許你會好奇，胡同有什麼好逛的？如果你喜歡老建築歷經歲月淬鍊所呈現出來的質感，不一定要有特別目標，光是漫步於老屋窄巷間，就會感到心滿意足。而且胡同兩旁常有成排的老樹，姿態也都很美。當然，從建築學來看，四合院有不少特色，背後有許多學問。你可以數數門簪有幾個，門口的石墩是方形的還是圓形的，再看看大門是窄的還是寬闊的，屋簷下的石雕彩繪裝飾是否精美等，這些形制背後，都有一定的意義，也是四合院建築的精髓所在。

四合院建築有學問

四合院特色	格局	大門	門墩	影壁	門簪
學問在這裡	四合院的大門通常開在東南角，坐北朝南的為正房，坐南朝北的稱「倒坐」，東邊為東廂房，西邊為西廂房，房間之間以遊廊連接。其中東房易西曬，西房易潮濕。	可分為王府大門、廣亮大門、金柱大門、蠻子門、如意門、牆垣式大門。	門墩有箱形和抱鼓石兩種，上面通常會雕刻一些中國傳統吉祥圖案。書香門第大多會使用箱形門墩，文臣武將則多用抱鼓石門墩。	可設在大門內、兩側和大門外，作用是進出宅門時，迎面看到的是雕刻精美的圖案和刻在上面的吉祥話。	有方形、菱形、六角形、八角形等形狀，數量為2顆或4顆，越多代表等級較高。

1

2

35

3

4

【從門面看身分】

【廣亮大門】

多為達官顯貴住宅使用，門扉開在屋脊下中柱的位置，門口寬敞，占據一間房的位置，門前有較高的台階，大門簷下常安裝雀替等裝飾。

【金柱大門】

門扉安裝在金柱間的位置。金柱的位置是介於屋脊下的「中柱」和最外側的「簷柱」之間，這種門和廣亮大門很相似，也很寬敞，一般也是有身分地位的人才使用的形式。

【牆垣式大門】

多為一般平民百姓使用，門面簡單樸素，僅在院牆上開一大門，上部做清水脊、元寶脊、鞍子脊等造型加以裝飾。

【蠻子門】

門扉安裝在簷柱的位置上，門前無廊，亦無雀替等裝飾。官民皆可用。

【如意門】

是最常見的民居大門。門口設在外簷柱間，門楣上方有磚花圖案和如意形狀花飾，門簪上也常刻有如意兩字。

【王府大門】

王府才能使用，有三間一啟門、五間三啟門兩種等級，門上有門釘。

【漫步胡同推薦路線】

基本上，北京的胡同集中在二環以內的老城區，三環以外就少了。這裡推薦幾條Sindia走過的路線。

推薦1 東單北大街→西總布胡同→外交部街

【東單北大街】

以東單地鐵站為出發點，沿東單北大街往北走，街上最顯著的建築物是協和醫院。這家醫院名氣挺大，它的醫療水準在大陸算是數一數二。慕名而來的病患非常多。

協和醫院對面有一片紅磚牆，牆內好幾株巨大的老樹頂天而立，散發出幾許幽靜的氛圍，一看就覺得很有歷史風韻。走近一瞧，原來這叫「協和醫院別墅區」，是當年出資興建協和醫院的美國洛克斐勒基金會一併興建給醫學專家住的。可惜這一片美好風景並不對外開放，只能隔著紅磚牆揣想裡頭西洋式的斜屋頂、煙囪、屋內的壁爐，所構築起來的洋樓風情。

紅牆內是協和醫院別墅群

【西總布胡同】

順著協和醫院別墅區的圍牆彎進一條巷子，與東單北大街完全不同的面貌，這裡是西總布胡同。作為北京歷史最悠久的胡同之一，這裡與許多歷史事件和歷史名人相關，例如引爆八國聯軍的導火線事件：一名德國駐華公使克林德被一名清朝神機營軍官恩海擊斃，就發生在總布胡同西口。當年清朝為息事寧人還被迫立了一個紀念碑，但多年後因此碑有喪權辱國的意味，已經改名且移到故宮旁的中山公園了。

西總布胡同一景

【外交部街】

回頭走出西總布胡同，往北一條巷子，是「外交部街」。這裡最顯眼的建築叫「迎賓館」，門口有兩隻石獅，兩邊分別有兩根愛奧尼克樣式圓柱，中西合璧意味濃厚。迎賓館最早是為了迎接德國王儲訪華所建，後來成了袁世凱就任中華民國第二任臨時大總統的地點，孫中山也曾在這住了20幾天，後來成了北洋政府的外交部所在地。不過，如今的門面是北京政府幾年前依照老照片復原的，1908年所建的迎賓館主體，已經不復存在了。

依法文明养犬创和谐

外交部街的迎賓館

推薦2 東四四條→錢糧胡同

【東四四條】

舊北京有「東富西貴」的說法，亦即有錢人大多住在北京城東邊，其中東四一帶就是不少富人的住所，走訪胡同也可略窺一二。以地鐵東四站為出發點，沿東四北大街往北走。右側一條胡同內，隱約有著一棟精美建築。胡同口的牆壁上有北京政府立的牌子，說明了「東四四條」胡同的來歷：

東四四條，5號院為清宗室綿宜的宅院。83號為寶泉局東作廠建築，是明清戶部所屬鑄造錢幣的工廠。胡同北側有多座建築建於清代中晚期，胡同西口路南有一座保存較好的民國建築。

東四四條上有一棟帶點中西合璧意味，2樓有著木造欄杆的磚造房，非常引人注目。房子的門牌是86號，大門上有石雕的「恒昌瑞記」匾額，底下有洋貨、照相的字樣，還有石刻的門聯：「鏡裏人是一是二，笛中意至妙至神」，橫批「光起萬物」。看來應該曾經是名盛一時的商號。這棟建築也就是解說牌上所稱，那棟保存良好的民國時期建築。

繼續往前走，東四四條79號及85號的門簷下，有好幾層精美的石雕。雖然只有兩個門簪，形制看來像如意門，應該是家道殷實的人家才有此種門面。83號，門楣上有4個門簪，大門寬闊，內有影壁(P.26)，是解說牌上說的，明清鑄造錢幣的工廠。

61號院是北京奧運期間被選中用來讓國內外貴賓參訪的四合院「樣版」，經過整修，還原出四合院應有的乾淨清爽。31號曾經是紀曉嵐的公務宿舍，現在是閱微莊四合院賓館。

5號曾是清宗室綿宜的宅第，目前是公家宿舍。

【錢糧胡同】

回頭走回東四北大街，繼續往北，靠左側右轉，就到了錢糧胡同。清代此地曾有寶泉局南作廠，即鑄錢機構，因而得名。

錢糧胡同19號看起來很氣派，屬於民宅中最高等級的廣亮大門，大門外兩側還有反八字影壁，民初學者章太炎曾被袁世凱軟禁於此。

錢糧胡同32號，有個浪漫的名字「錢糧美樹館」，這是一群在出版界工作的北京青年開的咖啡館，原本老舊的四合院被他們打理的乾淨明亮，維持原本的中式窗櫺，擺上有質感的老家具，中庭種有許多植物，顯得十分溫馨。這裡還會舉辦各種文學講座，很有文藝氣息！

1中西混搭的一棟樓，門上的對聯，看起來還挺深奧的 2坐在這裡曬曬冬陽很舒服 3門簷下的石雕非常精美華麗 4沒有招牌的錢糧胡同32號

爬長城，當好漢

北京印象 3

金山嶺長城
司馬台長城
密云水庫
官廳水庫
八達嶺長城
慕田峪長城
居庸關長城
潮
白
河
永
定
河
北京

北京近郊長城分布圖

到北京非爬長城不可，長城分布在北京近郊，其中交通最方便、知名度也最高的就是八達嶺長城，只是旺季時的觀光人潮絡繹不絕，如果想要悠閒一點，建議去慕田峪長城或司馬台長城，路途稍遠，但也相對清靜。司馬台長城現已整修完畢，重新開放參觀，但需於至少1日前上網預約，有每日人數管制。或是改攀登也在司馬台長城附近的金山嶺長城。

司馬台長城

中國長城之最

DATA

www.wtown.com 位於北京東北方的密云縣境內，與河北省很接近，從北京市區包車出發，車程約需2～3小時 **門票**：￥40／人纜車(索道)，來回￥120／人；**登城快車**：￥20／人 **1.**搭2號線地鐵至東直門站下車，找到「東直門外長途公交總站」搭980路公交，到「密云長途汽車總站」下車，票價￥15。下車後於車站附近尋找前往司馬台長城的麵包車(即小巴，小貨車)，講好來回的價錢。不過，由於沒有公定價格，價差很大，有人以一人￥30、￥40成交，也有索價整車￥100～150的，需視實際情形而定；**2.**包車，費用約￥500～700之間 參觀司馬台長城需提前一天預約

司馬台長城為明代名將戚繼光所督建，全長5.4公里，共有35座敵樓。由於地勢險峻，氣勢磅礴，未經過度修繕，保有原始風光，被著名長城專家羅哲文教授讚譽為「中國長城之最」。而司馬台也在 1987年被列為世界遺產名錄。

司馬台長城以司馬台水庫為界，分為東西兩段，東段的長城比較陡峭，但風景俊秀；西段則比較平緩，與另一段著名長城「金山嶺」銜接。若走東段，可步行或搭纜車上山，再往東走，一直走到所謂的「天梯」前，就可折返。如果選擇西段，回程時，可以原路回，也可以搭船和搭溜索下山。

在司馬台停車場有售票處，買門票進入景區。欲搭纜車者可走到纜車處(亦即索道處)買票，來回每人￥50。搭纜車上山後(約20分鐘)，還有一處「登城快車」搭乘處，可花錢搭車，也可從

這裡走路上山。這段「之字型」的盤山路坡度頗陡，走起來頗費腳力。熬過了最痛苦的部分，就登上長城的東9敵樓了。此時即可沿著明朝時期留下的砂石磚土步道前行，欣賞長城美景。要注意的是，遇到下雨步道濕滑，有些階梯也呈現幾近垂直般陡峭，上下時需留心腳步。因此，行前選一雙抓地力較佳的鞋，是有必要的。嫌撐傘麻煩，最好穿件防風防雨外套。

在長城上，一側身，一轉頭，都是天地之間無窮無盡的蒼茫與遼闊。看著遠處一小群人佇立在山巔上的敵樓，而敵樓底下，又是海拔幾百公尺的群山萬壑，那一撮人頓時像處在孤島上，前不見古人，後不見來者，時空就此靜止，化身為山水畫中孤高絕倫的一景。

東13敵樓之後的路段因為太險峻，頻出意外而被封閉，所以從東8只能走到東13為止。在封閉告示牌前遠遠凝望，有一道長城宛如一條匍匐著的白色蟒蛇般，直衝雲霄，那真是以近乎垂直的角度攀附在山壁一側。那，就是傳說中的「天梯」了！在此段路尚未封閉前，走過的人都說得「四肢並用」，小心翼翼，一級一級攀附而上，才得以穿越這道宛如絕壁般的險境。

「天梯」之後，是更高、更奇、更危顫的「仙女樓」、「天橋」、「望京樓」。瀏覽前人的風景照，這些標的物總是極為不真實地籠罩在雲霧之間，恰似仙境。如今這些司馬台之所以聞名中外的壯麗景點，暫時望不見也不可及了。

貼心小提醒！

攀登長城須注意

在司馬台長城景區內(買門票入內後尚未抵達索道站前的路上)有餐廳，不甚可口，但果腹尚可，價錢也與北京市內餐廳無太大差異。在司馬台停車場內，有些賣水果和煮熟玉米的小販，也可以簡單充飢。建議在此解決上廁所問題。纜車站也有廁所。

有些人誤以為司馬台長城是野長城，其實八達嶺、司馬台與慕田峪長城，都是已納入政府管理的景點，皆須門票。所謂的野長城，是指未經修繕，無人看管的斷垣殘壁，這樣的長城在北京也有好幾處，不過攀爬的危險性高，不建議冒險。另外，長城上可能會有小販沿路跟隨，表示可以免費講解長城歷史，但其實目的是為了兜售畫冊等紀念品，若不想購買最好盡早說明清楚，以免小販心存希望。

1 坐上高處敵樓，回望司馬台長城宛如一條長龍

慕田峪長城
秋楓紅似火

1

DATA

http www.mutianyugreatwall.com ✉位於北京北方懷柔縣境內，車程約需2～3小時 $**門票：**￥45/人，纜車來回￥100/人 ➜**1.**搭2號線地鐵至東直門站，到東直門長途汽車站搭936號公交，可到達慕田峪長城的第三停車場。從這裡走到售票口不遠。此班車行駛時間為3/15～11/25，每小時1班；**2.**包車前往，費用約￥500

慕田峪長城在懷柔，據考證是明初朱元璋手下大將徐達在北齊長城遺址上督造而成。來到入口處後，可步行，亦可搭纜車上山，纜車全長723公尺，窗外風景氣象萬千，若秋天造訪，可看到滿山滿谷的紅葉，繽紛秋意灑滿了全身。

下了纜車，是14號敵樓。慕田峪長城對於每座敵樓，有一套命名標記，稱之為「慕字14台」。從這裡要向左走或向右走，各有千秋。若決定向左走，一路幾乎都是下坡，走到6號敵樓後，可再換搭另一種交通工具──滑車下山。

坐滑車的感覺，好像在兒童樂園坐那種用臂部控制的搖搖車一般，不過這種滑車不用扭屁股，只要穩穩拉住前方的搖桿，往前是加速，往後是煞車。滑道長達1,580公尺，為安全起見，在滑道旁，每隔一段距離，都有人員看守。坐滑車時也最好隨時保持煞車，不要衝太快。

2

比起司馬台，慕田峪的城牆顯然更為整齊，也少有斷垣殘壁的痕跡。有些階梯上下的落差雖大，但還不至於需要四肢並用。從慕字9台到慕字7台，是繽紛紅葉最為崢嶸的一段。長城周邊廣植彩葉樹種，包括黃櫨、橡樹、五角楓、元寶楓、火炬樹等28種，從深紅、黃褐到淺棕，伴隨著蓊蓊鬱鬱深淺不一的綠葉，風光無限。上下坡的落差，蜿蜒的曲線，讓長城宛如一道引領遊人通往花園錦簇的小徑，或是一條幽靜的時光隧道。兵馬倥傯的歷史已遠，煙硝味不再，如今只剩暖暖冬陽映照著這300多年的古道，光線斑斕，回頭一望，往事俱遠矣。

1 搭纜車穿越過滿山遍野的紅葉，只能頻呼「好美！」
2 慕田峪長城

貼心小提醒！

散客如何前往長城

旅客要前往長城，除了搭公交及火車，還可利用位於2號線前門站，前門西大街上的北京旅遊集散中心。這是帶有官方性質的旅遊公司，闢有八達嶺長城及明十三陵等路線，品質較有保障，也不會亂加價，不過出發時間不一定，散客達到一定人數以上才會發車。相關資訊請見2號線前門站(P.138)。

八達嶺長城
居庸關的前哨

DATA

badaling.gov.cn 位於北京西北方延慶縣境內，從北京出發，經八達嶺高速公路前往，車程約1小時 **門票：**￥45／人，纜車來回￥100／人 **1.**搭2號線地鐵至積水潭站，出來後往德勝門方向，一直走到德勝門這座古城門的後方，才是公交919直達車搭乘處，票價只要￥12。若要去居庸關，則需選擇919慢車。要注意的是，從積水潭到德勝門這段路途中，會有不少黑車業者立了假的919站牌，告知可到八達嶺長城，但這並非真正的919，票價也貴上好幾倍，請勿上當；**2.**搭2號線地鐵至西直門站下車，A出口出來後走到北京北站，可搭火車至八達嶺。出火車站後，步行約800公尺就到登長城口；**3.**包出租車前往，費用一般在￥600～800之間

八達嶺長城是明代長城中最早開放的一段，過去有「玉關天塹」的美稱，為明代居庸關八景之一。由於交通便捷、景色優美、離北京近，且經過多次整修，八達嶺長城已成為遊客最多，設施最完善的明代長城景區。

八達嶺長城位居庸關北的軍都山隘口，過居庸關後不久即可抵達，是居庸關的重要前哨，古稱「居庸之險不在關而在八達嶺」。長城分為南北兩段，一般走北段居多，體力好的人，可自登山口步行上山，從北1樓走到北8樓、北9樓，北8樓是八達嶺長城最高處；如果不想多費體力，也可搭乘北線纜車直達北7樓登頂。

居庸關
天下第一雄關

DATA

門票：旺季(4/1～10/31)￥45／人；淡季￥40／人 於德勝門公交站，乘345路快到沙河下車，換乘昌68路(沙河—居庸關長城)直達景區

居庸關之名始於秦代，相傳秦始皇將犯人或民夫等服徭役的人遷往此處修築長城，故取「徙居庸徒」之意，命名為居庸關，這個名稱沿用至今。今天的居庸關是以明長城為主體整修，前往八達嶺長城的路上，會先經過居庸關，居庸關橫據在山勢雄奇，地勢險要的軍都山峽谷，進出皆由此，有「天下第一雄關」之稱。縱然此處自古為兵家必爭之地，但亦有瑰麗風景，居庸關有「居庸疊翠」之美譽，為「燕京八景」之一。

城內遺有元代的過街喇嘛塔基座，名為「雲台」，是元代石雕藝術傑作，為中共建政後公布的第一批重點文物保護對象。

居庸關屹立在山谷之中，十分雄偉

北京烤鴨大比拼

北京印象 4

北京烤鴨大比拼

或許是口味上的差異，Sindia認為北京令人印象深刻的美食不多，唯有烤鴨是百嘗不膩的經典。現在到北京，不是光吃到烤鴨就滿足了，由於烤鴨的名店越來越多，各有擁護者，若有機會遍嘗各家的特色烤鴨，品嘗出各家的精髓，也可成就一趟另類的北京之旅！

最早傳出要來台灣開店的全聚德，是所有烤鴨店中名氣最大的，畢竟是百年老店，有他不可撼動的地位。不過，就Sindia個人的感受，全聚德烤鴨偏油，價格也最貴，套句當地人的用語，「性價比」(性能與價格的比值)不高。其他烤鴨店也是各有優缺點，不過其實品質都具有一定水準，就看你能接受什麼樣的環境和價格了！

特色美食

世界最大的烤鴨店

全聚德烤鴨

MAP P.133／B1

C2出口
步行約2分鐘

DATA

www.quanjude.com.cn 北京市西城區前門西大街14號 (010)8319-3101 11:00～14:00，16:30～21:00 約￥197／人均 地鐵2號線和平門站C2出口，步行約2分鐘

全聚德創建於清同治3年，老店在前門大街上，然而北京人一定會跟你說，要吃全聚德烤鴨，得來和平門店。和平門店是所有全聚德分店中，面積最大的一家，當初就是為了招待國內外貴賓舉行宴會所需，在中共總理周恩來的指示下興建的，裝潢設施格外氣派豪華，最多可同時容納1,500人用餐，也因此全聚德也稱和平門店是「世界最大的烤鴨店」。

一般來說，全聚德烤鴨是出了名的難吃，但和平門店烤鴨的確不一般，尤其烤鴨皮更是令人驚豔，蘸點白糖，滋味清爽、氣味濃厚。想吃全聚德，請上和平門。

1

2

3

照片提供／全聚德

1氣派的門面 2 3聞名中外的全聚德烤鴨，好不好吃見仁見智

600年歷史的非物質文化遺產

便宜坊鮮魚口店

MAP P.139／C2
B出口
步行約7分鐘

DATA

www.bianyifang.com/home.html 北京市東城區前門鮮魚口65-77號 (010)6713-2535 11:00～21:00 約￥138／人均 地鐵2號線前門站B出口，右轉前門東大街往南，步行至鮮魚口街，路程約7分鐘

悶爐法製成的烤鴨，肉質更為鮮嫩多汁
(照片提供／李明宜)

北京烤鴨有燜爐與掛爐之分，燜爐烤鴨的歷史較早，是今日北京烤鴨的始祖。燜爐作法是將爐火升至一定溫度，滅火後，將鴨子放進爐中關門悶烤，追求的是肉嫩，以便宜坊為代表；掛爐烤鴨以明火烤炙，追求的是皮脆，以全聚德為首。據說過去北京的烤鴨多是悶爐，但自從全聚德的掛爐烤鴨火爆後，演變至今，北京烤鴨反而以掛爐烤鴨為主流了。

據傳，600年前永樂年間，一名南京人將南京烤鴨帶到北京，並在北京經營了數代，有一天兵部員外郎楊繼盛來此大啖美食，結帳時發現好吃又便宜，就詢問老闆店名？老闆回：「小店以方便宜人為宗旨，還沒有取名！」楊繼盛便取其方便(ㄅㄧㄢˋ)宜人之意，為小店題字「便宜坊」，所以「便宜坊」可不是價錢便宜的意思！說店名時千萬注意，別被人笑話了。

便宜坊的烤鴨皮酥，油香、肉嫩、滋味濃，前陣子還被評選為國家級非物質文化遺產，比起其他虛名在外的烤鴨店，寶島李會推薦便宜坊作為享受北京烤鴨的地點，鮮魚口這家店是便宜坊中比較年輕的店，卻是便宜坊起家的地點，所以打造成旗艦店，但寶島李一般都會去2號線崇文門站的哈德門店。特別的是，搭配的燒餅，中間有團麵心，把麵心取出後，可夾鴨肉吃，據說過去老北京的上流社會，麵心取出後是不吃的，而是拿來擦嘴，寶島李吃過許多家北京的烤鴨店，目前也只看過便宜坊還這麼做。

北京人都說好的烤鴨名店

四季民福

MAP P.111／A1
A出口
步行約3分鐘

DATA

北京市東城區東四十條23號 (010)6401-3267 10:30～22:30 約￥151／人均 地鐵2號線東四十條站A出口，往西步行約3分鐘

四季民福烤鴨汁多味美，得到許多北京人跟外來客的讚賞

說到烤鴨，寶島李經常聽人說這家店好，另一個人就反駁說那家店不行，但是四季民福卻是家口碑名店，幾乎沒聽到什麼負評，應該是大部分北京人都推薦，而且每家店的品質都很穩定的烤鴨名門。在最近寶島李參與評鑑的北京烤鴨測評中，評鑑團員均給予四季民福最佳的評價！

四季民福的烤鴨鴨皮酥脆，油香淡雅，油脂適中，鴨皮沾點白糖，鴨油入喉香滑舒適，味道甜美清爽，相較其他寶島李吃過的北京的烤鴨，已是箇中翹楚，鴨肉也嫩。四季民福有許多分店，每間店用餐時間都大排長龍，去之前請務必要預訂！

街頭小吃大探險

北京印象 5

街頭小吃大探險

嚴格來說，北京其實沒什麼「北京菜」，寶島李經常跟北京人同事去吃北京菜，一翻開菜單就忍不著調侃起北京人來，因為裡頭真的沒幾樣是北京獨有的特色菜。所謂的北京菜，其實是以魯菜為基礎的菜肴，相較起來，小吃反而更有在地特色。北京小吃過去在台灣也有，但後來經營北京風味的菜館越來越少，現在好些在台灣都已經消聲匿跡了！

北京小吃的起源與少數民族回民有密切關係，舉凡著名的小吃，如焦圈、豆汁、爆肚、豌豆黃兒、艾窩窩、驢打滾、糖卷果、炸糕等，皆源自清真口味，這是為什麼呢？回民信奉的伊斯蘭教，又稱為清真，據說宋元時代，伊斯蘭教在中國尚無譯名，穆斯林文人根據該教崇尚清潔、信奉真主等教義，翻譯採用清真一詞，沿用至今。

回民大量進入北京，是在元代。回民帶來了豆蔻、胡椒、茴香、肉桂等香料，口味新鮮獨特；不吃豬肉吃羊肉的習慣，也造就北京羊肉料理普遍，加上清真重視衛生，讓回民小吃一時之間在北京民間極為風行，成為北京小吃的代表。雖然北京的回民僅20多萬人，但北京街頭到處都看得到寫著「清真風味」、「清真小吃」的招牌，還會寫上一串阿拉伯文，回民對北京飲食的影響之大由此可見。

【焦圈、豆汁】

焦圈跟豆汁兒是北京人的傳統早餐之一，焦圈類似我們常吃的油條，但是做成圓形，且小，也比較脆。豆汁是發酵的綠豆漿，有股濃濃的酸臭味，吃的時候還會附一碟鹹菜。有人說：「沒喝豆汁，不算來過北京。」北京人自己笑話說：「因為不少觀光客衝著這句話跑去喝，北京豆汁店才沒倒。」其實北京人年輕一代，喝豆汁的人已經很少了，但是寶島李還能接受。

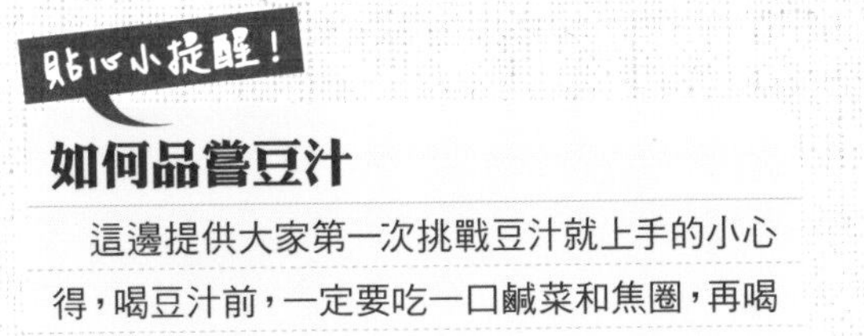

貼心小提醒！

如何品嘗豆汁

這邊提供大家第一次挑戰豆汁就上手的小心得，喝豆汁前，一定要吃一口鹹菜和焦圈，再喝豆汁，如此你方能體會到北京人喝豆汁的樂趣(至少不會覺得噁心啦)。

【冰糖葫蘆】

冰糖葫蘆在北京人的心中，有著神聖不可侵犯的地位，來一顆冰糖葫蘆作為飯後甜點，是多數北京孩子的共同回憶；對北京人來說，冰糖葫蘆必須是山楂的，寶島李曾經問北京人同事，冰糖葫蘆有哪些口味，就被北京人飽以白眼，甚至當寶島李提到台灣的冰糖葫蘆有小番茄、葡萄、還有草莓等等的時候，北京人絕對會再給你一個白眼！遺憾的是，寶島李第一次吃到的冰糖葫蘆不知道擺了多久，一口咬下，山楂都呈粉碎狀，從此留下深刻的叉叉，後來雖然吃到不錯的冰糖葫蘆，但仍然難以平復我受傷的玻璃心。

【糖卷果】

這道小吃是將山藥、大棗、青梅、桃仁、瓜仁等放入油鍋油炸，炸到焦黃色時撈出，再裹上糖汁，灑上白芝麻和白糖，可當成飯後甜點。

【艾窩窩】

外表雪白，是一種糯米包裹著桃仁、瓜仁、芝麻仁和白糖等餡料做成的點心。

【豌豆黃】

這在台灣也吃得到了。是用白豌豆為原料製成的一款甜點，據說慈禧太后也非常喜歡，是知名的宮廷點心。

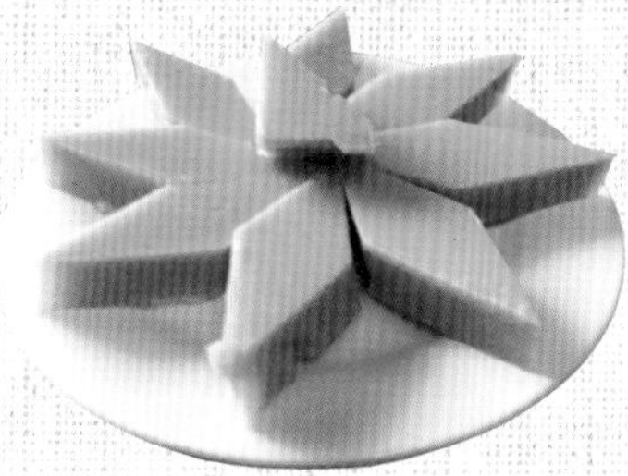

【驢打滾】

又稱為豆麵糕，以糯米製成外皮，內包紅豆餡，表面沾上黃豆粉，好比小毛驢在地上打滾沾滿了黃土，所以俗稱為驢打滾。Sindia是看作家林海音的《城南舊事》，認識這道小吃的！

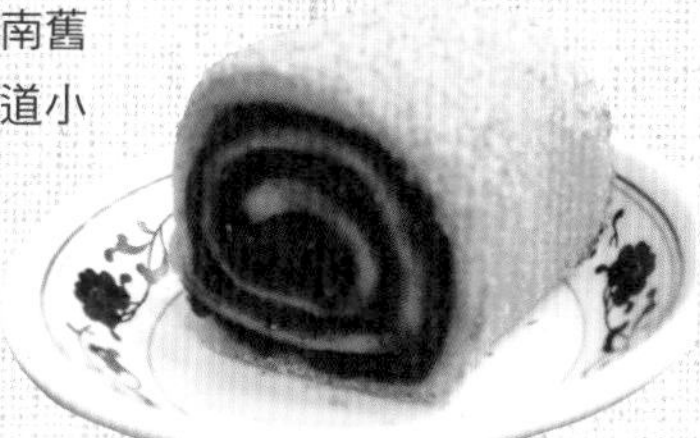

【油餅】

油餅，老北京人一般當成早點，也可當做主食吃，吃起來又軟又酥，有點像台灣傳統甜甜圈的口感，能嚼出麵香，非常值得一試，是寶島李最愛的北京早餐！

【火燒、燒餅】

火燒跟燒餅吃起來差不多，北京人說，有芝麻的叫燒餅，沒芝麻的叫火燒；寶島李則認為，燒餅或火燒，其實也只有兩種分別，一種酥脆，一種軟嫩，口感酥脆的燒餅直接吃就口口香酥，口感軟嫩的火燒則要搭配肥得滴油的醬肉，那豐腴的滋味令人難忘。

聚寶源涮肉的燒餅

寶光燻肉的鞋底火燒

【爆肚】

爆肚是著名的回民小吃，可分為羊爆肚和牛爆肚(不要傻傻地問為什麼沒有豬肚)。北京人對爆肚分得可細了，光是小小一塊羊肚就可以分為9個部分，而且每個部分口感真的都不一樣，燙熟後，沾著芝麻醬吃，特別好吃。

貼心小提醒！

爆肚最佳食用時機

爆肚可以自己涮，也能由店家涮好，如果自己涮，別迷信什麼「七上八下」了，寶島李建議，肚片下鍋一扭曲變形，就趕緊拿起來，這個時候吃最好吃！

【麻豆腐】

麻豆腐是一種北京小菜，在明代就已出現，其實就是用羊油炒綠豆渣。羊油麻豆腐是比較傳統的，料理不好的麻豆腐味羶無比，比豆汁還令人難當，另外有用豆油炒的麻豆腐，味道較淡，比較好入口。

【芥末墩】

讀音為「芥末墩兒」，是用白菜以芥末、糖、醋醃製數日而成，看起來像個小胖墩兒，是滿族的家常菜，也是老北京年夜飯裡不可或缺的，吃起來又嗆又酸，是迄今為止，寶島李尚無法接受的北京小吃。

【滷煮】

除了回民小吃，北京也有漢人小吃，比如即便到了海外，仍然讓北京人念念不忘，想來吃一碗的滷煮。一大鍋滷煮中，有豬腸、豬肺、炸豆腐等配料，味道濃厚，攪拌起來不時飄出濃濃的內臟(臭)味，還加入火燒一起煮，一碗管飽。

【炸咯吱、灌腸】

左邊是炸咯吱，讀音為「炸擱這兒」，是一種用綠豆粉製成的食物，蘸點蒜汁，吃起來外酥裡嫩。右邊白色的是灌腸，傳統上是用豬腸衣包著白薯漿製成，現在已經不用豬腸了，但還是叫灌腸，吃的時候一定要蘸蒜汁提味，超帶勁。

【炒肝】

炒肝並非是炒的，而是將豬肝、肥腸加入澱粉勾芡煮熟，北京人說：「你這人跟炒肝似的」，其實是罵你「沒心沒肺」。味道類似大腸麵線，只是味道重10倍，通常搭配包子一起吃，你只要看到炒肝店，一定兼賣包子。

【懶龍】

老北京習俗「(農曆)二月二，龍抬頭」，這一天可以剪頭髮，還要吃懶龍。懶龍又稱做肉龍，是北京乃至北方家家戶戶都會做的家常點心，是將麵糰桿平，鋪上肉餡，捲成長條型後蒸熟，長得像包肉的花捲。

【九龍齋酸梅湯】

九龙斋

九龍齋酸梅湯相傳為宮廷流出的祕方，後來製成飲料販售，現在滿大街都買得到。止渴，味道不會非常甜，是寶島李的北京飲料首選。

【門釘肉餅】

有點像上海的水煎包，但是個頭更大，肉餅裡包牛肉餡，收口朝下放進煎鍋煎至兩面金黃，因外形像城門上的門釘而得名，吃的時候一定要注意，肉餅中的肉汁很容易爆漿。

【炸醬麵】

北京炸醬麵大概跟烤鴨一樣，跟北京這個地名緊緊關連著，寶島李曾問北京同事：「哪家店的炸醬麵最好吃啊？」你永遠只會得到一個答案：「我媽做的最好吃！」在北京，炸醬麵家家戶戶都會做，家家都有拿手的祕方，也不知是不是因為覺得比不上媽媽做的炸醬麵，大部分市售的乾脆隨便做了，味道都特別鹹，寶島李吃得慣的不多，其中，海碗居的炸醬麵是不錯的。

【三不粘】

用雞蛋、白糖、澱粉、豬油製作的三不粘，是一道宮廷甜品，製作時要不斷滾動熱鍋，同時用鍋杓將雞蛋糊中的空氣敲打出，形成不粘盤子、不粘筷子、不粘牙齒的綿密軟滑口感，是道非常費工的功夫菜！現在北京能做三不粘的師傅不多，若遇上就千萬別錯過。

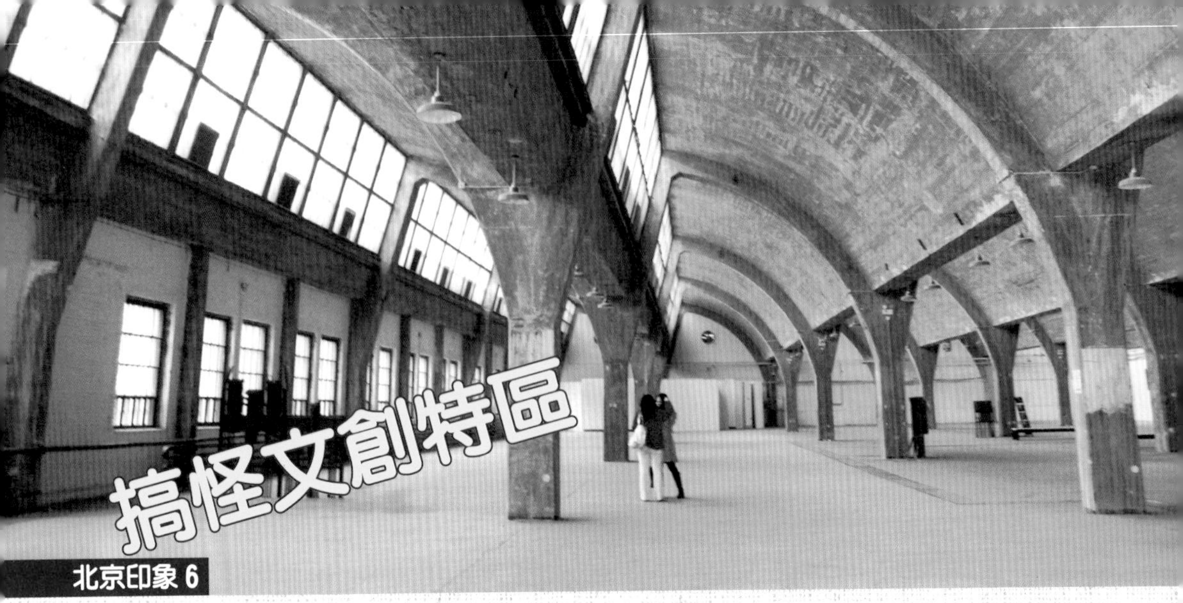

搞怪文創特區

北京印象 6

到北京除了走訪風景名勝、古都遺跡，還能怎麼玩？前進藝術家、創意人聚集的北京文化創意空間，也是近年來很夯的行程。

其中，798藝術園區是不可錯過的一站。它的身世已被無數的媒體爬梳過，最常見的對照就是，紐約的蘇活區花了30年，從廢棄工廠、藝術家塗鴉工作室到時尚天堂，而798走上這條路，卻不到10年。也因此，798始終處在一種劇烈的變動中，不斷有新的機構進駐，舊的機構遷出，裝潢工程車永遠來來去去，加上路邊成堆的磚頭、水泥、木料，構成798裡不比藝術家創意分量輕的獨特一景。

1

2

798 文化創意產業聚集區

DATA

www.798art.org 北京市朝陽區酒仙橋路2號及4號 (010)5762-6176 地鐵10號線三元橋站為最近地鐵站，在此下車後轉搭出租車前往。或搭13號線望京西站下，在此下車後打出租車或坐445公交，直接到大山子路口南下車

798文化創意產業聚集區簡稱798，原為1950年代由蘇聯支援，東德協助所建造的「華北無線電器材聯合廠」的798廠區，798便是因此得名；又因位於北京市大山子地區，故也叫做大山子藝術區。798廠區因大陸推行改革開放後，逐漸沒落。2002年，一個美國人羅伯特看中這裡寬敞的空間，以低廉的租金租下了一處食堂，作為工作室及展示空間，吸引了許多藝術家前來，並逐漸聚集了與藝術相關的工作室、畫廊、時裝、設計公司及咖啡廳等，一步步形成了今天總面積達60萬平方公尺的北京798藝術區。

798 & 751園區周邊街道圖
酒仙橋北路
七一七中街
七九七東街
七〇七街
706路
佩斯北京
鳳凰含章藝術中心
798創意店
七〇六北一街
七〇六北二街
七〇六北三街
七〇六北四街
觀復博物館
酒仙橋東路
2號入口
797路
七一八街
七九八西街
七九八中一街
七九八中二街
蔓空間
七九八東街
亞洲藝術中心
蜂巢當代藝術中心
旁觀書社
東八時區餐廳與酒吧
751D・PARK
北京時尚設計廣場
798路
4號入口
尤倫斯當代藝術中心
七星西街
陶瓷一街
陶瓷二街
陶瓷三街
七星東街
七星路
七星中二街
北

798

1 2 園區裡隨處都是令人驚異的裝置藝術 3 一棵樹也可以變花樣 4 園區內的佩斯北京畫廊 5 798被冠上錢的符號，這意思，夠明顯了吧

貼心小提醒！

其他文創園區

798被視為文創產業的成功範例。除了798之外，類似的機構也越來越多，包括朝陽區的「酒廠藝術區」、醬油公司工廠改建的「今日美術館」、在北京市中心國貿商圈附近的「尚8新媒體創意產業區」(電纜公司廠房改建)，以及雍和宮附近的「方家胡同46號」(由機電工廠改造)等。

751
北京時尚設計廣場

DATA

www.751info.com 北京市朝陽區酒仙橋路4號(751園區內) (010)8459-9217 地鐵14號將台站下，從B口出站，搭出租車或從將台路口東站搭乘快速直達專線53路，於酒仙橋東路北口下車

如同798文化創意產業聚集區簡稱798，751D · PARK北京時尚設計廣場亦簡稱751，得名也是來自其751的廠區名稱，同樣由前東德協助所建，位置就緊鄰798的東邊，與798相連，占地25萬平方公尺。

798的前身是「華北無線電器材聯合廠」，而751的前身亦是「華北無線電器材聯合廠」其中一個廠區，提供熱力、電力、煤氣與特殊氣體的煤氣廠，曾是北京市煤氣行業3大氣源之一。與798大廠房的包浩斯景致略為不同，751可以看到各種煤氣儲氣罐、裂解爐、鐵塔、煙囪等等，是一種壯闊的鋼鐵工業景象。尤其751有條空中走道，可以從空中一覽園區，與巨大的煙囪、儲氣罐比肩而行，別有一番風味。

751以時尚設計為主題，經常有時尚品牌、汽車品牌在此展示、發布，平常也會看到許多新人，以此為背景拍攝結婚照。這裡同時也有許多文創產業的商店、咖啡廳、美術館等等，除了拍照以外，也別忘了細細品味每家商店打造的獨一無二的氛圍喔！

1路邊有許多創意的陳設，街道充滿文藝青年的詩意 2因為過去是煤氣廠，因此需要有鐵路運輸燃料產生動力，故火車、鐵軌是此區的特色之一 3 4 751動力廣場是廢棄的煤氣廠改建，管道仍會噗噗地冒著氣 5 751有條天橋，遊人漫步其上，景色更好

遊賞去處

複合式學術機構

蜂巢當代藝術中心

MAP P.41/A2
出地鐵站轉搭出租車前往

DATA

http www.hiveart.cn ✉798藝術區內E06，南門停車場附近 ☎前台(010)5978-9530，預訂導覽：(010)5978-9030 ⏰10:00～18:00 休週一 $普通票￥10、半價票￥5，特別展覽參觀費另定(學生、70歲以上老人、退伍軍人、離休幹部、殘疾人士等，憑有效證件可享半價優惠，120公分以下兒童可在監護人陪同下免費入場)

蜂巢當代藝術中心，是西班牙國際文化藝術基金會在中國成立的複合式學術機構，整個工作團隊由年輕策展人和評論家所組成，致力於當代藝術的推廣與交流，特別是獨立影像和紀錄片這部分，藝術中心還因此成立了影院、影像檔案館和影像工作坊。除展廳外，還設有藝術商店和咖啡書吧。藝術商店裡也提供原作的衍生品和創意商品。咖啡書吧內，純白的設計流露著地中海風格，免費無線網路和優雅的空間，讓你在補給食物的同時，也為你的精神加加油。此外，中心還在798周邊設有國際藝術家的工作室，讓來自國內外的藝術家，能在北京實現他們的夢想。

純白色的展示空間，非常寬廣
(照片提供／蜂巢當代藝術中心)

遊賞去處

包浩斯風格的完美結合

佩斯北京

MAP P.41/B1
出地鐵站轉搭出租車前往

DATA

http www.pacegallery.com ✉798藝術區內，近大山子橋 ☎(010)5978-9781 ⏰10:00～18:00 休週一 $免費參觀

2008年北京奧運會期間，美國的佩斯畫廊在此成立了佩斯北京，是目前亞洲區唯一的分支機構。有著鋸齒形的包浩斯風格，占地300多坪的佩斯，是798園區裡面積最大的建築，在五〇年代為生產光學儀器的大廠房。內部空間開闊，樓高錯落有致，是知名建築師理查德．格魯克曼(Richard Gluckman)在原有的基礎上加以改造的。他所設計的佩斯北京，充分流露了簡單、寧靜，卻又不失愉悅的一貫風格，可以說將現代設計與包浩斯風格完美的融合在一起。

佩斯北京不但是個舒適的展覽空間，本身也是個具有觀賞價值的藝術建築，畫廊一側的荷花池，一到7、8月分便開滿荷花，廣場上造型奇特的雕塑，有現代、有帶點趣味的，彷彿散步在一座小型公園裡，即使不懂藝術，也可享受這裡的悠閒自在，是Carrie個人超推薦的畫廊之一。

佩斯北京

1在原有包浩斯風格的連排廠房上，添加許多現代元素 2內部展示空間簡潔寬敞

融合當代元素的藝術畫廊

亞洲藝術中心

MAP P.41／C2
出地鐵站轉搭出租車前往

DATA

http www.asiaartcenter.org/e_index.php ✉798藝術區內，798東街
☎(010)5978-9709 ⏲10:00～18:00 休週一 $免費參觀

成立於1982年的亞洲藝術中心，至今已邁入第三十個年頭，可說是一間歷史悠久的畫廊，在台北和北京分別有展示據點。位於北京798藝術區的展館於2007年完工，占地約300坪，為1958年興建的廠房所改建，融合了當代元素後，呈現出獨特的藝術氛圍。亞洲藝術中心以兩地展館，作為台灣本土藝術進入亞洲的根據地，使台灣藝術除了在地扎根之外，也和其他亞洲藝術有相互交流的機會。

1完全保留了工廠的外觀，看著後面的巨大煙囪，難以想像這裡已是個藝術中心 2超寬敞的展示空間

北京版奇美博物館

觀復博物館

MAP P.41／D1
出地鐵站轉搭出租車前往

DATA

http www.guanfumuseum.org.cn ✉北京市朝陽區大山子張萬墳金南路18號 ☎(010)6433-8887 ⏲週二～日09:00～17:00(16:00停止售票)；週一15:00停止售票、16:00閉館 休春節4天(除夕、初一、初二、初三) $￥50 ➜地鐵14號將台站下，從A口出站，搭出租車；或從將台路口北站搭乘418路，於張萬墳站下車，往回走5分鐘左右

觀復
GuanFu

博物館創始人為北京文化名人馬未都先生，是一家私人博物館，目前在北京、上海、廈門都有設館。館名「觀復」源自老子《道德經》：「萬物並作，吾以觀復。」意即多次觀看，探究本質。北京觀復博物館有瓷器館、家具館、油畫館、工藝館、門窗館等區，寶島李進去時，著實被其精美的收藏與陳列美感震撼住了，記得上次有這麼樣的感覺，是在參觀台南奇美博物館時，私家居然有如此珍藏，實在令人讚嘆啊！

觀復博物館聚離798有段距離，地點也比較偏僻，建議搭出租車去，車程大約15分鐘，喜愛文物的遊客來到798絕對不可錯過。

1觀復博物館為北京文化名人馬未都先生所創
234觀復博物館的展品收藏狀況很好，收藏內容也令人驚奇

遊賞去處

非營利綜合藝術中心

尤倫斯當代藝術中心

MAP P.41/B3
出地鐵站轉搭出租車前往

DATA

http www.ucca.org.cn ✉798藝術區內 ☎(010)5780-0200 ⏲10:00～19:00 休週一 $¥60，學生(憑證)、60歲以上老人(憑證)、殘疾人半價優惠；140公分以下兒童、UCCA會員出示證件可免費

尤倫斯當代藝術中心(UCCA)，由享譽國際、擅長美術館改造的Jean-Michel Wilmotte和中國建築師馬清運共同合作，將五○年代的包浩斯廠房重新設計、改建而成，是一所由收藏家尤倫斯夫婦出資建造的非營利性綜合藝術中心。目前設有大展廳、中展廳、白立方、黑盒子以及中央通道5個展廳，每個月都會舉辦講座、藝術表演、電影等各類活動。

另外還附設有UCCA商店。這裡也秉承了當初非營利機構的初衷，全部收益將投入到中心的展覽和教育項目中，提供藝術家和藝術愛好者一個交流的平台。

ULLENS
CENTER FOR
CONTEMPORARY
ART

1內部的黑白設計，非常具震撼力 2櫃檯的後方是尤倫斯夫婦的畫像，櫃檯上方則是他們的標誌——恐龍

遊賞去處

鳳凰傳媒旗下藝術品牌

鳳凰含章藝術中心

MAP P.41/B1
出地鐵站轉搭出租車前往

DATA

http www.hanbook.cn ✉798藝術區內，紅石廣場 ☎159-1037-3904 ⏲10:30～18:00 $免費參觀

鳳凰含章藝術中心是鳳凰傳媒旗下的藝術品牌，致力於挖掘與培養中國的中、青年藝術家，聯手國內外藝術機構，挖掘最具潛力的中國藝術家，並在全球範圍內推行「鳳凰藝術海外推廣計畫」，主要針對中國藝術家在義大利、美國、法國、西班牙等國的展覽計畫，以個展和雙個展的方式針對藝術家進行海外與國內展覽推廣。

12鳳凰含章藝術中心位在文藝氣息濃厚又悠閒的798 34這裡同時也會展售跟展出藝術家相關的文創商品 5藝術中心裡有許多極具潛力的中國藝術家的作品

德國總理梅克爾也親訪的藝術中心

蔓空間

遊賞去處

MAP P.41／C2
出地鐵站轉搭出租車前往

DATA

www.iartstar.cn 798藝術區內，798東街D085 173-0133-9202 10:30～18:00 門票¥5，微信掃碼免門票

蔓空間坐落於798藝術區東街D085號，造型獨特，簡潔高雅。地理位置毗鄰798藝術拍賣中心、亞洲藝術中心、以色列藝術中心等國際化藝術機構，是藝術園區的核心位置，接待過許多名人，甚至是各國領袖，如德國總理梅克爾。

蔓空間分為蔓畫廊、藝術會所、藝術衍生品商店3個部分，面積達500平方公尺。其中具有現代簡約氣質的蔓畫廊展示廳，展示油畫、裝置、雕塑、水墨、行為、影像等多種藝術表現形式。藝術會所是以會員俱樂部的形式設置，獨有的藝術特質和氛圍，雅致舒適，設施齊備，是藝術交流、品鑒、培訓、互動等活動的舉辦場所。

而位於1樓的藝術衍生品商店，則販售多種藝術衍生品，如果想購買藝術紀念品的朋友，可在此選購。

1蔓空間的樓梯從屋外看進去很有意思，讓人難以分清上下 2除了靜態展示，這裡同時也有互動類型的表演藝術 3藉由不同主題的展覽，展出許多新興藝術家的作品

蒐羅可愛的創意小物

798創意店

購物血拼

MAP P.41／B1
出地鐵站轉搭出租車前往

DATA

798藝術區內，D03 (010)5978-9142 10:30～18:00
休 雜貨部分全年無休，畫廊週一休息

提倡「原創設計」和「品質生活」的798創意店，位於B區包浩斯大廠房內，以優秀的原創設計為主，店內商品共分為兩部分，一是創意商品，以中國原創設計作品為主，像公仔、筆記本、手工做的布藝和T恤。另一部分則是有關於藝術方面的書，也有少數的雕塑和畫作展示，讓大家在選購可愛飾品的同時，也不知不覺接受了藝術的薰陶。

798創意店

1門口的大娃娃雕塑，已經成為798創意店的招牌 2店內非常寬敞，商品種類很多（以上照片提供／范淑韻）

購物血拼

鏡富設計感的小書店

旁觀書社

MAP P.41／C2
出地鐵站轉搭出租車前往

DATA

✉798藝術區內，798東街與798路口 ☎(010)5978-9918 $約¥31/人均

旁觀書社在北京奧運期間開幕，算是798藝術區內的新成員，但它很難讓人不注意到，不是因為它顯眼的招牌，而是掛在紅磚牆外，寫著各式新書訊息的幾塊大黑板。透過透明落地玻璃望進去，白色書架和原木色桌椅交織而成的風格清爽簡約，讓書店雖小卻不顯得擁擠；加上LAVAZZA的標誌，不管是書蟲或咖啡蟲，都有了走進去的好理由。

書社女主人吳敏是位長髮美女，因為愛書、懂書而開了書店。旁觀書社以人文社科宗教類為主，「半學術半通俗」，吳敏很了解時下純文字純文學的東西已經式微的現象，所以她說，「通俗的書籍是必要的，先讓人對看書感興趣，引進閱讀之門，也才能達到書店文化傳載的功能。」店內外那些黑板，上面書寫著許多書籍訊息，就是吳敏想傳遞文化的一點小心思。

1大片的玻璃窗讓空間充滿通透感 2店裡擺設清爽舒適

特色美食

798的創始老店

東八時區餐廳與酒吧

Time Zone 8

MAP P.41／B2
出地鐵站轉搭出租車前往

DATA

✉798藝術區內，798路，尤倫斯當代藝術中心對面 ☎(010)5978-9917 ⏲09:00～02:00 $約¥121/人均

Sushi Bar

TIMEZONE 8

前面在介紹798時提到，2002年一位美國人羅伯特租下食堂，作為工作室及展示空間，引起注意進而受眾人效仿，這間東八時區便是羅伯特所經營，是798最具代表性的商家之一。原是間書局，不過可惜的是，書店因為經營不善，羅伯特已將其改為餐廳了。但即便東八時區成了餐廳，其販賣的食物也是比較具有創新性的混和風，來798不妨可以來此停歇，看看這間798最早的創始老店。

1義式燉飯 23798的第一家店藝術品書店，不敵殘酷的現實，老闆現在改創作料理了

博物館之旅
北京印象 7

北京人很喜歡閱讀，喜歡逛博物館，也喜歡吸收新知識，他們尊敬有文化的人，更朝著這個目標前進，時時充實自己。也因為這樣，北京到處充滿了各式的展覽館，從東邊的中國美術館，南邊的北京戲曲博物館，中間的故宮博物院，西邊的北京天文館到北邊的中國航空博物館。光北京市裡，就有涵蓋歷史藝術、自然科學、民族宗教等140多家。而這次Carrie特別挑選了較具代表性的中國國家博物館和首都博物館和讀者分享。

中國國家博物館

DATA

www.chnmuseum.cn/tabid/40/Default.aspx 北京東城區東長安街16號，天安門廣場東側 (010)6511-9031、6511-6400 09:00～17:00 休週一 **門票：**免費參觀，有些特殊的展覽須購買門票(遊客可憑有效證件，於開放時間內到西門票務中心，領取當日免費參觀券，無須預約。**要注意：**15:30停止門票發放，16:00停止入館，千萬不要錯過時間)；**語音導覽：**可根據需要，在西大廳內的服務台租用語音導覽，租借時須填寫租賃單，憑本人有效證件辦理，租賃的費用為每機￥30，另需￥100押金 搭1號線天安門東站D出口出來前方即是，或是2號線前門站A出口出來，往北走6～8分鐘即到

中國國家博物館，北京人稱呼為國博，位在故宮對面，緊鄰著天安門廣場，與人民大會堂遙相呼應，是以歷史與藝術並重，集多種功能於一體的綜合性展覽館，總面積多達2萬多坪，是目前世界上建築面積最大的博物館。

顧名思義，中國國家博物館展覽主題圍繞中共建國的歷史，同時也蒐藏許多來自中國各博物館

外觀非常莊嚴的國家博物館，還滿有公家機關的感覺

的國寶級精品。除此之外，中國國家博物館也會展出外國的國家級展覽，比如中法建交50週年時，國博就曾聯合羅浮宮博物館、凡爾賽宮和特里亞農宮博物館、奧賽博物館、畢卡索博物館、龐貝杜現代藝術中心等5個法國博物館進行聯展，展出許多未曾出過國門的畫作，那次真是讓寶島李大開眼界。除了展覽，中國國家博物館還有一個常態性的講座——「國博講堂」，講師均是相關領域的著名學者，講題分為歷史、藝術和文物考古3大專題。

入場需要安檢，同時要憑證件換票，所以前往國博時，切勿忘了攜帶台胞證喔。

貼心小提醒！

出示證件享有優惠價

北京許多景點和展覽館的門票價格有分全票、半票、優惠票等，像是學生、老人及身心障礙人士就享有優惠價，觀光客也適用。因此，若具學生身分(研究所以上就不一定可用)，別忘了攜帶學生證以資證明。老人和身障者也可出示相關證件購買優惠票。

首都博物館

DATA

http www.capitalmuseum.org.cn ✉北京市西城區復興門外大街16號 ☎(010)6337-0491、6337-0492，預約電話：(010)6339-3339 ⌚09:00～17:00(16:00停止入館) 休 週一 $免費參觀，提前預約，領票參觀。網上預約為全天24小時，電話預約09:00～17:00，每日12:00停止預約當日參觀門票。每人每次預約不得超過3張，參觀當日憑預約號或預約時的有效證件，於09:00～16:00北門領票(老年人、殘疾人和軍人無需預約，憑本人有效證件可直接來館參觀) ➡搭地鐵1號線木樨地站C1出口向西約150公尺

首都博物館，北京人稱為首博，原址是北京孔廟，後來改建為博物館，是一座融合古典與現代美的藝術建築。

首博的展覽分為基本陳列、精品陳列和臨時展覽。基本陳列有「古都北京・歷史文化篇」和「京城舊事——老北京民俗展」，前者表現了北京文化和變化快速的京城發展史，是首都博物館的陳列核心。精品陳列有「古代瓷器藝術精品展」、「燕地青銅藝術精品展」、「古代書法藝術精品展」、「古代繪畫藝術精品展」、「古代玉器藝術精品展」、「古代佛教藝術精品展」、「書房珍玩精品展」等7個展館，共展出5,622件館藏文物，所以想要一天內逛完，時間絕對是不夠用的。Carrie建議先研究一下展出內容，再挑選喜歡的項目參觀，相信你不但會享受整個參觀過程，更會愛上這個地方。

1建築裡融入了中國古代元素的首都博物館 2斜出地面的青銅展覽館，代表古代文物破土而出 3當年老店的名號和相關文件，都被完整的保留下來

北京異國風情

北京展覽館

說到北京，大多數的人可能會想到四合院、胡同、飛簷斗拱等各種傳統中國的形象，但其實北京作為明清至今600多年的國都，成為一個大帝國的政治、經濟、文化以及外交的重要城市，北京的異國元素多得令人詫異，寶島李就簡單的列舉幾個，跟大家分享。

【牛街】穆斯林的清真世界

北京在飲食文化上深受回民影響，而最能感受到濃厚回民風俗的地方，莫過於北京宣武區的牛街。這裡雖不是北京回民人數最多的地方，卻是市區內回民最集中的一區，街上的招牌幾乎都會寫上阿拉伯文，到處都是清真風味餐館和小吃。而且回民的信仰中心，包括北京伊斯蘭教協會和北京歷史最悠久、規模最大的清真寺──牛街禮拜寺，都設在此地。

牛街禮拜寺建於遼代統和14年(西元996年)，是一位阿拉伯學者納蘇魯丁創建，歷經元、明、清各代擴建與重修。明朝成化10年奉敕賜名「禮拜寺」。這座清真寺沒有常見的阿拉伯建築穹頂，反而有濃厚的中國宮殿建築特色，融以阿拉伯圖騰紋飾，是世界上少見，融合兩種建築風格的清真寺。

牛街禮拜寺就矗立在牛街18號，這條馬路和許多老舊胡同一樣，曾歷經拆遷整頓，如今牛街已成為一條寬闊大馬路，少了昔日的胡同窄巷風情，不少小吃店也被迫遷移或關門，減損不少歷史風味。如今這裡的老字號不多，位在「輸入胡同」上的「寶記豆汁店」是其中之一，想品嘗名聞遐邇，但氣味被形容好似臭酸的豆汁(P.36)，不妨大膽走進一試。另外，牛街12號的「洪記小吃店」也很有名，小吃種類繁多，用餐環境寬敞，人氣很旺。

牛街清真牛羊肉市场

1 帶有中國建築風格的牛街禮拜寺 2 回民不吃豬肉，這裡只有賣牛肉和羊肉

【歐洲教堂】莊嚴肅穆的西洋建築

北京不僅廟多，教堂也多，不只多，而且古老，大都是建立於清朝。北京素來有東西南北4大教堂的說法，其中北堂──西什庫教堂是唯一挺過義和團庚子拳亂的教堂，其他教堂則是在拳亂中被摧毀後重新修復的。北京教堂有哥德式、羅馬式等不同建築風格，特別值得一看。

1聖彌厄爾教堂 2 3在西什庫教堂漫步，頗有來到歐洲的錯覺

【韓國城】北京裡的小首爾

北京的東北角，有個地方叫望京，聚居大量的韓國人，許多的韓國商店與餐廳在此經營，儼然就是一個韓國城，而且發展幾乎與韓國同步，很多韓國正當紅的名店，都會選擇望京作為開店的第一站。

韩式美食城

韓國人在中國發展迅速，已經成為潮流指標

【雅寶路】俄羅斯風情一條街

由於共產黨執政的原因，北京作為政治中心，受到蘇聯的影響很大，因此可以看得到許多俄式建築。同時，靠近使館區的雅寶路，也形成了主要針對俄國與東歐國家的貿易城，路上盡是俄文招牌與穿著貂皮的俄羅斯大妞，也相當有趣。

北京有滿滿的俄羅斯元素，對老一輩的北京人特別有共鳴

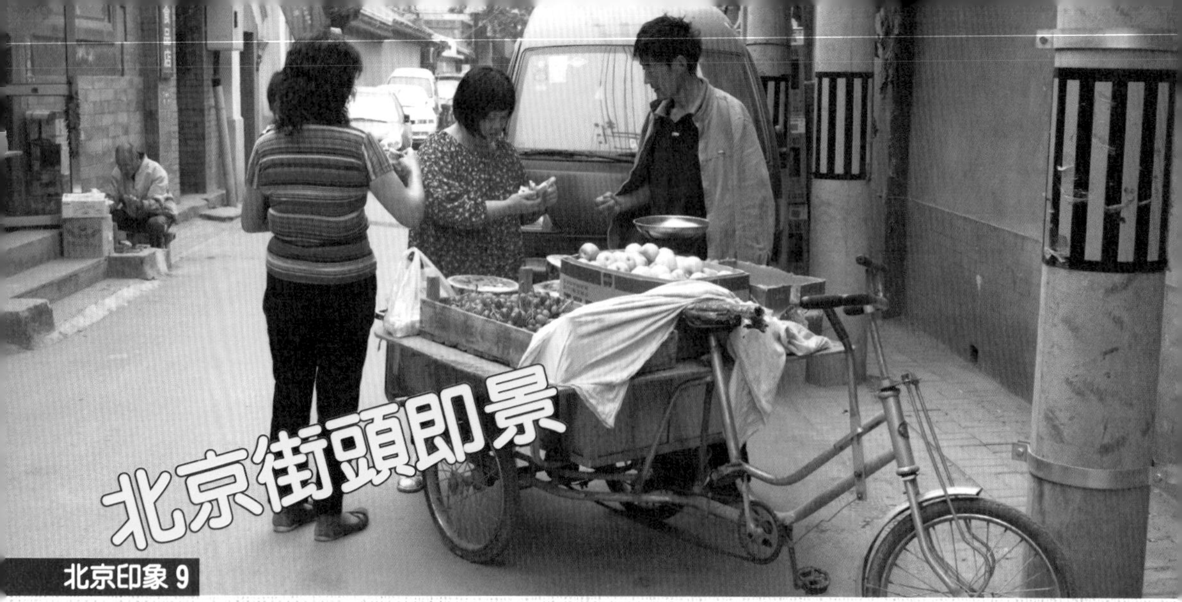

北京街頭即景

北京印象 9

【交通工具大車拼】

北京的交通工具非常多樣，除了汽車、大型公車滿街跑外，還有大量的電動車。電動車的樣式多元，有轎車、電動腳踏車，更有帶車殼的四輪小型電動代步車，台灣人最常使用的摩托車，在北京反而不多見。

還有一種車，北京人稱為「三蹦子」或「蹦蹦」，是一種經過改裝的三輪摩托車，原本稱作人力三輪車。師傅為了好施力，通常會站著用力蹬踏，遠處看就像人蹦跳的樣子，而稱「三蹦子」，這個說法沿用到現在。理論上僅有殘障人士可以合法行駛，但仍有人以此載客營生，多在地鐵站出口招攬生意，雖然違法，但在偏僻一點的四環外，依然有其市場。價錢由雙方議價決定，不過因重心不穩，坐起來險象環生。

另外就是北京這一、兩年炒得熱火朝天的共享單車了，路上可以看到許多人騎著藍的、黃的共享單車騎行，而共享汽車在大陸各城市也逐漸多了起來，這些共享交通工具都只能用微信支付付款，若沒有微信支付帳號，可能就無緣嘗試了。

按照法律規定，馬車是不能進四環內的，但偶爾還是會有農民趕著馬車偷偷進城來賣農產品，不過隨著城市逐步擴大，已經越來越少見到了。現在馬車有時會出現在四五環邊上的「城鄉結合部」位置，當馬拉的車、吃油的車、吃電的車、刷手機的車同時在街上出現時，這貌似違和的景象，在有容乃大的北京，竟不顯得奇怪。

1三蹦子重心不穩，除非必要，最好不要搭乘 2電動代步車，外型就跟小汽車一樣 3大陸隨處可見的共享單車，不少人都習慣使用這種交通工具 4大陸正在推廣共享汽車，以解決擁擠的交通問題

1

2

3

4

【街頭也是遊戲場】

選一個不那麼趕行程的時候漫步北京街頭，你會發現，北京人可以隨時隨地自得其樂，日子過得悠閒自在。

北京的老人有自成一格的休閒方式，經常在路邊、公園、騎樓下一坐，自然圍攏成一圈，下起巨大象棋來。每個木頭象棋大概都有一個茶葉杯口般大吧！第一次見到感覺甚是滑稽，仔細想來，對眼力不好的老人家來說，真是一個貼心的設計啊！

也曾在路邊見著一名老人在路邊替另一名老人剃頭。看似一時興起，其實剃刀、剪刀、圍裙等工具齊備，甚是專業。

老人們的才藝還不只這些，現代人硬筆字都寫不好了，遑論毛筆字，可北京老人們不止毛筆字寫得好，拿起比掃把還長的超大毛筆，一樣不含糊，沾點水，隨興地就在地上寫起大字來。字裡行間那種勁道，讓圍觀者無不叫好。

其實中年人也有自己的休閒，Sindia還看過一群司機在上班空檔，就這麼圍成一圈，玩起踢毽子的遊戲來。定睛看仔細了，毽子在每個人的腳上飛舞，這邊踢過來，那邊接過去，簡直毫無縫隙，以他們的功力，哪是玩遊戲而已，根本已經具有專業表演水準了。這一幕看得我佩服連連，大叔們，您真強！

【荒漠甘泉的書報攤】

我很喜歡北京街頭的書報攤，在荒漠的城市中行走，茫然無目標時，書報攤有時就像綠洲甘泉一般，有天生的吸引力引人靠近。隨意瀏覽封面，總是會有某些訊息引起你的興趣，總是能夠讀到點什麼，讓你與這座陌生的城市更靠近一些。北京的雜誌種類算是很多的，文藝的，流行的，資訊的，運動的，科技的，商業的……族繁不及備載，價格又便宜，推薦旅人們閱讀「Time out」、「週末畫報」、「城市畫報」，裡面有不少與城市相關的資訊，讓你迅速掌握北京當地脈動，更貼近異地的旅行生活。

1街頭邊，大樹下，都可以當場理髮 2這是街頭書法教學 3第一次看到這種超大象棋很新鮮，後來發現這是北京人普遍的休閒，站著也能來上一盤 4街頭常見的書報攤

1

2

3

4

搭地鐵玩遍

北京

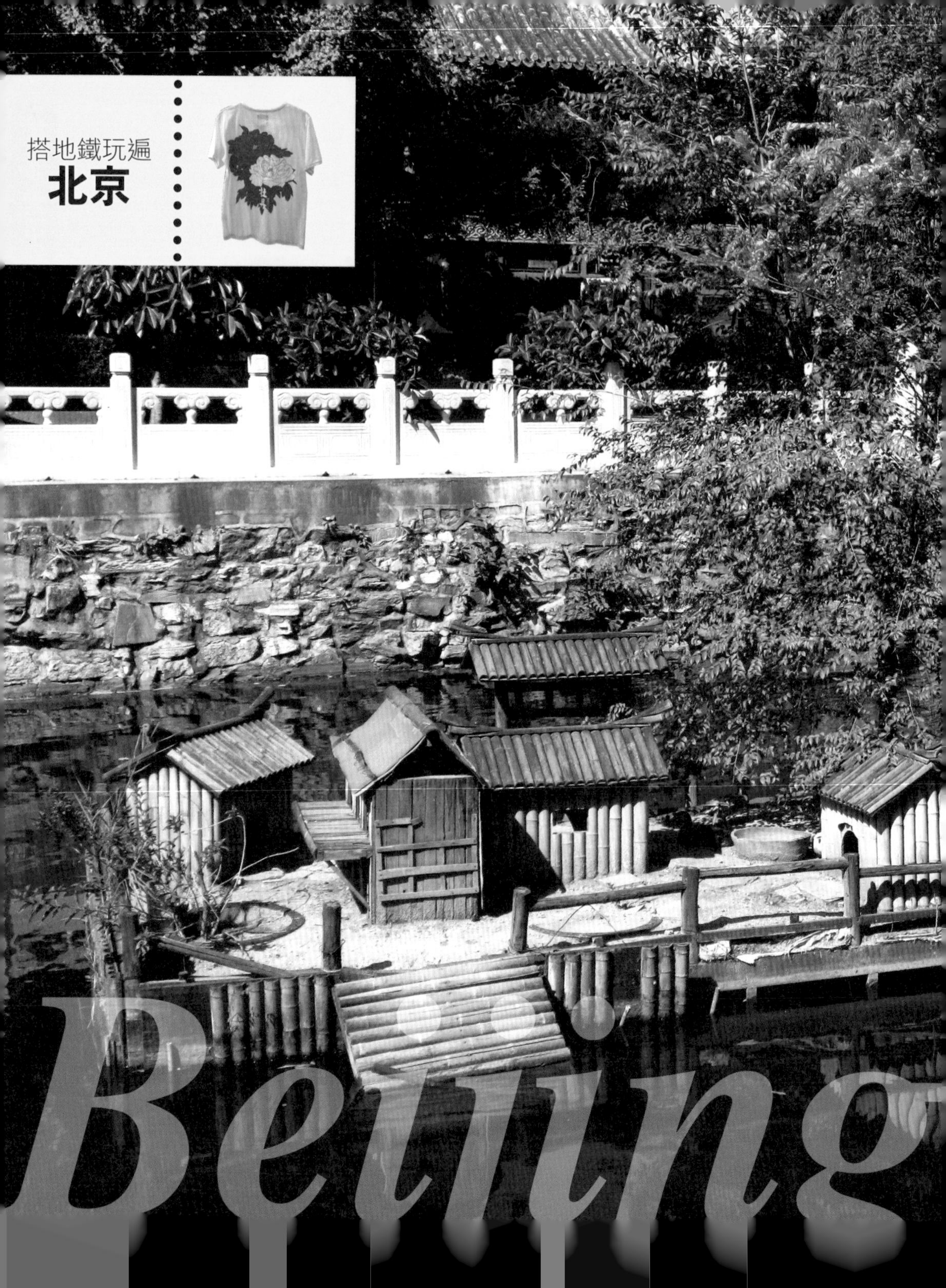

Beijing

北京地鐵分站導覽

到北京自助旅行，一定要認識地鐵。儘管北京地鐵線路還不像上海或東京那般密集，但已經涵蓋了多數必訪的旅遊景點，而且搭地鐵是最能體驗當地風情的方式，加上票價便宜，多坐幾次也不會心疼。只是，尖峰時間要有「塞人」的心理準備。另外，由於北京實在太大了，若擔心體力有限，當地鐵站與景點相距15分鐘以上的路程時，不妨利用公交或出租車接駁，適時保留體力，如此一來，走訪各個景點時會更盡興！

新光天地

1 號線：貫穿北京東西，從古都到時尚商圈的旅遊黃金地鐵線

盛锡福
Sheng Xi Fu Hat Shop
——中华百年老店
Sheng XiFu Hat Store

1號線

Beijing Subway Line 1

北京最摩登的大樓所在地

國貿站

Guomao

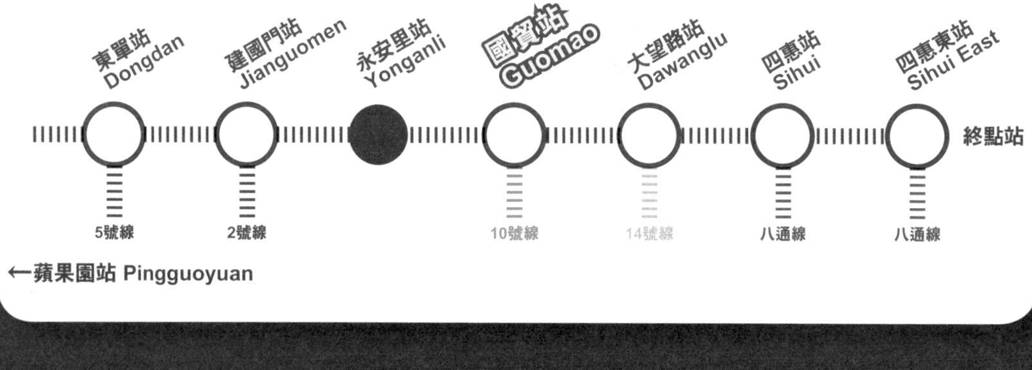

東單站
Dongdan
5號線
建國門站
Jianguomen
2號線
永安里站
Yonganli
國貿站
Guomao
10號線
大望路站
Dawanglu
14號線
四惠站
Sihui
八通線
四惠東站
Sihui East
八通線
終點站
←蘋果園站 Pingguoyuan

國貿站周邊街道圖
中央電視台新址
光華路
金銅西路
金銅東路
10號線
國貿三期
國貿79
雲酷Atmosphere Bar
景茂街
針織路
光華西里
金銅東路
東三環中路
中國國際貿易中心
E2
E1
F
A
B
G
建國門外大街
國貿站
Guomao
建國路
D
銀泰中心
C
3
郎園Vintage
景恒街
北京電視台
恒惠西路
恒惠路
恒惠東路
恒惠東一路
川成元麻辣香鍋
建外SOHO
北
今日美術館
通惠河北路
A
B
C
D
1
2
3

國貿即中國國際貿易中心，這一帶被北京規畫為中央商務區(簡稱CBD)，辦公大樓(當地稱寫字樓)、5星級飯店、名牌奢侈品旗艦店及高級公寓集中的密度，大概是北京之最。擁擠繁忙的交通、行色匆匆的白領上班族，及一幢幢與天比高的摩天大樓，是這裡最顯眼的風景。北京市排名前三的高樓，皆在此區，包括國貿三期、銀泰中心，以及因造型特殊受到世界矚目的中央電視台大樓(簡稱CCTV)。來這裡可見識到北京最摩登的一面，感受與國際都會同步的新北京脈動。

以國貿為中心的中央商務區高樓林立

北京達人Beijing 3大推薦地

作者最愛

建外SOHO

這18棟方方正正、整齊劃一的白色窗格建築物，看似簡約單調，行走其間卻有種遊走於白色迷宮的趣味。這也是曾多次到台灣參訪的北京房地產大亨潘石屹的代表作。(見P.64)

建外SOHO東

焦點必訪

中央電視台新址

既然到北京，來看看耗資50億人民幣打造，僅次於長城、故宮外，最受老外矚目的地方。CCTV還獲選美國芝加哥全球最佳高層建築獎。(見P.60)

在地人推薦

雲酷Atmosphere Bar

這裡是北京最高的酒吧，除了有美酒和一望無際的美景外，優美的爵士樂演奏、打扮入時的潮男靚女，都讓雲酷成為北京重要的社交場所之一。結束了白天的旅遊，晚上不妨到此喝一杯，徹底放鬆一下疲憊的身心。(見P.64)

遊賞去處

世界10大建築奇蹟之一

中央電視台新址

MAP P.59／C1
B出口
步行約10分鐘

DATA

www.cctv.com 北京市朝陽區東三環中路32號(東三環中路與光華路交叉口) (010)6850-8818 1號線國貿站B出口，沿東三環中路往北步行約10分鐘；或10號線金台夕照站C出口即是

關於這座建築，有一個經典笑話。據說大樓主體逐漸浮現出輪廓時，施工單位不斷接到熱心市民的電話：「給你們提個醒，你們有棟大樓，蓋歪了！」這就是一座很容易讓人誤以為「歪掉」的建築。也正因為它顛覆常理的設計，屢屢引起驚呼和爭議。不過最讓人惋惜的莫過於它北側的配樓，在2009年元宵節遭逢祝融，損失慘重，所幸大樓已於2012年5月重建完成。

1

央視新大樓曾被美國時代雜誌選為2007年十大建築奇蹟之一，由荷蘭建築家雷姆．庫哈斯率領的荷蘭大都會(OMA)建築事務所設計。兩棟塔樓向內傾斜6度，再以橫向的懸臂結構在空中連結，挑戰結構力學的設計極為大膽。北京有人稱它「大褲叉」，有人喊「大板凳」，也有人說是兩條鳥腿，名稱不同，不過都不怎麼好聽就是了，由此也可看出北京人對此幢建築的大致觀感。

其實一幢地標性建築的外型會引起正反兩面的評價，也很正常，畢竟審美觀本來就見仁見智，世界各國的地標建築，從巴黎鐵塔到台北101，都有人嫌醜。喜不喜歡這棟建築，近距離接近它，或許會有另一番感受。

1CCTV從設計、動工到興建完成，話題不斷 2CCTV大樓已成為北京的新地標

遊賞去處

CBD最後一片工業文創區

郎園Vintage

MAP P.59／D3
3號出口
步行約10分鐘

DATA

北京市朝陽區通惠河北路郎家園6號(近萬達廣場) (010)8589-0560 24小時 3號出口，沿建國路往東直行，步行約10分鐘

郎園Vintage位於繁華的市中心，是一座集商業、創作、藝術、時尚展覽中心於一身，標榜以時尚、文化、前衛的文化產業園區，吸引許多文化創意產業的公司與個人工作室進駐，同時也吸引了許多服務創意人、文化人的餐廳及咖啡廳來此，堪稱是繼798、南鑼鼓巷後，又一潮人膜拜聖地。

其前身是1950～1980年代的工廠或倉庫，當時這裡還是荒涼一片，沒想到現在已經成為最繁華的地段，隔著馬路對面就是繁華地段象徵的萬達廣場，作為CBD最後一片工業時期遺址，紅磚老廠房成為水泥都市叢林中，最獨特的一道風景。

郎園
VINTAGE

SUPERMONKEY FITNESS

1郎園的前身是上世紀五〇年代開始的工廠，以許多工業元素作為園區創作 2郎園創意園區裡面有不少餐廳、咖啡廳 3隨處可見的裝置藝術 4紅磚與綠蔭交錯，形成水泥都市中一片獨特的景色

遊賞去處

與裝置藝術的有趣邂逅

今日美術館

MAP P.59/C3
C出口
步行約15分鐘

DATA

http www.todayartmuseum.com ✉北京市朝陽區百子灣路32號(蘋果社區旁) ☎(010)5876-0600 ⏲週一休館，週二～日10:00～18:00(17:00停止入場) $無需大門票，1、2館單獨售票 ➜C出口步行前往約15分鐘，或轉搭出租車前往

今日美術館成立於2002年，是北京第一家民營、非營利性質的美術館，具有指標意義。它的展覽以當代藝術為主，不時也會推出與時尚品牌合作的跨界展覽，主題十分多樣。

美術館建築本身就很有可看性，前身是啤酒廠的鍋爐房，由略顯斑駁的紅磚砌成，四四方方，就像個廠房。原本就挑高的寬敞空間和超強的承重力，很適合作為藝術展覽空間，中國建築師王暉保留廠房建築的優點，不多加綴飾，形成簡潔有力的現代空間。美術館周邊的裝置藝術常引人會心一笑，抬頭一瞧，屋頂上有一群石頭人排排坐在頂樓，正與你對望呢！這是中國藝術家汪建偉的作品，就叫「看藝術」。在廣場上還有「一群人」，每個人都彎著腰、咧開嘴大笑，這是中國當紅藝術家岳敏君的著名雕塑，每個行經此地的路人，不管懂不懂藝術，都免不了看上幾眼，顯露出讚嘆、疑惑或會心的表情。

美術館附設有書店、創意商品部和咖啡館，書店蒐羅了各式中外藝術書籍、期刊、筆記本等，商品則有不少中國藝術家的周邊產品，亦有國外設計師的創意精品，也是個啟發藝術靈感的趣味空間。美術館周邊的院落則是畫廊一條街，陸續有相關機構進駐，文藝氣息濃厚。

1由啤酒廠改建成的今日美術館 2中國藝術家岳敏君的雕塑作品 3商品部販售的藝術商品 4屋頂上坐著一排人在「看藝術」5周邊的畫廊一條街逐漸成形

THIS IS A BOOK
申亮个展
今日美术馆
Your body
battleground

2009
张可欣个展

擁有最頂級豪奢的核心商圈

銀泰中心

MAP P.59／B3
C出口
步行約3分鐘

DATA

北京市朝陽區建國門外大街2號 (010)8517-2828
10:00～21:00

HERMÈS

原本已是高樓大廈林立的國貿商圈，2008年因為銀泰中心的落成，又將平均高度「拉高」了不少。一出地鐵口就能看到3座筆直的塔樓映入眼簾，其中中央主樓高249.9公尺，63層樓高，目前北京最高的5星級酒店──柏悅酒店就位於此，也是欣賞北京東城區繽紛夜景最豪華的場所。其他空間則是酒店式公寓、高檔寫字樓，低樓層則規畫為精品購物中心，包括Hermès、Cartier、Giorgio Armani、Dolce & Gabbana等國際名品旗艦店陸續進駐，從裡到外，處處散發著濃濃的貴氣和豪奢感。作為一般升斗小民來到這裡，恐怕會不由得感慨：北京有錢人可真不少！

1這是北京最高檔的商場之一 2多家精品在此設櫃

帝都最高建築

國貿三期

MAP P.59／B1
A出口
步行約5分鐘

DATA

www.cwtc.com 北京市朝陽區建國門外大街1號(近光華路) (010)6505-2288 國貿商城10:00～21:30，飯店則無時間限制 **1.**地鐵1號線國貿站A出口左轉，往北走5分鐘；**2.**地鐵10號線國貿站E2出口往北走，過光華路左轉即可看到，約3分鐘；**3.**地鐵10號線金台夕照站D出口往南，到光華路右轉即可看到，約1分鐘

新落成的國貿三期，雖說門牌掛的是建國門外大街，但其正確位置卻在光華路上。和一、二期相比，國貿三期走的是更尖端的路線。一進大廳，就可看到牆面上的金箔閃閃發亮，4個角落的水晶燈也亮麗繽紛，整體充滿了雍容華貴的感覺。90部電梯中，有4部每秒速度可達8公尺，不過只可停靠56和72層。

Rolex、Fendi、Tiffany、Givenchy等國際知名品牌分布其間，還有新引進北京的PAGE ONE書店，和近600多坪的Ole超市。最讓Carrie印象深刻的一點，是整座大樓採用冰水製冷的節能裝置，在用電量低時啟動製冰，用電高峰時就靠儲備的冰塊供冷，很有環保概念。

国贸商城

1國貿三期是目前京城最高的建築 2新的國貿三期商城，走的是精品路線 3簡單典雅的設計風格，可媲美國外商場

都市中的白色迷宮

建外SOHO

購物血拼

MAP P.59／B3

C出口
步行約5分鐘

DATA

✉北京市朝陽區東三環中路39號

建外SOHO是一處知名的時尚潮流休閒區，這一棟棟乍看單調平凡的白色格子樓，其實暗藏設計巧思，例如每棟樓以斜向的角度互為交錯，讓每棟大樓都有適宜的採光，行走其間也不會感覺太過擁擠。不過，因每棟樓的外型都一樣，宛如迷宮，初次來訪可能會摸不著方向。其實每棟樓都有編號，對照路旁的人形指標牌，就會比較清楚。

建外SOHO營業的商家種類，以餐廳、咖啡廳、服飾店為主，其中服飾的風格偏向時尚潮流，有以國外設計師品牌為主的shine，也有好幾家較為平價的個性小店。

1每棟樓都長一樣不知往哪走？可參考指示牌 2宛如白色迷宮的建外SOHO

貼心小提醒！

建外SOHO分東西區

建外SOHO分成東區和西區，離國貿地鐵站較近的是東區，西區則離1號線永安里地鐵站較近。由於東區落成時間較早，餐廳和商家的密度較高，比較熱鬧，西區則顯得相對冷清一些。

建外SOHO东区

浪漫的北京夜景一覽無遺

雲酷Atmosphere Bar

特色美食

MAP P.59／B1

A出口
步行約5分鐘

DATA

✉北京市朝陽區建國門外大街1號國貿三期80樓(近光華路) ☎(010)8571-6459、(010)8571-6433 ⏰14:00～02:00 $約¥335／人均 ➡**1.**地鐵1號線國貿站A出口左轉，往北走5分鐘；**2.**地鐵10號線國貿站E2出口往北走，過光華路左轉即可看到，約3分鐘；**3.**地鐵10號線金台夕照站D出口往南，到光華路右轉即可看到，約1分鐘

這裡是北京最高的酒吧，從大廳搭電梯上樓，80層樓不到30秒就到達，快速而平穩，感覺好像走進去還沒站穩就到了。北邊可看鳥巢，西邊可看故宮、北海，南邊則可看北京南站。下午時刻，來這喝喝咖啡，聊聊天，輕鬆悠閒；晚上的爵士樂演奏，則是另一番享受。

1來杯調酒，邊喝邊享受這裡的美景 2從餐廳即可眺望全北京市，尤其夜景超美，大力推薦 (以上照片提供／雲酷 Atmosphere Bar) 3除了微暗的燈光外，桌上還會貼心的點上蠟燭

特色美食

北京人戒不掉的癮頭

川成元麻辣香鍋

MAP P.59／B3
C出口
步行約3分鐘

DATA

✉北京市朝陽區東三環中路39號(建外SOHO A座106) ☎(010)5869-9986、5869-9987 ⏰10:00～21:30 $約￥83/人均

如果愛吃辣、能吃辣，那麼我建議到北京必定得嘗一嘗台灣沒有的「麻辣香鍋」。這是Sindia在北京少數感覺會「吃上癮」的餐飲，那特殊的麻和辣，帶點中藥香料的香氣，讓人胃口大開，越吃越上癮，冬天吃或夏天吃，一樣暢快淋漓。

麻辣香鍋可說是「乾炒」的麻辣鍋，到店裡坐定位後，先點好想吃的配料，諸如豆皮、雞肉、豬肉、蔬菜、蒟蒻絲等，並選擇想要的辣度，之後就交由廚房炒製，等到服務員端上桌後，你會發現剛剛其實不過點了幾樣菜，此時已經滿滿一「臉盆」了！不誇張，北京的麻辣香鍋，都是以大盆盛裝，除了客人點的配料，還會加上滿滿的乾辣椒、香菜等配料，所以分量往往會超乎想像。價錢方面會比一般簡餐或麵點稍貴一些，通常2、3人以上合吃會比較划算。

川成元
麻辣香鍋
1

2

1川成元麻辣香鍋 2北京很流行吃麻辣香鍋，一大盤紅通通的，看了就很過癮

特色美食

華麗的露台式餐廳

國貿79 Grill 79

MAP P.59／B1
A出口
步行約5分鐘

DATA

✉北京市朝陽區建國門外大街1號國貿三期79樓(近光華路) ☎(010)8571-6459 ⏰早餐06:30～10:30，午餐12:00～14:00，晚餐17:30～22:00 $約￥968/人均 ➲**1.**地鐵1號線國貿站A出口左轉，往北走5分鐘；**2.**地鐵10號線國貿站E2出口往北走，過光華路左轉即可看到，約3分鐘；**3.**地鐵10號線金台夕照站D出口往南，到光華路右轉即可看到，約1分鐘

2

結合了餐廳與酒吧功能的國貿79，以酒紅為餐廳的主色調，搭配上華麗的水晶燈飾，讓整個用餐環境，充滿了溫馨愉悅的氣氛。坐在Adam D. Tihany設計的「露台式」餐廳用餐，欣賞窗外美景，彷彿坐在露台上吃飯一般。在這裡，你可以看到外國籍的主管和外場的工作人員一同為客人領位、介紹餐點，由此可見他們對員工的訓練，以及對客人的重視程度。如果想坐靠窗的位置，別忘了提早訂位，以免向隅喔！

1

3

1Adam D. Tihany設計的「露台式」餐廳 2紐約式芝士蛋糕，不僅好吃也很好看 3即使漢堡，也經過刻意擺盤

1號線

Beijing Subway Line 1

在使館區的別墅間寧靜漫遊

永安里站

Yonganli

←蘋果園站 Pingguoyuan

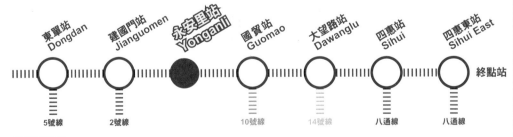

東單站 Dongdan（5號線）— 建國門站 Jianguomen（2號線）— **永安里站 Yonganli** — 國貿站 Guomao（10號線）— 大望路站 Dawanglu（14號線）— 四惠站 Sihui（八通線）— 四惠東站 Sihui East（八通線）終點站

永安里站周邊街道圖
建國北大街
朝外市場街
2號線
義和雅居
日壇北路
景茂街
日壇東一街
東大橋路
雅寶路
日壇路
日壇公園
日壇東二街
日壇東路
秀水東街
秀水西街
申德勒加油站西餐廳
光華路
建華路
秀水北街
秀水街
秀水南街
三元梅園
新秀水街大廈
建國門外大街
建國門站
Jianguomen
英皇集團中心
永安里北街
大懶龍
永安里站
Yonganli
北

永安里站周邊是北京重要的外交使館區之一(美國大使館即位於此)，也因為外國人在此聚集，這裡的商業活動很早就開始發展，著名的「秀水市場」便是因此發跡，如今已改建為「秀水街大廈」。建國門外大街路旁有個雙子座大廈，藍色玻璃帷幕顯得十分耀眼，裡面是百貨公司和辦公大樓。往北還有以絢麗電子屏幕為號召的世貿天階百貨。

此處為使館區，可以看到有別與北京傳統四合院與新式高樓大廈的洋房別墅

使館區道路兩旁種滿高大樹木，景色隨四時靜謐變換，漫步其下，是一種難得的浪漫

北京達人 *Beijing*

3大推薦地

作者最愛

申德勒加油站西餐廳

申德勒西餐廳是北京著名的德式餐廳，有多家分店，專營各式各樣正宗的德國豬腳、香腸、麵包，是肉食者不可錯過的天堂。(見P.70)

焦點必訪

新秀水街大廈

這裡有許多A貨，甚至超A貨。超A貨簡直真假難辨！當然啦，寶島李是「不建議」購買仿冒品的，但是不影響你來看看「社會主義如何以獨特的方式打擊邪惡帝國主義」啊！(見P.69)

在地人推薦

三元梅園

三元梅園前身是老字號梅園乳品店，其出品的奶酪是北京人的共同回憶，更是經過末代皇弟溥傑認證的宮廷滋味喔！(見P.71)

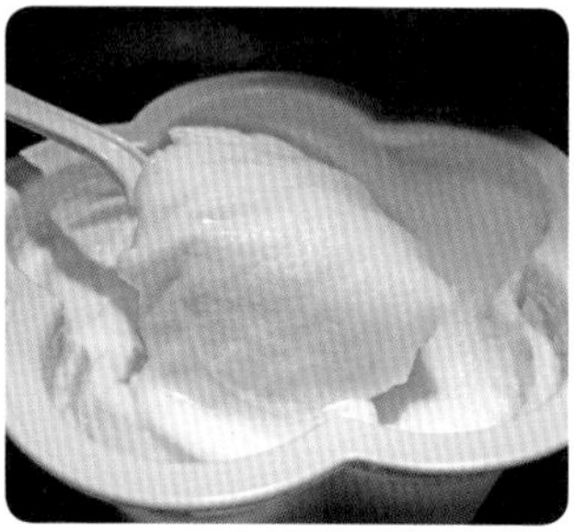

明清帝王祭日所

遊賞去處

日壇公園

MAP P.67／B2
A1出口
步行約20分鐘

DATA

✉北京市朝陽區日壇北路6號 ◷冬令06:00～21:30；夏令06:00～22:00
$免費

北京除了知名的天壇，還有日壇、月壇、地壇、先農壇，通稱「五壇」，都是古代帝王祭祀的地方，其中日壇為明清兩代帝王祭祀太陽神的地點，每年春分日初寅時行祭祀。日壇建於明嘉靖9年(西元1530年)，以白石砌成一方檯，長寬各約17公尺，高約2公尺，壇面原為紅色琉璃，象徵太陽，清代改為方磚墁砌。現今壇檯早已無存，只有四周的矮牆完好無缺。公園內古樹參天，花木扶疏，加上遊客不多，十分幽靜，是個遠離塵囂的好去處。

享受血拼淘寶樂趣

新秀水街大廈

購物血拼

MAP P.67／C3

A1出口 步行約5分鐘

DATA

北京市朝陽區秀水東路8號 (010)6585-2652 24小時

早年北京旅遊可以濃縮為一句順口溜「登長城、遊故宮、逛秀水」，不過這句話裡面所指的秀水市場已經拆除，改建成如今的秀水街大廈。由於名氣響亮，商場內經常擠滿了中外遊客，攤商也都說得一口流利的英語。對於時間有限又想一次採買各式紀念品的觀光客來說，這裡琳瑯滿目的商品應該可以滿足所需，從衣服到飾品、鞋子、箱包等均有，只是，不少商品還是可以看得到名牌的影子，連外國人也很熱衷買各種「山寨版」的包包。這裡的商品售價很混亂，真的要看中意的話，記得要殺價，一般從3折價開始殺起，到底幾折能成交，要看殺價功力而定。

儿童
百米
丝绸街

1 永安里地鐵站可直通秀水街大廈 2 秀水市場內貨品琳瑯滿目，從頭到腳所需的用品幾乎都有

謝霆鋒在北京的基地

英皇集團中心

購物血拼

MAP P.67／C3

A2西北口 步行約7分鐘

DATA

www.emperorgroupcentre.cn 北京市朝陽區建外大街丁12號 (010)5901-6649 24小時 A2口向西步行490公尺

英皇集團中心是一棟集購物、餐飲、健身、娛樂、商務於一體的綜合大樓，總建築面積約10萬平方公尺，剛營運不久，陸續還會有更多的休閒設施，其中，座椅非常舒適的IMAX電影院，應該是目前寶島李在北京體驗過最舒服的電影院了。此外，除了主打都會白領享用的健康簡餐WAGAS外，還有性價比非常高的北京牛排名店牛排家、咖啡館等各色餐廳。

英皇集團以鐘錶零售起家，經過不斷發展，至今已成為跨足金融、地產、鐘錶珠寶、娛樂、酒店、傳媒、傢俬、電子競技，以及共享工作空間等多領域的大集團，其中最為人熟知的應屬旗下的英皇娛樂，而英皇娛樂的當家小生謝霆鋒所開設的「鋒味實驗室」也落腳此處。鋒味實驗室除了賣謝霆鋒出品的食品外，也可以在裡面享用謝霆鋒設計的食物，如果運氣好，還有機會遇到謝霆鋒本人喔！

英皇集团中心
Emperor Group Centre

wagas
牛排家

鋒味

1 英皇集團中心是北京新興的綜合大樓與商城 2 英皇集團中心內有許多知名的餐飲連鎖店 3 謝霆鋒所開設的「鋒味實驗室」

特色美食

肉食者天堂

申德勒加油站西餐廳

MAP P.67/C2

A1出口
步行約16分鐘

DATA

北京市朝陽區光華路甲15號(日壇公園南門) (010)8562-6439 11:00～01:00 約￥185/人均 A1出口，沿東大橋路直走再左轉光華路，步行約16分鐘

申德勒加油站西餐廳是一家德國餐廳，申德勒台灣翻譯辛德勒，也就是電影《辛德勒的名單》的辛德勒。不知是何種不可思議的理由，這家申德勒的老闆也有一張自己的名單，開了申德勒加油站、申德勒碼頭、申德勒電動汽車，不過別以為人家是經營運輸行業的，其實剛剛說的，都是西餐廳！遍布在日壇、三里屯跟798。

申德勒的老闆本是東德駐中國最後一任武官，1999年在北京開了肉品加工廠，接著陸續經營起餐廳，所以在申德勒加油站裡，賣的可都是道地的德國食物跟德國啤酒。

這裡簡直就是肉食者天堂，各種德國香腸的拼盤、德國豬腳等，配上一杯德國啤酒，那真是開心得不得了！如果你是愛吃菜的，來這邊只有德國酸菜跟麥子做的德國麵包可以吃了，Sorry(還是有沙拉的啦)。

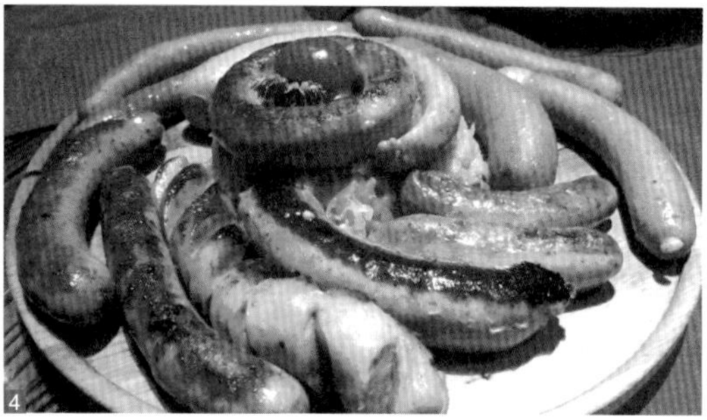

1申德勒餐廳外觀 2厚實大塊的德國麵包，口味很特別 3還是烤德國豬腳最適合無肉不歡的肉食者啊 4德國香腸拼盤，吃到最後已經分不出誰是誰了

特色美食

花式烤鴨吃法

羲和雅居

MAP P.67/C1

A1出口
步行約21分鐘

DATA

北京市朝陽區朝陽門外日壇北路(日壇公園東北角) (010)8561-1915 11:00～14:30，17:00～22:00 約￥194/人均 A出口，沿東大橋路直行左轉光華路，再右轉日壇東路，步行約21分鐘

1坐在公園裡享用美食，十分享受 2四喜豆腐

羲和雅居就在日壇公園東北邊，從公園內可以直接通往餐廳，不過大門是在日壇東路上。依著公園的優勢，讓餐廳很有庭園氣氛，天氣好的時候可以坐在中庭花園用餐，徐徐涼風襲來，樹影婆娑，花香滿溢，最頂級的享受也莫過於此。

這裡供應的中式菜色很雜，如四喜豆腐、乾煸四季豆、重慶辣子蝦、拌菜(生菜沙拉)等，口味均不差，不過最招牌的還是烤鴨，片鴨的技巧雖然沒有大董烤鴨來得精緻，不過肉質仍屬鮮嫩，且配料豐富，除了傳統的甜麵醬、黃瓜絲、蘿蔔絲等外，還有藍莓醬等多種蘸醬吃法，蘸藍莓醬看似衝突，其實與沾白糖的感覺類似，甜中帶鹹，能帶出鴨皮的清爽滋味。

特色美食

北京人記憶中的美食

大懶龍

MAP P.67/C3
A2出口
步行約3分鐘

DATA

京市朝陽區建國門外大街12-3號 (010)6566-7677 06:30～20:30 約¥19/人均 A2口向南步行80公尺

懶龍是一種北方傳統麵食，也叫肉龍，北京人幾乎是從小吃懶龍長大。老北京習俗中有「驚蟄蒸懶龍」的說法，故每年一到「驚蟄」節氣，家家戶戶會製作並蒸「懶龍」，據說吃「懶龍」，可以解除「春懶」，由此開啟新的一年。

現代人家裡少有願意花時間做懶龍的，因此懶龍有段時間甚至脫離了北京人的生活，直到前幾年有了專賣懶龍的店，才終於又可以重溫這道簡單又美味的食物！懶龍的作法很簡單，把肉包進麵皮中捲成一長條，盤在蒸籠裡蒸，模樣彷彿一條白胖胖、懶洋洋躺在蒸籠裡的長龍，因而得其名。吃的時候會先切開，花紋有點像花捲，味道則是台灣人也很熟悉的肉包子味道。

大懶龍

1懶龍貌不驚人，卻很有飽足感，一個就可以撐一頓 2專賣傳統小吃懶龍(肉龍)，所以店名就叫大懶龍 3店內另有許多北京小吃，不過食客主要就是為了吃懶龍

特色美食

北京公認老字號奶酪

三元梅園

MAP P.67/D3
B出口
步行約1分鐘

DATA

北京市朝陽區東大橋路光華西里10號樓 (010)8738-8684 09:00～21:30 約¥30/人均 B出口，沿東大橋路往北步行1分鐘

北京的奶酪是發酵過的稠狀奶製品(其實就是台灣說的優格，不是起司)，大部分都冠以宮廷奶酪的名稱，因為據說北京的奶酪都是從滿族帶進關的，起初只是滿清貴族的享受，專屬皇家御膳的珍品，後來才流入民間。清末民初大約有十多家賣奶酪的店家，後來卻一度消聲匿跡。

1980年代，北京梅園乳品店找來清宮御膳房傳人指導，重現失傳已久的宮廷乳酪，後來由三元食品集團收購，三元梅園是被絕大多數北京人認可的味道，在北京發展得最好，有許多分店，「末代皇弟」溥傑也認證，讚譽三元梅園的奶酪保留著當年宮廷奶酪的味道！

三元梅园
宫廷奶酪

1被末代皇弟溥傑認證過的宮廷奶酪 2原味奶酪味道非常爽口，比起濃郁的宇文奶酪，別是一番風味 345三元梅園提供多種宮廷乳製甜品，相當特別

王老吉
Cartier

1號線

Beijing Subway Line 1

讓你踏破鐵鞋的百貨大街

王府井站

Wangfujing

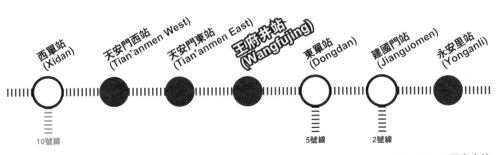

西單站 (Xidan) — 10號線
天安門西站 (Tian'anmen West)
天安門東站 (Tian'anmen East)
王府井站 (Wangfujing)
東單站 (Dongdan) — 5號線
建國門站 (Jianguomen) — 2號線
永安里站 (Yonganli)

←蘋果園站(Pingguoyuan)　　(Sihui East)四惠東站→

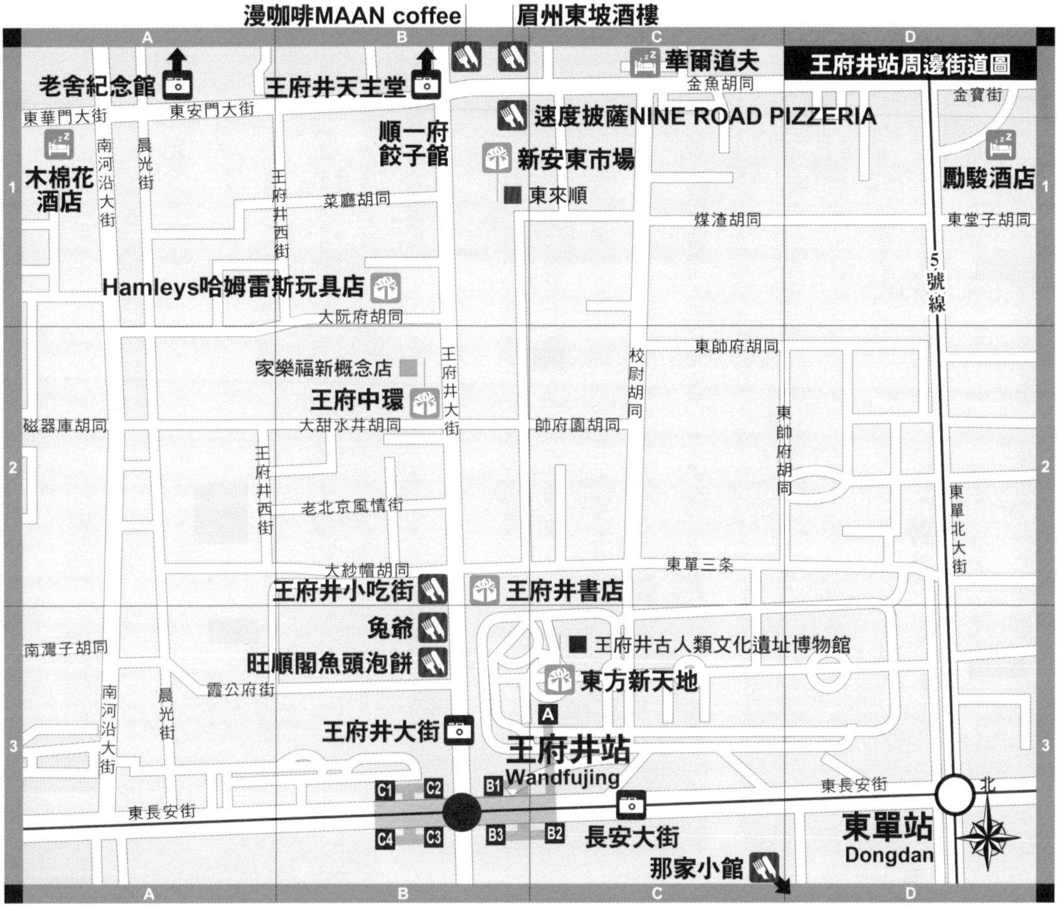
王府井站周邊街道圖
漫咖啡MAAN coffee
眉州東坡酒樓
老舍紀念館
王府井天主堂
華爾道夫
金魚胡同
金寶街
東華門大街
東安門大街
速度披薩NINE ROAD PIZZERIA
順一府餃子館
新安東市場
東來順
木棉花酒店
南河沿大街
晨光街
王府井西街
菜廳胡同
勵駿酒店
煤渣胡同
東堂子胡同
5號線
Hamleys哈姆雷斯玩具店
大阮府胡同
東帥府胡同
家樂福新概念店
王府中環
王府井大街
校尉胡同
磁器庫胡同
大甜水井胡同
帥府園胡同
東帥府胡同
老北京風情街
東單北大街
大紗帽胡同
東單三条
王府井小吃街
王府井書店
兔爺
王府井古人類文化遺址博物館
南灣子胡同
旺順閣魚頭泡餅
東方新天地
霞公府街
王府井大街
王府井站
Wandfujing
東長安街
長安大街
東單站
Dongdan
那家小館
北
A
B
C
D
1
2
3
C1
C2
C3
C4
B1
B2
B3

若要選出一條不論任何時段始終人潮洶湧的馬路，王府井大街當之無愧。由於這裡是北京，乃至於全中國最早興起的商業區，除了外國觀光客，更多的是來自大陸各省的遊客。對大陸人而言，王府井是中國經濟邁向繁榮的象徵，能在這裡開業的店家也都具有口碑和實力，所以王府井大街又有「金街」之稱。

1王府井名稱的由來就是因為這口水井 2王府井大街上百貨公司和商家林立，繁華熱鬧(照片提供 / 楊清雄)

北京達人 Beijing 3大推薦地

在地人推薦

東來順涮羊肉

東來順之於涮羊肉，就如同烤鴨之於全聚德，即使沒去過北京，恐怕也多少聽過東來順的名號。儘管北京有名的涮羊肉越來越多，但這家老字號的吸引力還是很大，來到北京自然不免俗地要慕名造訪一下。(見P.80)

作者最愛

王府井天主堂

王府井基本上是熱鬧的百貨公司大街，鎮日人潮不斷，位於路北的天主堂，相對下顯得清靜許多。在這裡可欣賞雄偉精緻的羅馬式尖頂建築，或在廣場邊上休息一下，感受北京清幽的一面。(見P.76)

焦點必訪

王府井小吃街

王府井小吃街是專門經營北京各地風味小吃、旅遊紀念品、民間工藝品的市場。來這裡，可以看品嘗老北京的飲食以及了解風俗習慣。(見P.79)

遊賞去處

小吃百貨一條街

王府井大街

MAP P.73／B3

A出口
步行約1分鐘

DATA

✉北京市東城區王府井大街

這條北京最繁榮的馬路，又有「金街」之稱，位置就在北京的正中央，地理條件優越，不管何時來到這裡，永遠是人潮洶湧的景象，被規畫為行人徒步區。相傳明代永樂年間，這裡建有10座王府，到了清朝又在南段挖了一口水井供王府人飲用，至此稱為「王府井大街」。如今大街上百貨公司林立、遊客熙熙攘攘，哪裡還有王府蹤跡？至於水井，也早已乾涸，僅剩地面一塊水井蓋記載著當年風光。

1

大街上有多家嶄新的百貨公司，不過對大陸人來說最有感情和記憶的，是北京百貨大樓。它成立於1955年，被稱為「新中國第一店」，在物資貧乏的年代，這座百貨成為一切美好生活的象徵，名聲響遍全國。大街的南段有個王府井小吃街，初次造訪的觀光客大都會被吸引而去，Sindia也不例外，後來才知道，這裡的小吃硬是比其他店家販售的貴上一、兩成，口味也普通，只是占據優越的地理位置，所以總是人潮洶湧。這裡也有毛澤東、為人民服務等文革時期相關紀念品，價錢比較貴，若想購買記得殺價。

1王府井大街原是過去北京城中最熱鬧的東安市場，現在依舊是聚集了許多老北京知名商家的觀光步行街 2象徵中國經濟起飛的北京市百貨大樓

貼心小提醒！

搭地鐵最方便

王府井大街為行人徒步區，出租車僅能行駛至東方廣場或附近小巷弄，建議搭地鐵來此較為方便。

神州第一街

長安大街

遊賞去處

MAP P.73／C3

B2出口
步行約1分鐘

DATA

北京市東城區長安大街 可搭乘地鐵1號線王府井站或國貿站為起點，往西步行或搭公車，沿線瀏覽長安大街

翻開北京地圖，以天安門為中心，其左右兩側、1號線地鐵沿線所經之處，就是長安街。精準地說，天安門以東至建國門，稱東長安街，以西至復興門，稱西長安街，這條東西向的大路再繼續向兩側延伸，東至通州區，西至石景山區，稱為長安街的延長線，又稱「十里長街」，總之，這是北京，乃至於全中國最重要的一條路，有「神州第一街」之稱，也是看盡歷史興衰與城市發展的縮影。

長安街上，盡是著名的建築物，從東邊的國貿中心開始往西走，好幾家5星級飯店及百貨大樓沿線林立，如京倫飯店、建國飯店、賽特中心、長富宮飯店等。過了建國門地鐵站後，則有白色外觀十分氣派的國際飯店及老牌百貨公司之一恆基中心。永安里站的藍色雙子座大廈，夜晚點燈後顯得格外亮眼。到了東單、王府井一帶，更是繁華，君悅大飯店、東方新天地是2000年開幕啟用的新建築，王府井大街旁的北京飯店及貴賓樓飯店，常有元首級貴賓入住。

繁華的長安大街上高樓一棟接一棟，5星飯店林立

進入東長安街後，南側是中國國家博物館、天安門廣場、毛主席紀念堂、人民大會堂、國家大劇院等，北側即勞動人民文化宮、故宮，及門禁森嚴的中南海。有時間的話，不妨以國貿站為起點，搭乘橫貫長安街的公車路線，慢慢瀏覽兩側建物，若是晚上，路燈亮起，兩側商家飯店燈火輝煌，顯露出嚴肅的長安大街少有的浪漫面貌，也是欣賞夜景的好選擇。

羅馬風格的天主教堂

王府井天主堂

MAP P.73/B1
A出口
步行約15分鐘

DATA

⊠北京市東城區王府井大街74號 $免費 ➡A出口，沿王府井大街往北步行約15分鐘；或5號線燈市口站，步行約10分鐘

王府井大街往北走，過了金魚胡同，就可看到這座矗立在街邊的宏偉教堂。由於地處北京城東，又稱「東堂」。教堂歷史最早可溯自清順治12年(1655年)，由耶穌會義大利籍傳教士利類思和葡萄牙傳教士安文思創建，其後歷經多次毀壞再重建，直到1904年，法國和愛爾蘭利用庚子賠款重建，形成如今的樣貌。教堂正面有3座雕琢精緻的羅馬式建築風格的鐘樓穹頂，樓頂立有3座十字架。內部有哥德式教堂常見的彩繪玻璃，氣氛神聖肅穆。

感受過王府井大街的濃厚商業氣息和熙來攘往的人群，坐在教堂前廣場的階梯上，感到格外寧靜安詳。鬧中取靜的地點加上磚砌的古樸外觀，讓北京新人們也愛來這裡拍攝婚紗，新人們的一顰一笑和教堂迴盪的鐘聲，構成北京街頭少見的浪漫場景。

1宏偉壯觀的天主堂 2王府井天主堂又稱東堂

一分鐘從王府井商業區穿越回古代

王府井古人類文化遺址博物館

MAP P.73/C3
A出口
步行約1分鐘

DATA

⊠北京市東城區東長安街1號(東方新天地內) ☎(010)8518-6306 ⊙10:00～17:30(17:00停止入場) $門票約¥10 ➡王府井地鐵A出口約110公尺，步行約1分鐘

古人類文化遺址博物館是一個非常迷你的博物館，就位在王府井地鐵站出口，其上是熱鬧繁榮的東方新天地。這處遺址是在2001年東方廣場的施工過程中偶然被發現的，遺址發現後，現場立刻被保護起來，並由中科院古脊椎動物與古人類研究所對遺址進行發掘。經考證，這片遺址是25,000年前居住在現今北京王府井地區的古人類棲息地，此處發現大量以石頭與獸骨打造的器具，並有人類用火的遺物、遺跡和原始牛、鹿、鴕鳥的遺骸。

遺址發現後，有關單位考量再三，決定商業發展與遺址保存兩不誤，現代新穎的東方廣場照樣興建，同時在東方新天地下方建立古人類文化遺址博物館，並將發掘的文物按照發掘時的原貌陳列在博物館內。逛完現代時尚又新奇的東方新天地，下個樓梯便是古代人類的生活展示，這種反差恐怕在台灣也未曾有過。

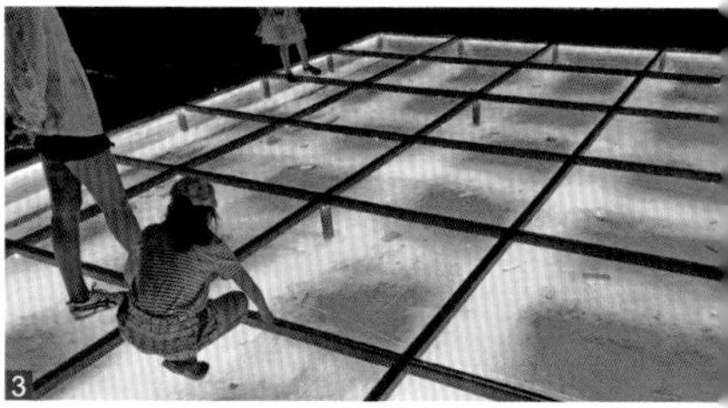

1博物館就位在賣場跟地鐵站的交界處 2館內介紹古人類的種種生活風俗與製作的器具 3博物館盡量將古人類生活遺址發掘現場完整保留

走進老舍的世界

老舍紀念館

遊賞去處

MAP P.73/A1
A出口
步行約20分鐘

DATA

www.bjlsjng.com 北京市東城區燈市口西街豐富胡同19號 (010)6514-2612 週二～日09:00～16:30，週一休館 免費 王府井站A出口往北步行，到燈市口西街左轉，約20分鐘

大陸現代文壇流傳著一句順口溜「魯郭茅巴老曹」，即稱魯迅、郭沫若、茅盾、巴金、老舍、曹禺這6位現代文壇大師，其著作就連台灣人也都耳熟能詳。

老舍是滿人，老舍為筆名，大名為舒慶春，字舍予，是中共建政後第一位被授予「人民藝術家」的偉大作家。1949年受周恩來邀請他從美國回到北京，後來買下一間四合院作為居所(即今老舍紀念館)，老舍先生在這裡生活、工作，陸續寫下了《龍須溝》、《茶館》、《方珍珠》、《正紅旗下》等著作，作品刻劃人民生活的悲歡離合，故有人稱他為現代曹雪芹。然而，他卻在文革中受盡心靈的屈辱與肉身的毆打，1966年投北京太平湖自盡。1999年老舍誕辰100周年前夕，老舍故居被改建為老舍紀念館，並正式對外開放。

1老舍投湖自盡處的紀念碑已挪到紀念館中 2老舍著作等身，並有多部重要作品，影響現代文學 3老舍紀念館為老舍故居改建

家樂福新推出的便利商店

家樂福新概念店

購物血拼

MAP P.73/B2
A出口
步行約10分鐘

DATA

www.carrefour.com.cn 北京市東城區王府井大街269號王府中環B1 10:00～22:00 王府井站A東北口步行600公尺，約10分鐘

家樂福王府中環店是家樂福在北京的第22家門店，也是家樂福首次嘗試新型態的分店。跟過去的大賣場不同，此次的新型態概念店面積只有720平方公尺，大約是台灣超市的大小，針對都會區的上班族，商品陳列空間變得更舒適，主要販售生鮮及生活用品，並增加了有機食品、進口商品等品項。

內部裝潢也跟一般家樂福有很大的不同，首先，熟悉的藍白紅LOGO變成了棕金色，看起來更高雅時尚。由於設計、配色與材質均改變，如果不仔細看，還以為走到了無印良品了呢！除此之外，店內還有沙發座可供休息，非常人性化。另一特色就是店內的陳列機器人，會自動巡弋，機器人身上有陳列食品可供挑選，增添些許智能的味道，不過這個機器人非常呆，經常擋在路中間，動彈不得。

Carrefour 家乐福
WANGFUJING

1新的家樂福概念店，一改過去的量販店形象，走起精緻路線 2家樂福內竟然還有像咖啡廳的沙發座 3店內擺設猛一看還挺像無印良品，走道上自動巡航的蠢萌機器人，其實是個行走的貨架

購物血拼

規模超大的百貨書店

王府井書店

MAP P.73／B2
A出口
步行約5分鐘

DATA

✉北京市東城區王府井大街218號 ☎(010)6513-2842 ⌚09:30～22:00

如果不是很排斥閱讀簡體字的話，可以將書店納入旅遊行程中。大陸書籍售價比台灣便宜一半以上，除了本地作家，也有不少翻譯和台灣作家作品。同一本書可比較兩岸不同的譯筆、版本和封面，也挺有趣。

Sindia第一次造訪這家書店時，感覺不像在逛書店，而是逛特賣商場。這裡的規模很大，共有7層樓，店內設有電動手扶梯，人手一個推車或菜籃，出了書店都提著一包包裝滿書的塑膠袋，「盛況」宛如特賣會。

王府井書店因應觀光客眾多，在1樓顯眼的平台上規畫了各地旅遊圖書區，若想找些本地出版社的旅遊叢書或地圖，這裡的種類很齊全。

庆祝奥运倒计时一

規模超大的王府井書店，可以看看北京最近流行哪些書

購物血拼

250年的英國老牌玩具名店

Hamleys 哈姆雷斯玩具店

MAP P.73／B1
C2出口
步行約10分鐘

DATA

🌐www.hamleys.com/china/explore-index.irs ✉北京市東城區王府井大街255號 ☎(010)6526-6108 ⌚10:00～21:00 ➡C2出口，沿王府井大街往北，左轉大阮府胡同，步行約10分鐘

Hamleys哈姆雷斯玩具店1760年創立於倫敦，是世界上最大的玩具連鎖店，至今有250多年歷史，就連英國女王伊莉莎白二世也是哈姆雷斯的老客戶，位於倫敦市中心的哈姆雷斯已是倫敦著名地標。而2017年聖誕節前剛開幕的北京哈姆雷斯，則是哈姆雷斯迄今為止，在全球所開設面積最大的門市，有5層樓高，總面積達1萬1千平方公尺，包羅萬象的玩具種類，應有盡有，往往大人比小孩逛得還開心，另外，你知道裡面還有一座旋轉木馬嗎！

Hamleys
1

TOYS
2

Hamleys
3

Hamleys
4

1哈姆雷斯成立於1760年 2來自英國，門口滿是經典的英國元素 3哈姆雷斯最具代表性的小熊 4玩具店裡的旋轉木馬，滿足所有小孩跟大人的童心

購物血拼

結合吃喝買逛的綜合商場

東方新天地

MAP P.73／C3
A出口 步行約3分鐘

DATA

http www.orientalplaza.com ✉北京市東城區東長安街1號 ☎(010)8518-6363 ⏲10:00～22:00

位於東方廣場內，東方廣場是香港富商李嘉誠在北京投資興建的項目，矗立於長安大街與王府井大街交叉口，共包括8幢寫字樓、2座豪華公寓、1座百貨商場(即東方新天地)及北京東方君悅酒店，占地共12萬平方公尺，西元2000～2001年陸續開幕啟用，是亞洲最大的商業建築群。

東方新天地是一處綜合性的百貨商場，有國際名牌、精品服飾，也有美食街、上班族流行服飾等。由於地處人來人往的王府井大街旁，又與地鐵站相通，比起北京其他高檔百貨公司顯得更為熱鬧，是逛街購物或用餐、休閒的好去處。

东方新天地
THE MALLS AT ORIENTAL PLAZA
東方新天地賣場頗為時尚，又和地鐵站相通，交通方便，是逛街的好去處

購物血拼

伴手禮一次購足

新東安市(廣)場

MAP P.73／B1
A出口 步行約10分鐘

DATA

http www.sda.com.cn ✉北京市東城區王府井大街138號 ☎(010)5817-6995 ⏲10:00～22:00

王府井大街上有「東安市場」和「新東安市場」，名稱讓人很難聯想到它們其實是百貨公司。原來，這名稱起源自清朝光緒年間，當時有數十家商販聚集在王府井大街這裡，被稱做「東安市場」，也是王府井商業活動的起點。如今原址改建成百貨公司，特地保留以前的名稱以茲紀念，並在地下1樓設置「老北京一條街」，將北京早年知名的商號「縮小版」集中在這裡，讓觀光客可以一次採買到各式伴手禮。

新東安市場由香港地產商投資興建，在2007年經過一次大規模的整修，之後以「北京apm」、「新東安廣場」為名，重新包裝行銷商場，並引進更多年輕時尚品牌，如UNIQLO、ZARA，此外，不少北京知名的美食餐廳在此也有連鎖店，用餐也很方便。

1

Delicious
Playful
Fashion
2

1新東安市場是王府井大街著名的百貨公司 2新東安市場引進許多年輕時尚品牌，餐飲美食選擇也多

購物血拼

王府井新時尚中心

王府中環

MAP P.73／B2

C2出口
步行約8分鐘

DATA

http www.wfcentral.cn ✉北京市東城區王府井大街269號 ☎(010)8564-8888 ⏲10:00～22:00 ➔C2出口，沿王府井大街往北步行約8分鐘

王府中環占地15萬平方公尺，奢侈地坐落在黃金地段的王府井大街上，王府中環不只是百貨公司，除了高檔百貨標配的奢侈品品牌外，還招徠全球多家獲得米其林指南肯定的知名餐廳品牌，王府中環還是藝術文化中心，定期與世界知名博物館舉行聯合藝術展演。頂樓還有一間東方文華酒店，多元內涵與服務，難以用購物中心或是百貨公司來定義，難怪香港置地集團宣稱王府中環是他們在北京打造的首個「時尚高端生活中心」。

1內部奢侈的挑高設計，豪邁地塑造通透的空間感 2甫落成的王府中環外觀相當氣派 3經常依照不同節日，舉辦盛大的現場活動

特色美食

車輪大的美味魚頭

旺順閣魚頭泡餅

MAP P.73／B3

A出口
步行約10分鐘

DATA

✉北京市東城區王府井大街301號燕莎金街購物廣場7層 ☎(010)6523-6669 ⏲11:00～22:00 $約￥152／人均 ➔A出口，沿王府井大街往北約3分鐘，燕莎購物廣場內

「車輪大的魚頭看過沒有！」不誇張，望順閣的魚頭就是這麼大(至少盤子這麼大)，上桌的時候，由服務生敲鑼打鼓，一前一後像抬轎子似的將魚頭給抬上桌，一個人真的端不了這麼沉的魚頭。

魚頭泡餅是北方常吃的料理，原是山東菜，是北京人常吃的家常菜，用胖頭魚(也就是鰱魚)的頭以醬燒製，上桌的時候，把烙餅切塊灑在魚頭上，吃的時候將烙餅蘸著富含魚頭膠質的醬汁吃，鹹鹹甜甜的醬汁配上酥鬆有嚼勁的烙餅，真是人間美味！北京雖然吃魚頭泡餅的店很多，但是像望順閣這樣賣這麼大的魚頭的，還真是罕見，店裡的魚頭號稱都是浙江千島湖直運過來的，旺順閣確實是吃魚頭的首選。

1占了桌子一半的魚頭，通常10個人也吃不完
2寶島李覺得餅比魚頭更迷人

特色美食

聽小曲兒吃小食

王府井小吃街

MAP P.73／B2
A出口
步行約5分鐘

DATA

⊠北京市東城區王府井大街南端，好友世界商場南側
◎10:00～22:00

王府井小吃街位於王府井大街南口的西側，有許多北京、北方小吃，以及不知道什麼時候也冠上北京名號的小吃。小吃街口有一牌坊，一進牌坊，迎面而來的就是蠍子串，令眾人大吃一驚的是，蠍子還是活著的，風一吹，蠍子掙扎，亂顫的蠍足，遠遠一看還以為小吃攤前賣起了風車！不過呢，蠍子並不是北京傳統小吃，北京人也沒幾個人吃過的，大約是在十多年前，中國各地的觀光景點開始賣起了這種炸蠍子、炸蟲子的小吃，專門賣給觀光客，弄得外國人以為這是某種充滿異域風情的中國小吃，根據寶島李詢問周邊的大陸朋友，得到的一致答案都是：「蟲子這玩意應該只有廣東人吃。」

除小吃以外，小吃街上還有售賣手工藝、民俗用品的攤位，街內還搭有戲台，戲曲雜耍，來此的遊客可在攤前叫上小吃，一邊聽著京腔京韻，一邊喝著啤酒，好好享受One night in Beijing。

e phone

王府井小吃街

5元
5元
15元

1王府井小吃街 2 5復古的街道上，還能一邊喝啤酒，吃著烤串，聽京劇 3這裡販售的小吃偏貴，但地理位置優越(照片提供／陳智華) 4遠一看以為是風車的蠍子串

貼心小提醒！

可試試羊蠍子火鍋

北京人雖不吃蠍子，但倒是真有一種叫「羊蠍子」的火鍋，確實是北京料理。別緊張，羊蠍子火鍋並不是真的用蠍子煮火鍋，而是用整副帶肋骨的羊脊骨熬煮，因羊脊骨形狀像蠍子，所以叫羊蠍子火鍋，著名者有老誠一鍋，客官若見了也可一嘗。

特色美食

正宗涮羊肉的百年老店

東來順

MAP P.73／B1

A出口
步行約10分鐘

DATA

http www.donglaishun.com ✉北京市東城區王府井大街138號新東安市場5樓(可去電詢問最近的分店) ☎(010)6528-0932、6528-0501 ⏰10:00～22:00 $約¥145/人均

創立於1903年的東來順涮羊肉馳名中外，創始人是位名叫丁德山的回民，最早時他在王府井大街上的「東安市場」設攤，先賣粥，後來才改賣羊肉、羊雜湯等，並引進據說是由元太祖忽必烈命名的涮羊肉。因他聘請的師傅刀工精湛、羊肉鮮美，逐漸闖出名號，據說這位師傅切出的羊肉片，鋪在青花瓷盤裡，透過肉能隱約看到盤上的花紋，可見肉片有多薄透，手法有多細緻。

當時不僅尋常百姓，達官貴人也常光顧，到了30、40年代，東來順已經享譽京城。東安市場改建成「新東安市場」後，東來順也進駐5樓繼續飄香，門口的巨大炭火銅鍋驕傲地展示自己的百年老字號地位。雖然現在北京的涮羊肉名店已經很多了，不過來北京如果沒吃到用炭火鍋煮出來的涮羊肉，總覺得少了那麼一點「京味」。東來順仍堅持使用有個長煙囪的大銅鍋，一端上來，就有股「圍爐」的溫暖。

東來順的羊肉，標榜取自內蒙古11歲半的黑頭綿羊，分新鮮的手工切羊肉和冷凍羊肉片，鮮切的當然更嫩一些。嘗過東來順的涮羊肉後，Sindia總是會勸平時不吃羊肉的人，到北京時不妨一試，因為切成薄如紙片的羊肉，確實不腥不羶，鮮嫩順口，會改變你對羊肉的印象。不過，東來順分店眾多，大家對總店評價不一，售價也偏貴，不妨參考官網中的其他分店，Sindia個人認為建國門分店還不錯。

另外，北京人涮肉是不喝湯的，千萬別給人鬧笑話了。

貼心小提醒！

配料另外計費

北京人吃涮羊肉，著重的不是湯頭，而是調料(又稱小料)，所以調料是需要付費的，以人計算，一人¥6～8不等。各個店家對自己的調料均視為祕方，不過大致成分不脫豆腐乳、韭菜花、料酒、魚露、醋、醬油、芥末油、芝麻醬、辣油及中草藥提煉出來的香料等，不過調配的比例為何，就是「功力」所在了。至於湯頭，多半是白開水清湯，頂多擱了薑片、蔥、蒜、枸杞等進去，十分清淡，這是為了品嘗出羊肉的鮮甜，與台灣人吃火鍋習慣以大骨熬湯，並添加滿滿的鍋底，很不一樣。

1涮羊肉一定要有的冷凍羊肉片 2東來順使用有個長煙囪的傳統銅鍋，很有京味兒 3位於新東安市場5樓的東來順總店

特色美食

物美價廉上檔次的川菜館

眉州東坡酒樓

MAP P.73／B1
B1出口
步行約10分鐘

DATA

www.mzdpgroup.com 北京市東城區王府井大街88號in88大廈7樓(原樂天銀泰百貨) (010)5739-3086 週一～五10:30～14:00、17:00～21:30，週六、日10:30～21:30 約￥84／人均 B1出口，沿王府井大街向北直行，步行約10分鐘

眉州東坡的得名來自於四川眉山，眉山古稱眉州，是大文豪兼大美食家蘇東坡的故鄉，因此取名為眉州東坡，既標示了川菜的血統，也展現了烹調精緻美食的願景。

眉州東坡酒樓雖然是川菜，但第一家店卻是在北京開的，創始人王剛先生從洗碗工開始，後拜入川菜大師門下學藝，最後成了餐飲集團的大老闆，經營起眉州東坡酒樓、眉州小吃、眉州私家廚房、王家渡火鍋等餐飲品牌，想想也真是了不起！

寶島李經常在不知道要吃什麼的時候，就會來吃眉州東坡，不僅物美價廉，而且燈光美氣氛佳，小吃飲宴皆宜，尤其還有許多台灣很難見到的道地四川菜，比如用豬肉做的「甜燒白」，口感軟綿，回台灣就很難吃到了！

眉州东坡酒楼

1位在商場大樓內的眉州東坡 2椒麻雞，口口麻辣生香 3甜燒白，台灣少有的地道川菜喔 4青椒肥牛，鮮麻的口感絕對令人難忘 5擔擔麵，正宗四川擔擔麵，寶島李在四川吃了一次就愛上了

特色美食

引領朝流的韓國咖啡廳

漫咖啡 MAAN coffee

MAP P.73／B1
B1出口
步行約10分鐘

DATA

www.coffeeofchina.com 北京市東城區王府井大街88號銀泰百貨1樓北門(王府井教堂旁) (010)5978-5848 09:00～24:00 約￥49／人均 B1口出口，沿王府井大街向北直行，步行約10分鐘

漫咖啡是北京很有名的咖啡店，以優美的環境著稱，華麗又質樸，衝突卻又協調，這家漫咖啡的室內設計真不賴！不過因為盛名所累，漫咖啡現在飽受排隊與嘈雜之苦。但也正因為生意火爆，現在北京的咖啡廳幾乎都是仿造漫咖啡的裝潢。小熊是這家咖啡廳的重要元素，點完餐後，服務生會給你一個小熊，但是這個小熊不是讓你帶回家的，而是讓你放在桌上，讓服務生辨認送餐用的！要是你把小熊塞到包包裡，你的餐會永遠都送不到你手上。

1漫咖啡的裝潢與叫號方式，引起北京咖啡廳的爭相模仿 2漫咖啡的食物也頗值得一試，尤其是鬆餅 3漫咖啡的咖啡也是創意滿滿 4每杯咖啡都會附贈搭配的麵包小點心

特色美食

品嘗宮廷佳肴

那家小館

MAP P.73/C3
B2出口
步行約13分鐘

DATA

⊠北京市東城區建國門內大街26號(新聞大廈24層)
(010)6526-8783 11:00～21:30 約¥151/人均
●王府井地鐵B2口出，往東步行約990公尺，約13分鐘

1那家小館的裝潢很有過去官宦人家的氣派，把人拉回過去貝勒格格的時代 23各種宮廷菜上桌，先不說味道，至少都很有看頭

那家小館是一家專營「宮廷菜」的餐館，那家小館是什麼來頭呢？北京有個著名的主持人叫那威，他開了個餐館，不過這個那家小館跟他沒關係，只是北京人也常搞混。「那」是滿族姓氏，那家小館的先祖據說曾經是皇太極御醫，因調配藥膳之故，與御廚接觸頻繁，學習了許多宮廷的烹飪祕方，世代在北京西郊香山地區居住，那家小館的香山總店正是當時祖先留下的宅子。

那家小館著名的是他們家的皇罈子，是用三黃雞搭配各種名貴食材濃縮成金黃色的醬汁，依照不同食材有不同等級，最貴的皇罈子一碗甚至要上千元新台幣，吃的時候將一碗白飯倒進皇罈子中，拌著汁吃，味道淡雅，但是餘韻濃厚，而且膠質黏口，是來那家小館的必點招牌菜。

那家小館在北京非常有名，人氣鼎盛，來這吃飯請記得要訂位，否則絕對要排隊，排隊基本時數基本1小時起跳！

特色美食

北京菜一次全搞定

兔爺

MAP P.73/B3
C2出口
步行約3分鐘

DATA

⊠北京市東城區王府井大街301號新燕莎金街購物廣場7層MF705-706 (010)6526-2629、6528-2801 11:00～21:00 約¥96/人均 C2出口，沿王府井大街往北約3分鐘

兔爷餐厅

1紅果凍是北京人開胃解膩的傳統甜品之一 2紅果糖油餅，寶島李最愛的北京食物之一 3來兔爺一趟，可以把北京菜一次搞定 4兔爺，北京孩童的守護神，北京經常可以見到以祂的形象做成的玩偶

兔爺的北京發音為「兔兒爺」，傳說有一年北京城鬧瘟疫，嫦娥不忍人間疾苦，派玉兔去為百姓治病，玉兔化身不同造型，治好了很多病人，受到北京人愛戴，也被稱為是北京孩子的守護神，所以在北京，甚至一下飛機，就會看到打扮成不同造型的兔爺迎接來到北京的客人。

兔爺餐廳是一家標榜北京菜的連鎖餐廳，但是跟護國寺小吃或那家小館不同，這裡賣的是家常菜，各式各樣北京人家中吃得到的，這裡都有，寶島李特別喜歡來一份糖油餅，再配一份豆腐腦，就是北京人的早餐了，糖油餅甜甜的滋味、富有彈性的口感，真是百吃不厭啊！

口味豐富超乎想像

順一府餃子館

MAP P.73／B1
A出口
步行約10分鐘

DATA

北京市東城區王府井大街138號新東安市場5樓 (010)6513-9558 10:00～22:00 約￥53/人均 A出口，沿王府井大街往北約10分鐘，apm大樓內

北京賣水餃的店很多，諸如餡老滿、寶源餃子都是很有人氣的名店。這家順一府餃子館原址在王府井教堂旁，現在搬到apm的5樓，不像台灣的水餃大多是豬肉韭菜或豬肉白菜餡兒的，順一府的餃子餡兒千奇百怪，如西紅柿雞蛋水餃、梅干菜水餃等等，寶島李最喜歡的是胡蘿蔔粉條凍豆腐餃子跟西芹馬蹄餃。

跟一般大餡餃子不同的是，順一府的餃子更像湯包，吃的時候要小心，免得爆漿噴了一臉都是。除了水餃還有各種花樣煎餃，也非常值得一嘗。

順一府餃子館

1原來在王府井教堂旁的低矮平房內，現在搬到百貨公司內，一樣不減人氣 2西芹馬蹄餃，吃起來清甜爽脆，台灣少有的口味呦

嘗嘗韓式甜披薩

速度披薩 NINE ROAD PIZZERIA

MAP P.73／B1
A出口
步行約10分鐘

DATA

北京市東城區王府井大街138號新東安市場6樓 (010)6559-5979 11:00～21:30 約￥104/人均 A出口，沿王府井大街往北約10分鐘，apm大樓內

韓國企業在大陸生意做得嚇嚇叫，來自韓國的速度披薩在北京開店也開得風生水起！速度披薩成立於2006年，在韓國約有30家店，不過進中國以後，發展的速度，我看很快就要超過韓國了，現在幾乎各大百貨公司都有速度披薩的身影。

速度披薩的裝潢是以「公路」為主題，所以店內到處都看得到馬路白線、交通標誌等等，不過令人好奇的是，韓國披薩到底是什麼味道的？

這家來自韓國的披薩店有許多甜的披薩，比如蘸蜂蜜或是用地瓜泥做底的披薩，味道甜蜜，相當符合韓國人喜歡以蜂蜜入菜的傳統。如果在北京旅行的時候，吃膩了北京菜，也不妨來試試看來自韓國的披薩。

ONE WAY

1 2韓國食物當然少不了最當紅的雞腿跟啤酒，啤酒上還蓋著棉花糖 3以公路為主題的店內裝潢

人民共和国万岁
世界人民大

1號線

Beijing Subway Line 1

中國六百年的歷史舞台

天安門東站

Tian'anmen East

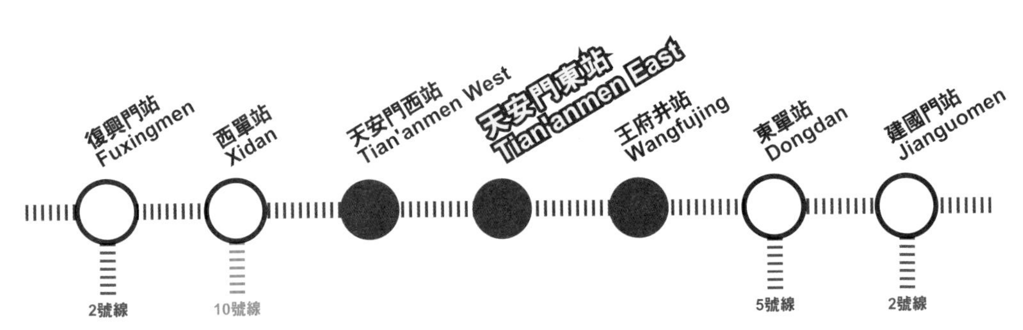

復興門站
Fuxingmen
西單站
Xidan
天安門西站
Tian'anmen West
天安門東站
Tian'anmen East
王府井站
Wangfujing
東單站
Dongdan
建國門站
Jianguomen
2號線
10號線
5號線
2號線
←蘋果園站 Pingguoyuan
Sihui East 四惠東站→

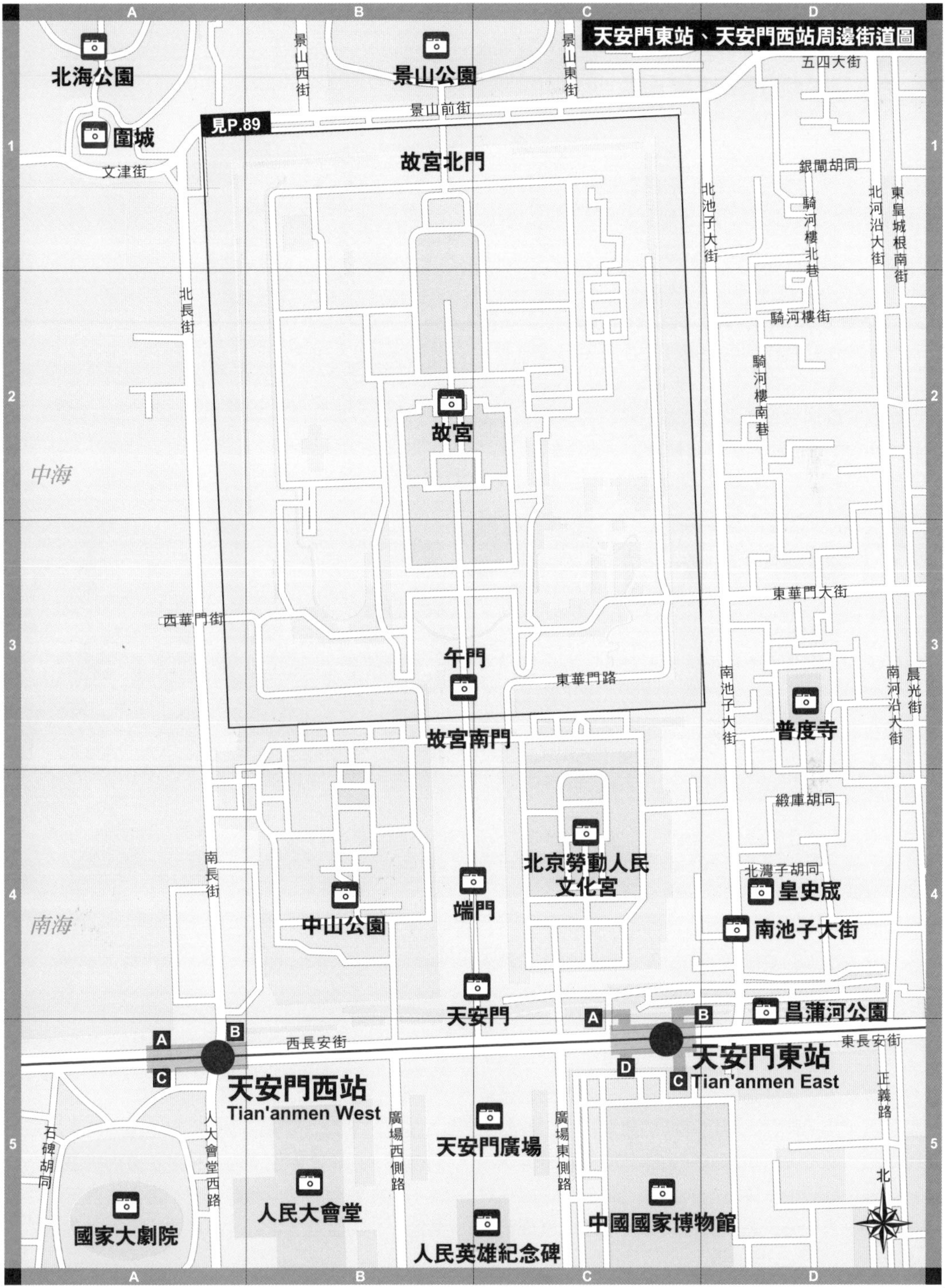
天安門東站、天安門西站周邊街道圖
見P.89
北海公園
團城
景山公園
故宮北門
故宮
午門
故宮南門
中山公園
端門
北京勞動人民文化宮
天安門
普度寺
皇史宬
南池子大街
昌蒲河公園
天安門西站
Tian'anmen West
天安門東站
Tian'anmen East
天安門廣場
人民大會堂
人民英雄紀念碑
中國國家博物館
國家大劇院
中海
南海
文津街
景山西街
景山前街
景山東街
五四大街
銀閘胡同
北池子大街
騎河樓北巷
北河沿大街
東皇城根南街
騎河樓街
騎河樓南巷
北長街
西華門街
東華門大街
東華門路
南池子大街
南河沿大街
長光街
緞庫胡同
北灣子胡同
南長街
西長安街
東長安街
人大會堂西路
廣場西側路
廣場東側路
正義路
石碑胡同
北

天安門廣場

中華人民共和國的誕生

MAP P.87/C5
D出口
步行約8分鐘

位於長安大街旁，一座掛著毛澤東照片及兩側大型標語看板的紅色城牆，那就是天安門。天安門廣場則位於馬路對面，在一大片空曠的土地上，總是站滿了黑壓壓的人群，廣場內還有人民英雄紀念碑及毛主席紀念堂。天安門在大陸民眾心中的地位崇高神聖，1949年10月1日，毛澤東就是在天安門城樓上，宣告中華人民共和國成立，並親手升起第一面五星旗，從此天安門成為新中國的象徵。到天安門看升旗典禮，也成為大陸民眾到北京旅遊的必備行程。

中华人民共和国万岁
世界人民大团结万岁

戒備森嚴的天安廣場(照片提供／高思媛)

南池子大街

漫步名城古蹟與林蔭中

MAP P.87/D4
B出口
步行約5分鐘

這條大街上有著成排路樹，夾道林蔭，清風徐徐。位於皇城邊，卻少了故宮摩肩擦踵的人潮，多了天子腳下的市井風情，不趕時間的話，不妨來此漫步，享受一個悠閒午後。

這條街位於故宮東側，緊挨著故宮城牆邊，入口處有題著「南池子」字樣的紅色捲門，與故宮的紅城牆連成一氣。在元明清時代，這裡也曾是皇城的一部分，作為官署、庫房等用地，直到民國後為了方便交通，才將城牆打通，讓人車可通行。

南池子大街入口有昌蒲河公園，道路兩側除了濃密的夾道林蔭讓人感到心身舒暢外，還散落著四合院改建成的餐廳、特色胡同、一般民居和名寺古蹟。像是明清兩代作為收藏皇家檔案之用的皇史宬(音同成)，在紅牆黃瓦下，全棟是由厚重石塊砌成，內部也沒用一根木料，無梁無柱，利用高明的建築技巧，達到防火防潮的功能。大街尾端還有始建於明代的普渡寺，清初時曾是攝政王多爾袞的府邸，它最特別之處在於建於高台之上，屬於滿族的建築風格，在北京僅剩這一處。

1

2

3

1皇史宬全棟由厚重石塊砌成的建築，用來存放皇家檔案 2南池子飛龍橋胡同內，一戶民居的八字形影壁 3南池子大街林蔭夾道，風景優美

在南池子大街周圍的小巷弄裡，還有許多胡同值得一探，不過這塊區域一度也遭到拆遷整治，現在看到的胡同和四合院，仿古的多，老舊的少，在當地人看來，已經失去了很多舊日的風貌。

遊賞去處

中國歷史的舞台

故宮

MAP P.87/B2
A出口
步行約5分鐘

DATA

www.dpm.org.cn 北京市東城區天安門 旺季(4/1～10/31)08:30～17:00，16:10停止入場；淡季(11/1～3/31)08:30～16:30，15:40停止入場，週一閉館(法定節假日除外) 旺季￥60、淡季￥40；鐘錶館和珍寶館各￥10；導覽器租借費￥10，押金￥100 1號線天安門東站或西站皆可

北京的故宮，是明清兩代24位皇帝的住處和辦公室，又稱為紫禁城。「紫」得自於古代認定皇帝即天子，而天帝就住在天上的「紫微星垣」，故皇帝居所也以紫禁城相稱。紫禁城是明成祖朱棣(年號永樂)決定遷都北京後，於1406年開始在元大都的基礎上開始建設的，於1420年建成。自此到清末，這裡都是中國歷史的政治中心。

參訪故宮有太多理由，它是全世界現存最大的宮殿建築群落，不僅是中國人的文化遺產，也被列入世界文化遺產。它是中國明、清600年帝制王朝歷史的大背景，讀了再多史書，看了再多宮廷大戲，總遠不如親自走一趟眼見為憑，來得更加刻骨銘心。

紫禁城宮殿群落基本上可分為3大部分，中軸線上(中路)的主要建築和東側的寧壽宮、西側的慈寧宮區域。若以功能性而言，可分「內廷」與「外朝」兩部分，以乾清門為交界，以南的宮殿屬於外朝，是皇帝舉行重大典禮的場所；以北的宮殿為內廷，即皇帝日常生活、處理政務和后妃居住的地方。

參觀故宮前要有心理準備，占地廣闊的宮殿群落，絕對會耗費你很多體力，若無導遊從旁講解，事前建議多做些功課，將歷史人物、事件和實際場景結合，才能看得出興味。因此，安排半天參觀故宮是最基本的，即使花一整天也不見得看得完，但會較為從容。故宮有導覽器可租借，每個主要景點皆有講解，也可多加利用。

貼心小提醒！

故宮周邊道路出租車無法停靠

去故宮最方便的就是搭地鐵到天安門東站下車，再步行約5分鐘就到天安門入口。如果搭出租車，司機是不會讓你在門口下車的喔，因為故宮所在地周圍的大馬路均不准停車，出租車得繞到故宮後方或是附近的小巷弄才能停靠，下車後走的路可能更長，提醒讀者注意。

1太和殿 2走出故宮最後一道神武門，可到周圍的護城河走走

1

2

故宮精華TOP 12

TOP 01 MAP P.91

午門

遊客從掛著毛澤東頭像的天安門走進故宮，一路走到午門這裡，就是售票處了。午門也是紫禁城的正門，因位於子午線上而得名。宮廷戲裡「推出午門斬首」這句台詞讓人印象太深刻，老是將午門視為皇帝處死大臣之處，其實並非如此。不過歷史上倒是有過一件事，就在明成祖朱棣建成紫禁城後不到3個月，有3座大殿突然失火燒毀，朱棣為此感到憂心焦慮，還叫大臣們跪在午門前互相辯論遷都北京正確與否，其中一名官員最後還被處死。或許就是這段歷史，讓後人不禁要把午門與斬首聯想在一起。

貼心小提醒！

故宮門釘有學問

從天安門進入故宮，會經過端門到達午門，這一段路不用門票，兩旁建築裡號稱有許多宮廷展覽，不過這些展覽的品質都不是很好，建議不用浪費時間。經過天安門或端門，看到門板上金黃色的門釘，許多人都會順手摸一下，還會數一數。故宮的門釘一排有9個，一共9排，中國古代以9為最大的陽數，所以只有像故宮這樣最高等級的建築大門，才能用到9個門釘。

「推出午門斬了！」別傻了，這裡是皇宮區域怎可能在此行刑，頂多叫你在這罰跪而已！

故宮內部配置地圖

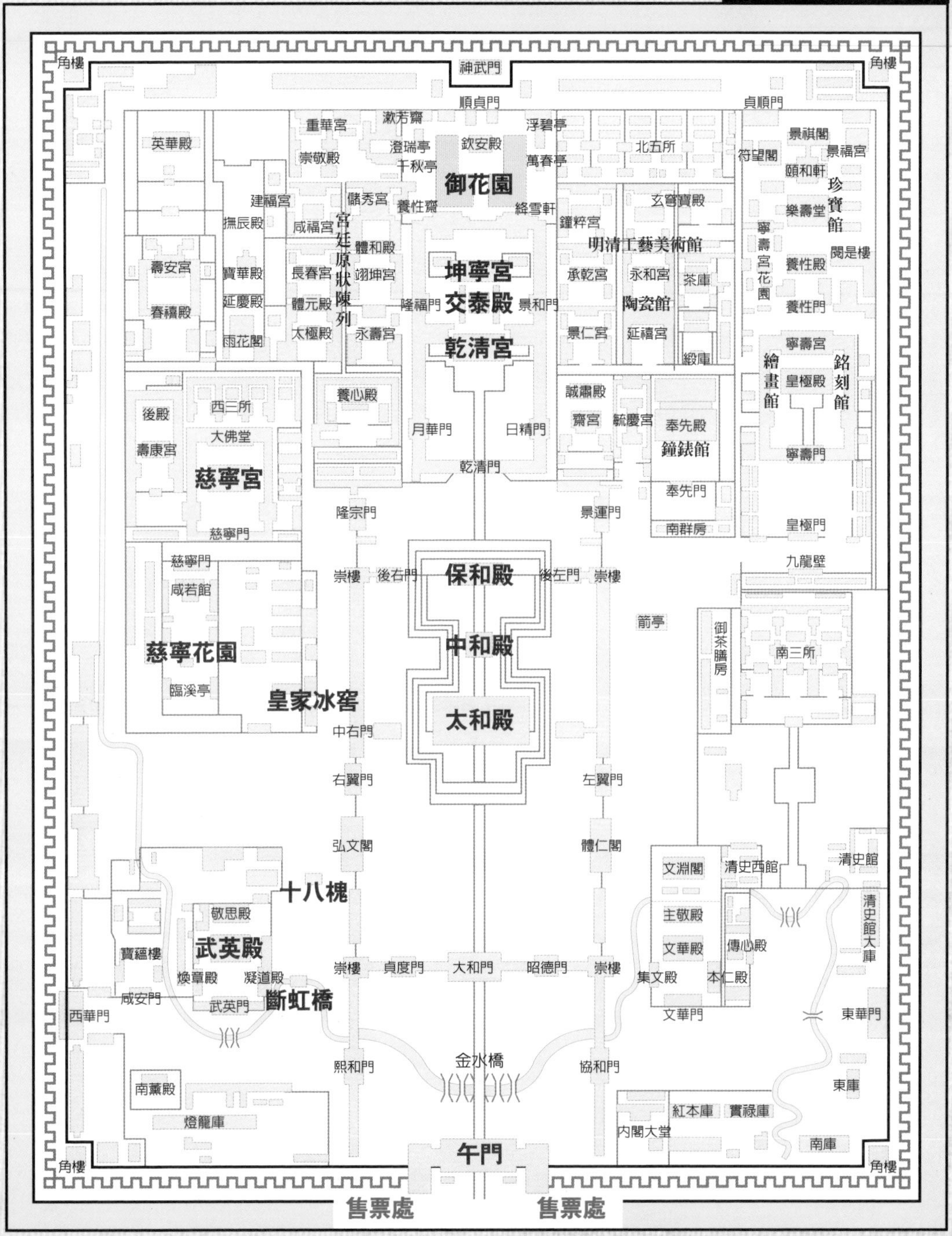

角樓
神武門
角樓
順貞門
貞順門
英華殿
重華宮
漱芳齋
浮碧亭
景祺閣
崇敬殿
澄瑞亭
欽安殿
萬春亭
北五所
符望閣
景福宮
千秋亭
頤和軒
御花園
珍寶館
建福宮
儲秀宮
養性齋
絳雪軒
玄穹寶殿
樂壽堂
撫辰殿
咸福宮
宮廷原狀陳列
鐘粹宮
寧壽宮花園
體和殿
明清工藝美術館
壽安宮
寶華殿
長春宮
翊坤宮
坤寧宮
承乾宮
永和宮
茶庫
養性殿
閱是樓
交泰殿
延慶殿
體元殿
隆福門
景和門
陶瓷館
春禧殿
養性門
雨花閣
太極殿
永壽宮
乾清宮
景仁宮
延禧宮
緞庫
寧壽宮
繪畫館
皇極殿
銘刻館
養心殿
誠肅殿
後殿
西三所
齋宮
毓慶宮
奉先殿
月華門
日精門
大佛堂
鐘錶館
壽康宮
寧壽門
慈寧宮
乾清門
奉先門
隆宗門
景運門
皇極門
慈寧門
南群房
慈寧門
九龍壁
崇樓
後右門
保和殿
後左門
崇樓
咸若館
箭亭
御茶膳房
中和殿
南三所
慈寧花園
臨溪亭
皇家冰窖
太和殿
中右門
右翼門
左翼門
弘文閣
體仁閣
文淵閣
清史西館
清史館
十八槐
敬思殿
主敬殿
清史館大庫
寶蘊樓
武英殿
文華殿
傳心殿
崇樓
貞度門
大和門
昭德門
崇樓
煥章殿
凝道殿
集文殿
本仁殿
咸安門
武英門
斷虹橋
文華門
西華門
東華門
金水橋
熙和門
協和門
南薰殿
東庫
紅本庫
實祿庫
燈龍庫
內閣大堂
南庫
午門
角樓
角樓
售票處
售票處

TOP 02 MAP P.91

太和殿

這是紫禁城內最重要的一座大殿，因為皇帝登基、冊封皇后的重頭戲都在這裡舉行。它的建築形制也是古代建築裡等級最高的。

整座宮殿坐落於高8公尺的漢白玉石階上，屋頂的形式屬於「重簷廡殿頂」，是殿頂中的最高等級。寬有11間，進深5間。殿內共有72根柱子，其中6根是蟠龍金柱。皇帝的「龍椅」上，也雕有9隻金龍。另一項特點，看看金黃色琉璃瓦屋簷的簷角，這裡通常會有一排裝飾物，稱為脊獸，皇宮還會加上「龍吻」。脊獸數量越多等級越高，一般9已是最大的數字，但太和殿的裝飾物有10個，是很特殊的例子。

歷史上，太和殿的命運多舛，從建成後至少3次失火焚燬，最後一次重建是在清朝康熙年間，據說面積較明朝建成時縮水一半。而且，用料也沒有那麼講究。明朝時是特地從川貴湖北等地砍伐巨大的楠木，靠河運送來北京修建太和殿，但清朝重建時已改成了松木。

TOP 03 MAP P.91

中和殿

太和殿之後就是中和殿，皇帝登基之前，會在中和殿先就坐休息，一部分官員也會到此先向皇帝行三跪九叩大禮。祭祀前一天，皇帝也會在此閱讀祭文。中和殿的屋頂是「單簷攢尖頂」，宮殿規模比太和殿小很多。

4

允執厥中

5

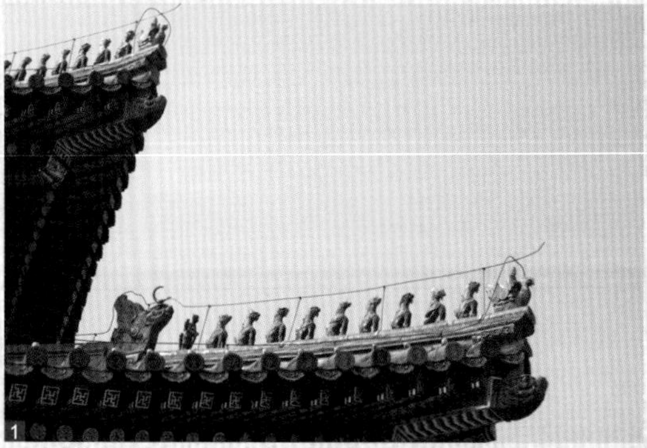

1

2

3

1太和殿的脊獸特寫，最右端是領頭的仙人，後面跟著一排小獸，數一數共有10隻(仙人不算)，最後則是吻獸 2 3太和殿前有「千年鶴」和「萬年龜」銅像，象徵「千秋萬載，江山永固」 4這是皇帝登基前休息的地方 5中和殿內「允執厥中」牌匾

TOP 04 MAP P.91

保和殿

保和殿寬9間，進深4間，比太和殿寬11間、進深5間，少一個等級，屋頂形式是重簷歇山頂，殿內的皇帝寶座上，有塊乾隆親題的「皇建有極」匾額，即建立天下準則之意。皇帝會在這裡宴請文武大臣和王公貴族，也曾是殿試的場所。保和殿後有塊丹陛石，上有浮雕的九龍、祥雲、壽山福海等裝飾，面積是故宮內最大的。

1皇帝宴請文武大臣和王公貴族之所 2這是故宮裡最大的石雕，有九龍戲珠翻騰於雲霧之間，雕工精緻無比 3「正大光明」的後面，卻是一頁頁不堪聞問的宮廷權力鬥爭史

TOP 05 MAP P.91

乾清宮

從乾清宮以南的宮殿，都屬於「內廷」區域，明朝時是皇帝和皇后的寢宮，清雍正時皇帝寢宮移到養心殿，乾清宮成為內廷典禮活動和接見使臣之處，也曾是停放皇帝靈柩之地，乾清宮的「功能」可說相當多變。

在乾清宮裡發生的歷史故事太多，明朝時皇帝、皇后睡在這裡，裡面設有27張床，皇帝睡在哪無人知曉，然而，仍發生多起宮廷暗殺事件。清雍正後，乾清宮不再作為寢宮，卻是權力分配的中心，雍正創立祕密立儲制度，將傳位詔書放入盒中，藏在屋內「正大光明」的匾額後面。歷史已經遠去，看著這塊匾額仍不禁要想，宮廷內不知有多少權力鬥爭，全為了一則隱藏在乾清宮匾額後方的祕密！

正大光明

TOP 06 MAP P.91

交泰殿

交泰殿的外型類似中和殿，但更小。內部藻井華麗，地上還鋪了金磚。清朝時冊封皇后儀式和慶祝皇后誕辰的典禮皆在此舉行，乾隆皇帝收藏了25個皇帝寶璽也存放在這裡，每個寶璽各有不同用途，是皇帝行使權力的信物。殿內有康熙親題的「無為」匾額，還有乾隆撰寫的「交泰殿銘」，東側存有古代計時用的銅壺滴漏，西側則有嘉慶年間製造的大自鳴鐘，當時報時皆以此鐘為準。

TOP 07 MAP P.91

坤寧宮

明代時是皇后的寢宮。清朝順治年間予以改建，將西端4間房(西暖殿)，改為薩滿教祭祀場所，每天早晚都有祭祀活動，遇到大日子，皇帝皇后還會親自祭神。清朝皇帝在位時若大婚，會在東端兩間房(東暖殿)住上2晚，據查清代只有年幼登基的康熙、同治和光緒3個皇帝，及末代皇帝溥儀用過這個洞房。雖然內部不開放，不過透過玻璃窗，依稀可看到宮內的洞房擺設，牆壁塗上紅漆，頂棚有雙喜宮燈，房內擺著龍鳳喜床等。

1 交泰殿外觀 2 內部金碧輝煌的交泰殿，藏有皇帝寶璽 3 東邊是皇帝大婚時的洞房，西邊是祭祀場所，有點奇怪的安排

無為

貼心小提醒！

珍寶館需另外付費

故宮東側的皇極殿、寧壽宮、養性殿、樂壽堂等區域，被闢為珍寶館，陳列400多件珍貴寶物，包括明萬曆孝端皇后鳳冠、金胎畫琺瑯執壺、金鑲嵌杯盤、象牙玉雕等。

而著名的九龍壁和相傳珍妃投井自殺之處，也在此區。另外東側的奉先殿則被闢為鐘錶館，展示從明末清初開始的大量鐘錶收藏，這兩處各需門票¥10。

TOP 08 MAP P.91

御花園

出了坤寧宮再往北走，就到了御花園。明代稱為「宮後苑」。這裡基本上維持明代的格局，以欽安殿為中心，院落內假山奇石聳立，古木扶疏，亭台秀麗，蒼翠清幽。花園裡有一處太湖石堆砌而成的假山，名為「堆秀山」，山頂建有御景亭，每年農曆九月初九皇帝皇后均會到此處登高覽勝。

此外，園內的步道均是以不同顏色的卵石鋪成，還刻意組成900多幅不同圖案，邊走邊欣賞，還可以想像一下古代妃子們也是這樣在花園裡嬉戲玩耍的！

1御花園裡的欽安殿 2御花園裡最高的樓閣御景亭

TOP 09 MAP P.91

武英殿

自明初建成以來，武英殿曾作為皇帝的辦公室、接待室，也作為選拔畫匠的比試所，是明朝皇帝處理政務及重要儀典的地方，甚至闖王李自成也是在武英殿登基。清康熙年間，設武英殿書局，命人管理書籍，自此之後，武英殿成為專司校勘、刻印的地方，現在北京故宮博物院將武英殿作為典籍和書畫展覽的所在地，便是沿襲過去清朝的傳統。

1 3天花板原是一片凋敝、色彩剝落，直到2002年故宮大修，才恢復清朝時候的樣貌 2武英殿雖然有個武字，但主要是陳列文化展品的地方

TOP 10 MAP P.91

斷虹橋、十八槐與皇家冰窖

斷虹橋

斷虹橋位於武英殿東，年代為明初或元代，有學者認為斷虹橋為元大內皇宮的金水橋，原有3座，但是因為明代拆得只剩下1座，故稱斷虹，用料講究、雕飾精美，被譽為內金水河諸橋之冠，橋旁欄杆上有獅子數隻，造型奇特，是許多人爭相欣賞的景色。

橋面微微凸起於路面，斷虹橋很容易不小心就錯過了

十八槐

《周禮》記載宮廷外種植3棵槐樹，因此後代的皇宮都會種植槐樹，故槐樹也稱宮槐。十八槐位於斷虹橋北邊，是18棵高大古槐，據專家推測，十八槐應種植於元代。

十八槐知道的人不多，但是有許多攝影愛好者都在此拍照

皇家冰窖

清代時，冰窖分為官窖、府窖和民窖3種，用於儲存冰塊。眼前這座故宮冰窖為官窖，北京城中只有4座，建於清乾隆年間。過去冰塊都是在夜間取水製冰，據說夜間取回來的水比較不易融化。冰窖目前作為故宮西部區域的遊客服務區，提供餐點與飲料。

冰窖改成的遊客休憩區，即使不消費也可以參觀

貼心小提醒！

冰窖的冰怎麼來

中國保存並使用冰的紀錄非常早，早在先秦時期就有記錄。每年冬天，古人就開始鑿冰儲藏，或取水製冰，甚至會在水中加入硝石製冰。清朝時期，選在溫度較低的夜裡，有專人替宮廷從水質較好的井裡或湖裡製冰、採冰、藏冰。採出來的冰，一塊就大約有100公斤以上，不是一般人能拉得動的，而藏冰時，還要鋪上草席或稻草，一方面隔熱，一放面防止冰凍在一起。據《大清會典》所述，北京的眾多冰窖約可存放10萬多塊冰。

TOP 11 MAP P.91

慈寧宮

慈寧宮是宮鬥戲中經常出現的熱門景點，但其實清朝自從順治皇帝的母親昭聖皇太后去世後就鮮少有人居住。真實的慈寧宮，其實是為皇太后舉辦重大典禮的地方，因此，慈寧宮存放有大量貴重文物。

1973年初，據說信佛的柬埔寨國王準備訪問洛陽白馬寺，但洛陽市白馬寺的佛像已在「文化大革命」中被毀，於是緊急從文物豐富的慈寧宮，調撥大批文物運往白馬寺擺放，結果後來國王沒來，洛陽白馬寺白白拿了北京故宮的文物，到現在都不願意歸還，兩邊到現在還在吵呢！現在慈寧宮是故宮的「雕塑薈萃館」，展出中國歷朝歷代的雕塑作品，也算是補償一下慈寧宮要不回來的文物吧。

1 2 戲劇中太后居住的慈寧宮，終於開放了，心裡有點小激動呢 3 慈寧宮中館藏豐富，其中元代的白臉關羽泥塑像更是顛覆從小到大的紅臉關公形象

1

2

3

TOP 12 MAP P.91

慈寧宮花園

慈寧宮花園始建於明朝，是明清朝的太字輩的太皇太后、皇太后及太妃、太嬪們賞花、禮佛之所。慈寧宮花園東側的通道在整修時發現下方還壓著明故宮路面，參觀的時候，還可以看到不同年代的路磚與排水溝渠。看多了宮鬥戲的寶島李，以為太后都是心狠手辣之人，搞不好地磚下面藏著哪個多嘴的小宮女的屍首啊！

慈寧宮花園不大，明清的太皇太后與皇太后主要在此禮佛

貼心小提醒！

慈寧宮花園必訪重點——咸若館

慈寧宮花園是太后、太妃們休憩之所，但更是她們禮佛的地方，講白了，這裡就是太后、太妃們的小佛堂，而禮佛的地方，就屬咸若館為最主要的場所了。

咸若館位於花園北部，是花園的主體建築，建於明初，現在以清朝的樣式開放給遊客參觀，館內有金漆大佛龕，並懸掛乾隆御書的「壽國香台」匾額，莊嚴肅穆。

1號線

Beijing Subway Line 1

參觀中國最高權力中心

中山公園

天安門西站

Tian'anmen West

南禮士路站 Nanlishilu
復興門站 Fuxingmen
西單站 Xidan
天安門西站 Tian'anmen West
天安門東站 Tian'anmen East
王府井站 Wangfujing
東單站 Dongdan

2號線
10號線
5號線

←蘋果園站 Pingguoyuan

Sihui East 四惠東站→

這一站也是通往故宮、天安門廣場的重要地鐵站，位在天安門西側。重要景點包括中山公園、國家大劇院及人民大會堂等。新聞上常提到的「中南海」(中海及南海統稱)，亦即中國最高領導人辦公所在，象徵中國的權力中心，也位於此站，但門禁森嚴，並未對外開放。

遊賞去處

國家地標級建築

國家大劇院

MAP P.87/A5

C出口 步行約5分鐘

DATA

http www.chncpa.org ✉北京市西城區西長安街2號 ⓒ09:00～17:00，劇院開放參觀時間為09:00～16:30 休週一 $ 單純參觀每人￥30，網路購票￥30；定製參觀(含咖啡廳特調飲品1杯、紀念品1份)每人￥70，網路購票￥60

這座俗稱為「水煮蛋」的建築，在設計圖階段就引起極大的爭議，不少北京人難以接受在故宮、天安門這一大片600多年的古蹟旁邊，竟然出現一座風格如此突兀的建築。但落成後，讚嘆、驚豔的聲浪不斷，閃耀的金屬圓頂和黃色琉璃瓦的衝突，看久了似乎也沒那麼刺眼了。

其實國家大劇院的設計者、法國建築師保羅·安德魯，並沒有忘記他是在替中國的首都北京，設計一座地標級的建築物，也沒有忽略與周遭建築的相呼應。一般人以為不搭調的金屬橢圓殼體，部分是鈦金屬板，部分是超白玻璃，兩者巧妙拼接，形成舞台帷幕緩緩拉開的意象。

由高空往下看，圓頂就如同中國傳統圖案「太極」一般，一陰一陽，對稱平衡。大劇院周圍被一汪清潭圍繞，遠遠望去彷彿漂浮在水面上，迷離空濛，呈現出來的是寧靜致遠的意境。很神奇的是，在如此縹緲景色襯托下，來到大劇院看戲或聽音樂，心情自然也沉靜下來了。

1若無表演票券，進入內部參觀需購門票 2陽光下閃閃發亮的劇院金屬圓頂，漂浮在清澈的湖水上，意境十分優美

國家大劇院

遊賞去處

中國最高權力機構

人民大會堂

MAP P.87／B5

C出口
步行約10分鐘

DATA

http www.tiananmen.org.cn ✉北京市東城區天安門西側 ☎(010)6309-6156 ◷4～11月08:00～16:00，12～3月09:00～14:00 $¥30 ℹ不能攜帶包包進入，需存包

人民大會堂是中國最高權力機構，新聞上常聽到的「中國人大代表大會」、「政協會議」(合稱兩會)，就是在這裡召開，甚至人民幣百元大鈔背面，也印著這座建築，足見它的重要性。人民大會堂建於1959年，是中國為了慶祝建國10週年所興建，只花了10個月就完工，建築風格中西融合，有西式羅馬柱列，也有中式琉璃瓦屋簷，進入大門需登上寬闊的花崗石台階拾級而上，整體感覺高大壯觀。

內部有萬人大禮堂、宴會廳及33個以各省命名的會議廳，台灣也被列入其中一廳。大會堂可以購票入內參觀，平時亦開放作為藝術表演舞台，持有表演票券即可免門票進入。Sindia曾在這裡欣賞過大陸火紅的相聲大師郭德綱的演出。由於人民大會堂的權力象徵太強烈，據說能登上人民大會堂演出的表演者，代表演出功力獲得一定肯定，身價自然也不同凡響。

1中國「兩會」召開地點──人民大會堂 2人民大會堂內華麗的吊燈 3人民大會堂表演廳

古典壇廟園林

中山公園

MAP P.87/B4
B出口
步行約3分鐘

DATA

www.zhongshan-park.cn 北京市東城區中華路4號天安門西側 (010)6605-5431 4～5月06:00～21:00，6～8月06:00～22:00，9～10月06:00～21:00，11～3月06:30～20:00 成人¥3，唐花塢、蕙芳園聯展票¥5

中山公園位於天安門西側，也是明清社稷壇所在之處。社稷壇即歷代帝王祭祀掌管土地的「社神」及掌管五穀的「稷神」之處。之所以設在紫禁城西側，是因《周禮．考工記》中對於帝王建築體制有「左祖右社」的規範，明代建紫禁城時即遵守此一體制，將太廟(今改名為勞動人民文化宮)設在左側，右側就是社稷壇。民國後社稷壇闢為中央公園，1925年孫中山先生的靈柩曾經停放在園內的拜殿，因此又改稱中山公園。園內古樹眾多，清幽寧靜，春天還有鬱金香花展，是散步遊憩的好去處。

中山公園內有一座保衛和平坊，原是為了紀念克林德所立，是八國聯軍的歷史見證。克林德是清末時期的德國公使，遭到義和團殺害，成為引爆八國聯軍的導火線，事後清廷被要求在事發地點東單北大街立下克林德紀念碑。事過境遷之後，這座象徵著這段不光彩歷史的紀念碑，不僅被遷移到中山公園，還改名為保衛和平坊，希望仇恨隨著時間走入歷史。

園內另有一座藍色琉璃瓦的蘭亭八柱亭，是從圓明園移來的古物。蘭亭原本位於圓明園綺春園內，後遭英法聯軍焚燬，僅存8根石柱。這8根石柱上刻有歷代書法名家如柳公權、馮承素等人摹寫王羲之《蘭亭帖》的真跡，但因年代久遠字跡不清，其拓本已收藏在北京故宮博物院，是極有價值的書法瑰寶。

1公園裡花木扶疏、綠草如茵 2從圓明園移來的蘭亭八柱亭 3公園入口 4園內的保衛和平坊

1

2

中山公園
3

4

南
西单北大街
北
XIDAN BEIDAJIE
悦来悦
ICBC
中国工商银行
VERO MODA

1

1號線

Beijing Subway Line 1

平價潮流服飾集散地

西單站

Xidan

木樨地站 Muxidi — 南禮士路站 Nanlishilu — 復興門站 Fuxingmen (2號線) — **西單站 Xidan** (10號線) — 天安門西站 Tian'anmen West — 天安門東站 Tian'anmen East — 王府井站 Wangfujing

←蘋果園站 Pingguoyuan

Sihui East 四惠東站→

西單站周邊街道圖
靈境胡同站
Lingjing Hutong
Esquires Coffee
靈境胡同
南千章胡同
辟才胡同
西單北大街
羅家胡同
雲梯胡同
大木倉北一巷
華遠北街
背陰胡同
局氣
東槐里胡同
太朴寺街
二龍路西街
大木倉胡同
二龍路西街
力學胡同
小口袋胡同
二龍路
皮庫胡同
大悅城
堂子胡同
橫二条
北安里
太平橋大街
鐘聲胡同
太平橋大街
中京鐵道
民豐胡同
武功偉胡同
華遠街
民族文化宮
中國銀行
復興門內大街
西長安街
三味書屋
察院胡同
佟麟閣路
參政西巷
參政胡同
西單站
Xidan
油坊胡同
賢孝里胡同
文昌胡同
東鐵匠胡同
北新平胡同
西單北大街
北
珍巷福地

來到北京西單，第一個竄入腦海的感受就是像極了台北的西門町。走在大街上，放眼望去幾乎都是青春洋溢的少男少女，週末假日時，人潮洶湧的情形與西門町不相上下。在這個以年輕族群為消費主力的商圈，自然能找到不少便宜又新潮的衣著服飾，例如大悅城、西單購物中心等。而一般服飾店的價位，與台灣路邊攤的290元、390元商品差不多，殺價功力強一點的，還能更便宜。要注意的是，地鐵1號線及4號線在西單交會，但兩者間在地下轉乘的距離頗長，需步行約5分鐘左右。

1西單北大街上，百貨公司和商場林立，是年輕人的天地 2西單北大街與長安街路口有座中國銀行大樓，是知名建築師貝聿銘的作品，1樓大廳由巨大的玻璃帷幕高牆引進明亮光線

北京達人 Beijing 3大推薦地

作者最愛

珍巷福地

在胡同內的四合院老房子中吃經濟又實惠的北京家常菜，一窺北京人的天棚小院子。(見P.107)

焦點必訪

局氣

如果北京人用局氣形容你，代表他真的非常欣賞你！因為局氣大概是北京人用來稱讚人的最高榮譽了，這家名為局氣的餐廳標榜的就是北京風味，風味地道！ (見P.106)

在地人推薦

三味書屋

北京最早的民營的書店，一進屋就能聞到濃厚的北京文化氣息。(見P.104)

遊賞去處

鬧中取靜的小書坊

三味書屋

MAP P.103／A3

E出口 步行約10分鐘

DATA

北京西城區復興門內大街20號(民族文化宮對面，佟麟閣路口) (010)6601-3204 12:00～19:00

走進三味書屋，你會完全認同北京就應該有這麼一塊角落。它的青磚灰瓦斜屋頂，它的原木窗櫺，它樸素雅致的擺設，全然是以書為主角，不妄加包裝的書店本色。書店一角及2樓的茶座，可品茗，可閒談，可風簷展書讀，頗有台北紫藤蘆的味道。北京的三味書屋名稱取自魯迅的文章，它是北京最早民營的書店，最早以開架方式陳列書籍的書店，無須如同去公營書店般，不能自行取書翻閱，還得面對店員的晚娘臉孔，所以在北京文人心中有重大意義。書屋1樓有小小的茶座，2樓則定期舉辦各類文化講座、文藝表演等，在屬於鬧市的西單商圈，這裡是難得的清靜之地。

三味书屋
SUN WAY BOOKS
三味書屋是北京最早的民營書店，至今仍保有樸素雅致的面貌

遊賞去處

一代將軍張學良故居

文昌胡同

MAP P.103／A3

E出口
步行約15分鐘

DATA

北京市西城區文昌胡同(民族文化宮對面) E出口，沿復興門內大街往西步行約15分鐘，左轉佟麟閣路後直行一小段路，即可見到文昌胡同東口

在一個靜謐的週日午後，Sindia信步漫遊晃至這裡，留下深刻的印象。深刻在於，這條窄窄的胡同，每隔5、6步就植有一棵槐樹，枝幹像溫柔的巨人般在頭頂上搭成了一座橋，陽光從葉片間隙篩過，斑斑駁駁襯得胡同像是一本線裝書般，散發著陳舊的紙香和油墨味……這條胡同不是太有名，正因如此更顯得渾然天成，不像一些已經觀光化的胡同，總多了一些矯飾作態。

信步所至，瀏覽胡同每一戶人家的門面，數著門楣上的門簪，再端詳門前的門墩是圓形或方形，約略猜測或許過去曾住著某某大官……逛北京胡同，有種遊走在歷史書頁裡的滄桑，也帶著一種尋寶或解謎般的樂趣。

文昌胡同
WENCHANG HUTONG

1民族文化宮對面的文昌胡同 2胡同兩旁的槐樹姿態很美

事後Sindia上網查詢發現，文昌胡同15號，挑高的大門顯露出過往的氣勢，原來曾是一代將軍張學良與趙四小姐的住所。有時候不需刻意去尋覓有名的胡同，遇到一條小巷鑽進去，也可能發現屬於你的一段私密胡同時光。

購物血拼

年輕時髦的百貨商城

大悅城

MAP P.103／B2

A出口
步行約5分鐘

DATA

www.xidanjoycity.com 北京市西城區西單北大街甲131號 (010)6651-7777 10:00～22:00 1號線A出口或4號線F1出口，沿西單北大街往北走約5分鐘

新近開幕的大悅城鎖定年輕族群為對象，賣場氣氛時髦熱鬧，節慶布置也十分華麗。商場內有一部從1樓直達6樓餐飲區的電動手扶梯，號稱全世界跨度最長，噱頭十足。品牌方面有深受年輕時尚族群喜愛的ZARA、無印良品、UNIQLO、H&M等專櫃，人氣很旺，也為西單帶來更多人潮。除了這裡的西單大悅城之外，還有朝陽大悅城，可以搭地鐵6號線青年路站直接到。

大悅城

1大悅城的玻璃帷幕大樓十分搶眼 2直達6樓的超高電梯，很震撼

特色美食

來自紐西蘭的咖啡

Esquires Coffee

MAP P.103/A1
F1出口
步行約28分鐘

DATA

http www.esquirescoffee.com.cn ✉北京市西城區金融大街19號凱富大廈1層 ☎(010)6657-3837 ⏰07:00～19:00 $約￥38/人均 ➔復興門站A西北口步行890公尺；F1口向北步行，全程約28分鐘；或從復興門站A西北口向北步行

二戰後，許多義大利人離開殘破不堪的義大利，移民到紐澳兩國開展新生活，順帶把對咖啡的追求一起扎根下來，紐西蘭跟澳洲這兩個國家的咖啡，有了義大利的「架接」後，水準直接晉升世界一流！

紐西蘭的咖啡是世界出了名地好喝，CNN曾經遴選出世界8個國家的城市，推薦喜愛咖啡的人去朝聖，其中，遠得要命的紐西蘭便是其中之一。寶島李曾經去過紐西蘭，深深為紐西蘭的咖啡所折服，而這家Esquires正是來自紐西蘭的知名連鎖咖啡店，店內氣氛輕鬆舒適，而且咖啡豆都是從紐西蘭來的，只要喝過，就難再回頭喝星巴克了。

ESQUIRES
COFFEE

MARLBOROUGH SOUNDS
NEW ZEALAND

1巨大醒目的Esquires Coffee Logo 2拿鐵味道香醇，也別忘了嘗嘗紐西蘭著名的馥芮白(Flat White) 3店內隨處可見的紐西蘭意象 4從東方廣場搬到凱富大廈內，不要被門口的保全嚇到了，只要開口問問就能進去喝杯好咖啡

特色美食

新派老北京餐館

局氣

MAP P.103/D1
B出口
步行約12分鐘

DATA

✉北京市西城區太僕寺街21號府右街賓館1樓 ☎(010)6808-5088 ⏰11:00～14:30，17:00～21:30 $約￥106/人均 ➔B出口往北直行，右轉太僕寺街，步行約12分鐘

「局氣」是北京方言，形容為人仗義，不怕吃虧也不占人便宜，言必信、行必果的褒義詞，若用這個詞稱讚人，可以說是最高評價了，台灣好像沒有這樣的說法，比較接近的大概是「海派」加上「公道」吧！

局氣也是這幾年北京很火的餐廳，賣的是比較具北京特色的創意料理，同時點綴以老北京懷舊氛圍，加

北京味道
氣局

上名字局氣，尤其當電影《老炮兒》上映時，更讓北京人趨之若鶩，紛紛相約來此吃飯！

店內的環境都盡量刻劃出1980年代的北京樣貌，加上把當時生活中的物件與食物結合的創意，比如兔爺土豆泥、蜂窩煤炒飯等，引發北京人過往的美好回憶，也讓我們這些外地人感到趣味十足，雅俗共賞，難怪會這麼受歡迎！

韩家潭
陕西巷
石头胡同
胭脂胡同

1還沒進店，就已經感受到北京的古色古香了 2把炒飯做成蜂窩煤的形狀，真是有創意，據說還申請了專利 3把馬鈴薯泥捏成北京兔爺的形狀，令人佩服店老闆的想像力 4乾隆白菜，酸甜可口，據說是乾隆爺最愛 5店內都是以北京的地名或老物件裝潢，如果帶個北京人一起去吃飯，一定有說不完的故事

特色美食

老北京道地家常菜

珍巷福地

MAP P.103／A3

J2出口 步行約19分鐘

DATA

北京市西城區文華胡同51號鬧市口中街路東側

(010)6601-6409 10:00～22:00 約￥70／人均

J2出口，延復興門內大街往西，左轉察院胡同，再右轉文昌胡同，再左轉文華胡同，右轉便是，步行時間約19分鐘；或搭出租車至鬧市口大街與文昌胡同口，下車後往東右轉鬧市口中街，再左轉文華胡同即是

過去老北京有這麼一句俗語：「天棚、魚缸、石榴樹，先生、肥狗、胖丫頭」。天棚、魚缸、石榴樹說的是老北京四合院的夏天風景，有四合院頂上的天棚，院中的魚缸跟所栽種的石榴樹；先生、肥狗、胖丫頭則是指老北京有錢人家有家庭教師、有胖嘟嘟的寵物，跟體健的丫頭。通常標榜賣北京傳統菜的四合院餐廳，都會有天棚，即便不是四合院，店家也會在門口放個大魚缸。石榴樹也是老北京餐館的重要特徵，哪怕沒有石榴樹，也會種很多盆栽。

珍巷福地是老四合院改建，雖然現在已經不是完整的大戶院落，但也保留了當年的若干樣貌，在這裡，你可以在珍巷福地吃到道地的北京家常菜，還能體驗一下老北京四合院的風情。招牌菜如鄉巴佬茄子、排骨豆角粘卷子、燻肉小拼等，都很推薦喔！

合院菜

1鄉巴佬茄子，焦脆鮮嫩，北京的茄子比台灣茄子要好吃很多，一定要嘗試 2排骨豆角粘卷子，鹹鹹甜甜，味道說是北京菜，更像東北菜，但是非常好吃 3燻肉小拼，燻肉香味迷人，用越嚼越有麵香的餅包著吃，特別好吃 456餐廳中非常有北京四合院的生活風貌

2 號線：北京最早通車路線，體驗老北京風情的重要地鐵線

乐喜满服店
平安芳华服饰

2號線

1

Beijing Subway Line 2

漫遊北京胡同享樂趣

地铁
BEIJING SUBWAY

2

東四十條站

Dongsi Shitiao

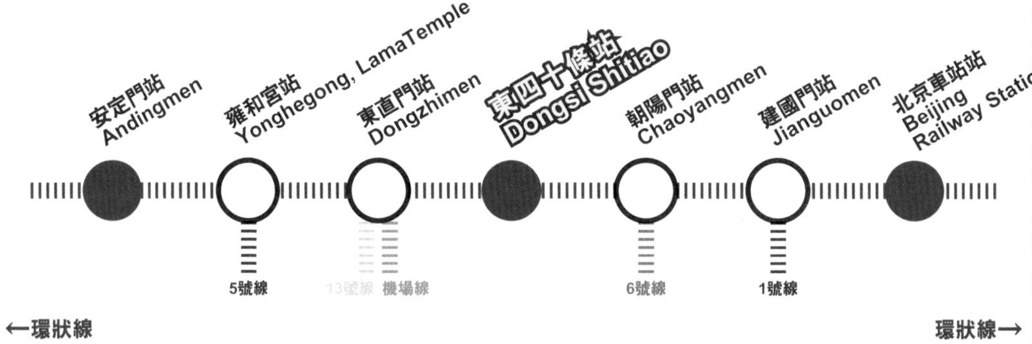
安定門站
Andingmen
雍和宮站
Yonghegong, LamaTemple
東直門站
Dongzhimen
東四十條站
Dongsi Shitiao
朝陽門站
Chaoyangmen
建國門站
Jianguomen
北京車站站
Beijing
Railway Station
5號線
13號線
機場線
6號線
1號線
←環狀線
環狀線→

東四十條站周邊街道圖
A
B
C
D
1
2
3
海運倉胡同
東頌年胡同
倉夾道
東直門北大街
東中街
新中街
幸福村中路
春秀路
幸福一村七巷
幸福一村四巷
幸福一村三巷
新東路
東四十條站
Dongsishitiao
北門倉胡同
保利大廈酒店
一坐一忘
麗江主題餐廳
四季民福
東四十條
工人體育場北路
燒蝦師
工體北門
新保利大廈
港澳中心瑞士酒店
三樣菜
南新倉休閒文化街
東門倉胡同
工人體育館
工體東門
工人體育場
工人體育場東路
皇家糧倉
天下鹽川菜
大董烤鴨
王家園胡同
工人體育場西路
吉市口東路
潘家坡胡同
吉市口路
朝陽門北大街
南門倉胡同
東營房胡同
極棧精品酒店
茉莉餐廳
倉南胡同
朝外北街
工人體育場南路
豆瓣胡同
吉祥鳥
吉市口三條
朝陽門內大街
朝陽門外大街
朝陽門站
Chaoyangmen
南水關胡同
北竹竿胡同
朝外市場街
北

東四十條是街名，往西與張自忠路相接，整條馬路寬闊筆直，又稱「平安大街」，兩旁皆是整修過的仿古建築，整齊劃一的青磚灰瓦門面，刻意塑造出濃濃古意。往東則與工人體育場北路相接，一路通到著名的三里屯，高樓大廈櫛比鱗次，街景呈現出另一番繁榮熱鬧的景象。

其實東四是舊時「東四牌樓」的簡稱，在東四十條站與5號線地鐵張自忠路站之間，有數條胡同皆以東四為首命名，從南至北，分別是東四二條至東四十四條，這些胡同裡也隱藏著名人故居和尚未拆遷的四合院，有興致的話不妨隨意漫遊其中，享受逛胡同的樂趣。

3

1平安大街街景 2東四十條地鐵站 3新保利大廈是地鐵站出口的顯眼地標

北京達人 *Beijing* 3大推薦地

作者最愛
南新倉休閒文化街

這裡有明清兩代遺留下來的糧倉，建築十分特別，經過整修改造後，現在成了美食餐廳集中地。(見P.113)

焦點必訪
大董烤鴨

到北京吃烤鴨，除了全聚德，最火紅的就是大董了。每家烤鴨都各有擁護者，你覺得哪家好吃？得要親自品嘗才能分出高下。(見P.115)

在地人推薦
三樣菜

北京著名的重慶菜，許多人吃了一次就會被辣上癮。(見P.116)

遊賞去處

北京10大建築之一

工人體育場 工人體育館

MAP P.111／C1、D2

C出口 步行約15分鐘

DATA

⊠北京市東城區工人體育場北路 ➲亦可搭10號線至團結湖站D出口，往西步行約20分鐘

工人體育場是北京地標之一，簡稱工體，建於1959年，是北京為慶祝建國所興建的「10大建築」之一，露天的體育場適合舉辦田徑賽、足球賽等。這裡除了舉行各項體育賽事，也常是影視歌星開演唱會的場地，每當有演唱會時，周遭交通往往陷入壅塞。

1工體是演唱會熱門場地 2 3工體不只是體育館，周圍有各種餐廳舞廳，時尚得很呢

工體地處北京二、三環之間的鬧區，周遭已形成「工體商圈」，不少知名餐廳、休閒娛樂場所集中於此。由於占地廣闊，入口分布在東、西、南、北四邊，其中面向工人體育場北路的大門稱為工體北門，這裡有北京知名的夜店MIX，還有各種餐廳、舞廳，是北京時尚男女經常流連之地。

工人體育館在工人體育場西側，為有屋頂的室內體育場地，常舉行羽毛球、籃球等賽事，演唱會也會在此舉行。

2

MIX
3

遊賞去處

古意盎然的美食街

南新倉休閒文化街

MAP P.111／A2

D出口
步行約5分鐘

DATA

✉北京市東城區東四十條22號南新倉國際大廈

北京處處都是皇城的遺跡，南新倉這裡就遺留著明清兩代朝廷存放糧食的倉庫，算算已有近600年的歷史。由於此處鄰近古代糧車通行的「朝陽門」，因此糧倉也就近設在此處，相傳最多時曾有70多座，改朝換代後，糧倉僅餘9座，並一度淪為軍火庫和百貨公司倉儲，直到糧倉的建築價值被重新發掘肯定，業者才將此處改造為以餐飲為主的休閒文化街，成為北京時尚新去處。

糧倉的建築十分特別，外型呈梯形狀，以厚實的磚頭砌成，宛如堅固的堡壘，糧倉內因此能保持四季恆溫。屋頂的建築形式是懸山頂，五脊二坡。山牆被砌成階梯狀，一共5個階梯，稱為「五花山牆」。目前糧倉已列入古蹟保護，除了皇家糧倉外，其他餐廳都是設在另外新建的仿古建築內，避免損及古蹟。

1

2

1南新倉裡共有9座古糧倉 2古代是糧倉，現在則是餐廳街 3糧倉的建築由厚重石塊砌成 4雪中的糧倉更添古意

3

4

南新倉休閒文化街走走逛逛

遊賞去處

北京僅存的糧倉古蹟

皇家糧倉

MAP P.111/A2
D出口
步行約5分鐘

DATA

⊠北京市東城區東四十條22號 ☎(010)6409-6477 ◷10:30～22:00 $約¥309/人均

皇家糧倉建於明永樂7年、西元1409年。比故宮還年長10歲，也是全中國目前僅存、保存與規模較好的皇家倉廒。這幾年隨著南新倉文化休閒街的建立，皇家糧倉的名聲雀起。原來之前這裡有廳堂版的牡丹亭演出，吸引國內外人士的讚揚。不過已結束演出，改成代理日本飛驒及日進品牌等日本設計師的家居作品。裡頭經過古建修繕及內部改造後，有了一個新的名字叫「上坐家居設計體驗館」。大部分的家具陳設空間以客廳和餐廳家居需要為主。

此處的糧倉歷史起源與運河有關，清代康熙為了方便南方的米糧能更快捷送到北方京城儲存，挖空心思，在元代、明代的運河基礎上再修運河，將米糧儲存在北京7個糧倉裡，如今北京唯一保存的糧倉就是這個南新倉地區，皇家糧倉之名由此而來。

上坐

1皇家糧倉建築有600年歷史 2皇家糧倉內部現為「上坐」家具店，並有原木家具的展覽

特色美食

私房川菜首選

天下鹽川菜

MAP P.111/A2
D出口
步行約5分鐘

DATA

⊠北京市東城區東四十條22號南新倉文化休閒街內
☎(010)6409-6185 ◷10:00～22:00 $約¥100/人均

這家川菜餐廳在北京頗有名氣，最早開在798藝術園區，南新倉店則是新近開幕的分店。創辦者人稱二毛，是位詩人兼美食家，他曾經到各省遊歷，在民間收集到許多私房菜作法，高達800多道，成為餐廳珍貴的資產。最有名的如黃氏燜牛肉，這是北京一位傳奇美食家黃珂舉行家宴時的名菜，現成為餐廳招牌。一大鍋端上桌，紅通通的辣油裡浸著煮到熟爛的牛腩，伴隨著薑、蒜、香料、醃蘿蔔等配料，牛肉的辣和蘿蔔的爽口融合在嘴裡，引人回味無窮。

天下盐
川菜

1天下鹽川菜的招牌門面 2店裡招牌的黃氏燜牛肉，又香又辣，十分下飯

特色美食

獨創烤鴨新吃法

大董烤鴨

MAP P.111／A2
D出口
步行約5分鐘

DATA

www.dadongdadong.com 北京市東城區東四十條22號南新倉商務大廈1～2F (010)5169-0328～9(可去電詢問最近的分店) 11:00～22:00 烤鴨一套¥298

北京烤鴨雖以全聚德歷史最久、名氣最大，但後起之秀大董烤鴨的評價也很高。大董從餐廳環境到菜品，皆走高檔精緻路線，餐廳氣派高雅，裝潢在古典元素中透露著時尚奢華感。廚房採開放式，透過透明玻璃可清楚看到烤鴨的過程。

大董的烤鴨肉質細膩，鴨皮酥而不膩，入口即化，是最受稱道的特色。調料共有8種，除了傳統的甜麵醬、黃瓜絲等，還獨創鴨皮沾白糖的吃法，滋味非常特別。若要說缺點，就是分量感覺較少，烤鴨片的較薄，吃得不是很痛快。一隻烤鴨大約供2～3人食用，亦有半份的選擇。2014年日本首相安倍晉三前往北京參加APEC會議時，也曾品嘗大董烤鴨，讓這家店再度聲名大噪。

1大董烤鴨師傅刀工一流，片下來的烤鴨整整齊齊，看起來就很可口 2燒餅夾烤鴨的滋味也很棒 3挖空的香吉士盛著湯品十分別致 4這道芥末墩是北京人常吃的家常菜，嗆辣過癮

特色美食

連不愛吃「麻小」的人都會喜歡

燒蝦師

MAP P.111／D1
C出口
步行約17分鐘

DATA

北京市工人體育場北門 (010)5165-7733 11:00～14:00、17:00～04:30 約¥194／人均 C出口，沿工體北路向東直行，步行約17分鐘

很多人喜歡吃「麻小」，但寶島李對「麻辣小龍蝦」就是有深深的排斥感，肉又少，剝起殼來還費勁，吃來吃去最後其實都是在吃醬汁，加上賣麻小的店主要集中在環境較髒亂的簋街。然而，只有燒蝦師這家的「麻小」是唯一例外，除了位在工體北門，環境合適外，口味也很不一般，有常見的十三香、麻辣，還有少見的冰鎮小龍蝦，寶島李第一次吃到冰鎮的小龍蝦，味道細膩，比起滿嘴都是麻辣味，根本不知蝦味的那些選擇要強得太多。另外，燒蝦師也做海鮮，所以選擇很多喔！

1燒蝦師在美食一級戰區的工體挺立多年，具有深厚實力 2除了「麻小」，竟然還有小龍蝦年糕口味 3冰鎮小龍蝦，不是每個做「麻小」的店都有提供，不可錯過

台灣人也著迷的火辣湘菜

吉祥鳥

MAP P.111／C3
C出口
步行約22分鐘

DATA

✉北京市朝陽門外大街吉祥里103號201樓 ☎(010)6552-2856 ⏰10:30～22:00 $約￥83/人均 ➲C出口，沿朝陽門北大街直行左轉朝外北街，到吉市口東路右轉，總步行時間約22分鐘；或搭2號線到朝陽門站下車，沿朝陽門外大街直行，左轉吉市口東路，步行約13分鐘

吉祥鳥是一家湘菜館，開在吉市口。吉市口其實原來叫雞市口，後來改成比較文雅的吉市口。寶島李經常來吉祥鳥，並不是因為吉祥鳥的湘菜做得很道地，而是因為它很合台灣人的胃口，帶點辣味，但是又不讓人痛苦，辣得恰到好處。

吉祥鳥有著許多台灣少見的傳統湘菜，比如藕尖就是湖南當地特有的名菜，藕尖是連接藕節和嫩荷葉的莖，極為細嫩，富含水分。每年5月，待荷葉與蓮花並開就是採藕尖的季節，過了此時，藕尖就會慢慢長成藕，藕尖與藕不可兼得，因此藕尖在市面上並不多見，能看見的也多是罐頭！

除了藕尖，吉祥鳥的剁椒魚頭也是好東西，湖南一般都是先吃魚頭，然後再點一份麵下到魚頭盤中，吸收剁椒魚頭的湯汁，吃起來真是過癮！

1

2

3

吉祥鸟湘菜

4

1剁椒魚頭，寶島李在北京吃來吃去，還是喜歡他們家的剁椒魚頭，吃的時候別忘了配一份麵 2清炒藕尖，台灣極少看到的藕尖，口感介於蓮藕與芹菜之間 3圓籠糯香骨，吃起來鹹鹹甜甜糯糯，很像胡州粽，不可錯過的一道 4吉祥鳥的招牌很大，很難忽略

名震北京的重慶江湖菜

三樣菜

MAP P.111／D1
C出口
步行約19分鐘

DATA

✉北京市朝陽區工體北路29號樓 ☎(010)6552-3499 ⏰11:30～03:00 $約￥126/人均 ➲C出口，沿工體北路向東直行，步行約19分鐘

三樣菜賣的是重慶江湖菜，重慶好理解，但是江湖菜是什麼呢？其實江湖，顧名思義，就是比較草莽，較有別於精緻的官府菜的說法，通俗點的說法就是家常菜。重慶江湖菜據說來自重慶長江碼頭邊的苦力階層常吃的菜，因為沒什麼錢，又需要補充大量的蛋白質，還要能填飽肚子，所

三樣菜

1

2

3

以江湖菜大部分是以內臟為主，且味道很重的下飯菜，因此，只要看到江湖菜，那一定都是一盤菜可以配上好幾碗飯，又油又辣又過癮的好東西！寶島李不是開玩笑的，如果說四川菜是把辣椒加到菜裡，那重慶菜就是把菜加到辣椒壇裡面了，重慶菜的辣，嗜辣者絕對不可錯過，不信的話，點一個最沒有殺傷力的「素三樣」試試！

1位在工體的三樣菜生意非常好，有一整棟樓 2乾燒鱔魚，外酥內軟，熱辣帶勁，是來三樣菜必點的 3雖然叫江湖菜，但是店內陳設一點也不隨便 4寶島李曾被這道看起來並不起眼的素三樣辣到說不出話來

特色美食

環境絕美的創意餐廳

一坐一忘麗江主題餐廳

MAP P.111／C1
B出口
步行約15分鐘

In&Out

DATA

✉北京市朝陽區工人體育場北路21號永利國際2樓 ☎(010)5801-0086，(010)5801-0566 ⏰11:00～21:30 $約￥121/人均 ➜B出口，沿工體北路向東直行，步行約15分鐘

麗江是雲南著名的旅遊景點，雖然說麗江已經被嫌開發得像是個人盡可夫的奇女子了，但是她依然是眾多遊人中難以忘懷的地方。一坐一忘的老闆是麗江人，菜單上述說著老闆對麗江滿滿的懷念，恍若來到夢中的天堂。

店內的木桌椅，各種籐編與彩色的燈籠，有著濃濃的異域感，據說這就是麗江的味道。店內的氣氛很high，店員也都穿著雲南傳統服飾，進門就能感受到雲南少數民族的熱情。而且老闆對材料跟健康非常堅持，特別強調不使用味精，這在廚師不放味精就不會做菜的大陸，是一件滿有勇氣的事。

在這裡可以品嘗到許多在台灣都見不到，甚至聽都沒聽過的正宗雲南美食，比如稀豆粉、夾沙乳扇、傣家野生珊瑚菌、景頗鬼雞等等，吃了美食還能增長見聞，就如同真的去了一趟麗江一樣啊！

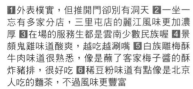

1外表樸實，但推開門卻別有洞天 2一坐一忘有多家分店，三里屯店的麗江風味更加濃厚 3在場的服務生都是雲南少數民族喔 4景頗鬼雞味道酸爽，越吃越涮嘴 5白族雕梅酥牛肉味道很熟悉，像是蘸了客家梅子醬的酥炸豬排，很好吃 6稀豆粉味道有點像是北京人吃的麵茶，不過風味更豐富

1

2號線

Beijing Subway Line 2

北京首選超人氣夜市

2

東直門站

Dongzhimen

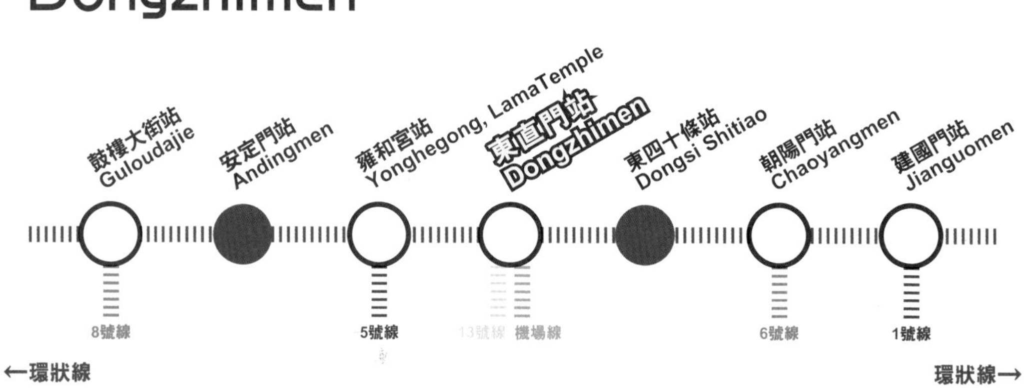

鼓樓大街站 Guloudajie
安定門站 Andingmen
雍和宮站 Yonghegong, LamaTemple
東直門站 Dongzhimen
東四十條站 Dongsi Shitiao
朝陽門站 Chaoyangmen
建國門站 Jianguomen
8號線
5號線
13號線
機場線
6號線
1號線
←環狀線
環狀線→

東直門站周邊街道圖
北馬杓胡同
民安胡同
針織胡同
東羊管胡同
東直門北小街
西羊管胡同
東直門北中街
東羊管胡同
東揚威街
東直門北大街
東直門交通樞紐大廈
機場快線
花家怡園
(簋街店)
簋街仔仔小龍蝦
花家怡園(四合院店)
東直門內大街
東直門站
Dongzhimen
東直門外大街
簋街
東直門南小街
倉夾道
北新倉胡同
來福士購物中心
東方銀座
東直門南大街
北

貼心小提醒！

東直門交通樞紐共有16條公交線路在此設站，包括106、107、123、132、401、404、418、623、852、866、915、915快、916快、918、918快、918空調、980、980快。
機場快線票價每人單趟¥25，機場巴士每人¥16。

東直門有一個交通樞紐大廈，占地遼闊，在這個立體的交通樞紐裡，有公車、地鐵、輕軌、機場高速、出租車和水上交通遊艇等7種交通工具，規模可說是亞洲之最。若要搭機到外地，也可在東直門航站樓辦理登機手續和行李託運，對於需四處跑的商務人員來說，更加便利許多。

公車換乘廳位於樞紐的1樓，擁有8條市區線路、8條郊區線路。公車換乘廳分南北2個區域：北側為郊區線路出發區，路線涉及平谷、順義、懷柔、密雲；南側為市區公車出發區。地鐵2號線、13號線和機場線在東直門集中換乘。需要提醒的是，從機場換乘其他軌道線或公車線需要重新刷卡。

北站台
915(快、慢)
918快
866
852
916快
980(快、慢)
106
623
南站台
401
123
132
107
404
418
3

1面積遼闊的東直門交通樞紐，外觀以不規則形營造出現代感 2不論是印刷圖示還是電子看板，乘車資訊皆非常豐富 3公車換乘廳分南北兩區，分別通往市區和郊區

不容錯過的超人氣夜市

簋街

MAP P.119／B2
A或D出口
步行約2分鐘

DATA

京市東城區東直門內大街 24小時 或搭5號線至北新橋站

全北京夜裡最有人氣的地方，就屬這裡了！從東直門地鐵站A或D出口，沿東直門內大街往西走，到5號線地鐵北新橋站處，長約1.5公里，都是簋街的範圍。這條馬路兩旁，遍布著上百家大小餐廳，沿線行道樹上都掛起了紅燈籠，入夜後亮起燈，加上這裡充斥許多麻辣口味的餐廳，整條街紅通通地，氣氛有如節慶般熱烈。

簋街發音同「鬼」街，起源有一說是，早年東直門這裡有一處販售雜貨蔬果的早市，攤販們多在後半夜開市，以煤油燈照明，遠遠看去燈影幢幢，於是被人們俗稱為「鬼市」。後來餐廳聚集多了，北京政府乾脆規畫為餐飲一條街，但名稱不好用鬼市，於是取發音相同的簋代替。簋是古代的一種盛食物容器，與餐飲的意境也能結合，獨特的飲食文化已成為北京觀光必到之處。

1

麻辣小龙虾

2

1看到這一排排的紅燈籠，就表示簋街到了 2簋街流行麻辣口味的餐飲，若不吃辣，可省略這一站了

國際品牌購物商場

來福士購物中心

MAP P.119／C2
D出口
步行約2分鐘

DATA

www.glorymall.com.cn 北京市東城區東直門南大街1號(東直門立交橋西南角近第二使館區) (010)6405-5993 10:00～22:00

在東直門這區塊，來福士購物中心算是比較有規模的大型購物商場，引進的以像CK、MANGO、ZARA、BERSHKA的國際性品牌居多，而且超大的空間，逛起來非常舒服。除了眾多的潮流品牌外，來福士購物中心同時也提供了多樣的美食供選擇，從韓式燒烤漢拿山、日本料理壽師傅，到章魚小丸子、土司工坊，不論是高檔餐廳還是平民小吃，一應俱全，非常適合喜歡吃東西、買東西的人來喔！

Raffles City
CityTV

不愧是國際性的百貨公司，流線型的外觀，帶著一股大都會裡的嬌氣

特色美食

眾星加持的麻辣烤魚

簋街仔仔小龍蝦

（原：仔仔烤魚）

MAP P.119／A2
B出口
步行約15分鐘

DATA

北京市朝陽區東直門內大街231-1號 11:00～04:00 約￥174／人均 B出口，沿工體北路向東直行，步行約15分鐘

整條簋街上，幾乎都是麻辣口味的餐飲，如麻辣小龍蝦、重慶烤魚、香辣河蟹等，每家店都大同小異，仔仔烤魚也占據了好幾個店面，格外顯眼。Sindia初到簋街就選了這家店。一踏進門才知道，此仔仔可不是台灣F4的那個「仔仔」，只是老闆剛好也叫仔仔，也是個面貌俊秀的小伙子，店內牆上還掛滿了這位年輕老闆和諸多明星的合照。這裡所謂的烤魚，是先烤後燉，端上桌時，一個大鐵盤上，整條魚就浸在紅通通的辣油裡，上面布滿了辛香調料，有點像四川的水煮魚，不過湯汁較少一些，魚肉也可嘗到碳烤後的焦香味。

烤魚的點法，是先選擇口味，如香辣烤魚、豆豉烤魚或酸菜烤魚等，再選擇魚的種類，如草魚、黑魚、野生鯰魚等，以斤兩計價，選好魚後店家會拿來跟顧客確認，再下鍋烹煮。

1門面外觀 2這一大盤烤魚又香又辣，重口味的人應該很愛

特色美食

口味獨特的花家菜

花家怡園

MAP P.119／A2、B2
A出口
步行約5分鐘

DATA

www.huajiacai.com 北京市東城區東直門內大街235號(四合院店)、北京市東城區東直門內大街5號(簋街店) 四合院店(010)6405-8440、簋街店(010)8407-9868 四合院店10:30～04:00、簋街店10:30～14:00，16:30～02:00 四合院店約￥178／人均、簋街店約￥152／人均 四合院店：搭5號線至北新橋站

1花家怡園生意很火爆，中式四合院的裝潢很有味道 2花家怡園門面氣派，在簋街上算是很顯眼的餐廳 3八爺烤鴨配料眾多，十分豐盛(照片提供／楊惠君)

花家怡園是整條簋街上人氣很旺的一家餐廳，光簋街就有兩家，靠近北新橋站的店(四合院店)屬於四合院格局，裝潢古色古香，中庭區有露天座位。靠近東直門的店(簋街店)則是現代裝潢，有中菜西吃的氛圍。

這裡的菜品融合南北各大菜系精品加以改良，號稱「花家菜」，有自己的特色，招牌菜如八爺鴨方、八爺烤鴨、怡園霸王雞等，其中鴨方是慈禧愛吃的名菜，取下烤鴨的胸脯肉去皮，加入香菇、芹菜等，外面再包裹豆皮下鍋煎熟。霸王雞則是店家為了招待已逝港星梅豔芳而設計的，有點像口水雞，但又有鮮菇、油麥菜、黃瓜等素菜搭配，口味香辣中不失清爽，引人回味。

八爺烤鴨的配料異常豐富，除了一般的餅皮、黃瓜、蔥絲、甜麵醬，還有切成小長條的哈密瓜、鳳梨、生菜等，花樣很多。沾醬中的甜麵醬，也添加了些許芥末，另有酸辣醬等。

2號線

Beijing Subway Line 2

中華文化薈萃之處

雍和宮站

Yonghegong(Lama Temple)

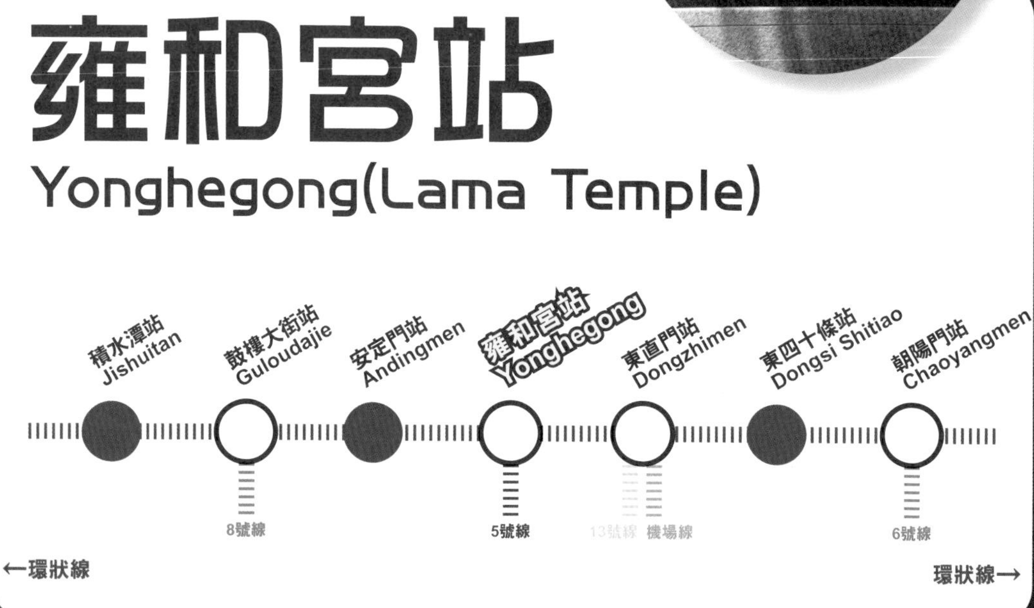

積水潭站 Jishuitan
鼓樓大街站 Guloudajie
安定門站 Andingmen
雍和宮站 Yonghegong
東直門站 Dongzhimen
東四十條站 Dongsi Shitiao
朝陽門站 Chaoyangmen
8號線
5號線
13號線
機場線
6號線
←環狀線
環狀線→

雍和宮站周邊街道圖
A
B
C
D
1
2
3
4
地壇公園
安定門外大街
和平里西街
安定門東濱河路
安定門東濱河路
雍和宮站
Yonghegong
安定門東大街
安定門東大街
安定門西大街
安定門站
Andingmen
北京院子酒店
五道營胡同
五道營胡同
The Veggie Table
包子和餅餅家
藏紅花
京兆尹
雍和宮
雍和宮大街
國子監
孔廟
永恆胡同
永康胡同
箭廠胡同
官書院胡同
藏經館胡同
柴棒胡同
5號線
安定門外大街
國子監街
國子監街
謝家胡同
循郡王府
北新胡同
分司廳胡同
方家胡同
雙城咖啡
方家胡同46號
前永康胡同
交道口北三條
北新橋三條
北
碳花烤羊腿
交道口北二條
張媽媽特色川味館
北新橋二條

雍和宮是有300多年歷史的皇家級佛教廟宇，香火鼎盛，也因此地鐵站周邊聚集了不少宗教用品店及相關行業，有濃厚的宗教氛圍。附近還有古樹參天的孔廟及國子監，環境清幽寧靜，周邊的胡同仍保有四合院本色，也因此逐漸成為特色小店及咖啡館的聚集處。

搭乘2號線或5號線地鐵均可到達雍和宮。

C

1 2號線雍和宮地鐵站出口
2 5號線雍和宮地鐵站出口

北京達人 *Beijing* 3大推薦地

作者最愛
五道營胡同

這條胡同近年來有「第二條南鑼鼓巷」之稱，進駐的餐廳及特色小店越來越多，又沒有南鑼鼓巷那麼吵雜，確實值得一訪。(見P.127)

五道營胡同
WUDAOYING HUTONG

焦點必訪
雍和宮

或許你不是佛教徒，不過雍和宮的建築本身和內部供奉的各尊佛像，都是珍貴的藝術精品，值得走一遭細細欣賞。(見P.125)

在地人推薦
碳花烤羊腿

來北京一定要試試看的現烤一整隻的烤羊腿。(見P.131)

遊賞去處

漫步美麗的銀杏大道
地壇公園

MAP P.123／C1
A出口
步行約10分鐘

DATA

http www.dtpark.com ✉北京市東城區安定門外大街地壇公園 ⏰11～4月06:30～20:30，5～10月06:30～21:30 $¥2 ➜地壇有東、南、西、北4個入口，近雍和宮地鐵站為南門

北京「五壇」之一，相對於天壇是皇帝祭天之處，地壇就是祭地祇神之所，始建於明朝(1530年)，壇內總面積達37.4公頃，呈方形，整座建築是依古代「天圓地方，天青地黃，天南地北」等傳統象徵設計，主要建築有方澤壇、皇祇室、宰牲亭、齋宮、神庫等，方澤壇就是舉行祭拜典禮時的平台。

除古建築外，地壇公園內最可觀的就是上百株樹齡超過300年的古樹，包括側柏、檜柏、榆樹、銀杏、槐樹等。如果剛好於11月深秋時節造訪北京，那麼地壇也是欣賞秋色的最佳地點，這裡有條銀杏大道，銀杏轉黃時，天空金燦燦地，滿地黃葉繽紛，煞是美麗。

欢迎参加社科普及园，观看广场文艺演出
秋季書市在銀杏大道下舉行，十分浪漫

此外，每年農曆春節期間固定舉辦廟會，四季有地壇書市等，也已成為地壇公園的特色。

遊賞去處

北京現存最大藏傳佛教寺院

雍和宮

MAP P.123／D2

F出口
步行約3分鐘

DATA

http www.yonghegong.cn ✉北京市東城區雍和宮大街12號 ☎(010)6404-4499 ⏰冬季(11/1～3/31)09:00～16:00、夏季(4/1～10/31)09:00～16:30 $¥25

雍和宮是北京現存最大的一座藏傳佛教寺院，同時也是清朝皇帝從事宗教活動的主要場所，寺裡藏有豐富的佛教珍貴文物。

雍和宮最早不是廟宇，而是康熙賜給四子「雍親王」(即雍正皇帝)的府邸，建於1694年，雍正登基後遷入紫禁城，這裡即改為行宮，同時亦提供藏傳佛教上院使用，乾隆9年正式改為喇嘛廟，改建為佛殿。也因曾是皇帝住所，這裡的建築規格比照紫禁城，黃色琉璃瓦和紅牆，是佛教寺廟中規格最高的。

雍和宮可看的文物很多，其中最著名的是「木雕三絕」，其一是「法輪殿」後殿的木雕「五百羅漢山」，工匠在整塊紫檀木上，精密雕鏤著山谷丘壑、亭閣寶塔，並放上500尊由金、銀、銅、鐵、錫鑄造而成的羅漢像，各個姿態生動，鬼斧神工。

第二絕，是「萬福閣」內供奉的彌勒佛像。這尊佛像高達18公尺，埋在地下的部分還有8公尺，是採用一塊完整的白檀香木雕刻而成，外表再貼上金箔，鑲上各式珠寶。

第三絕，則是「照佛樓」內由金絲楠木雕鑿而成的巨大佛龕。照佛樓供奉的是一尊銅胎釋迦牟尼佛像，因以旃檀木雕成，又稱旃檀佛。祂背後的火焰背光及佛龕，皆是珍貴的金絲楠木雕成，佛龕高達5.5公尺，從地面直達樓頂，貫通2層大殿，且以鏤空的雕刻法，雕有99條各具姿態的金龍，工藝精湛絕倫，令人嘆為觀止。不過這裡並非每處都可拍照，需遵守寺內規定。

1

2

雍
和
宮
0079
YONG HE GONG
雍
和
宮

3

1 雍和宮的建築為黃瓦紅牆，與紫禁城一樣的規格(照片提供／楊惠君) 2 銅獅和雍和門(照片提供／楊惠君) 3 雍和宮的門票還附有一張介紹廟宇歷史的小光碟，十分特別

中國歷史文化名街
國子監街

MAP P.123／C3
F出口
步行約5分鐘

DATA

✉孔廟、國子監旁

國子監街不僅是一條景色優美的胡同，更有濃厚的歷史。它形成於元朝元年，至今已有700多年。而矗立在街頭，堆金描紅的彩繪牌樓，是清朝乾隆年間留存至今的古蹟，從街頭到街尾共有4座，樓柱底部的石塊，有明顯的磨損滄桑。歷史就在遊人穿越一道又一道、凝結了時光塵埃的牌樓中，流轉而過。

中段有咖啡廳，還有販售各類雜貨，有店家自行設計的創意衣衫、整理過的舊家具等，也有來自台灣的文創產品，物品新舊雜陳，就像當下的時空。

尾端還可見到一間狀似古廟的建築，兩扇窗戶和大門都是磚砌成的圓拱形狀，窗框並有精緻的石雕，門前解說牌說明了，這是建於清代嘉慶年間的「火神廟」，距今已200多年歷史，可惜經歷戰亂，如今僅餘門面。

1國子監兩側的牌樓 2街上有多家咖啡館

古代最高學府
國子監

MAP P.123／C2
F出口
步行約5分鐘

DATA

http www.kmgzj.com ✉北京市東城區國子監街13-15號
⏲08:30～16:30 $¥20(可同時參觀孔廟)

從孔廟的持敬門即能步行至國子監，兩處相通，僅需一張門票。國子監是古代教育體系裡的最高學府，也是國家教育的主管機關。踏進「集賢門」，先是看到一座氣勢恢弘的琉璃牌坊，黃綠色的琉璃瓦散發著璀璨光彩，其上有繁複工整的精美雕刻，牌坊前後各有乾隆御筆親題的「圜橋教澤」、「學海節觀」，整座牌坊既瑰麗又莊嚴，讓人心生崇敬。

牌坊後則是國子監主要建築「辟雍」，是專供皇帝講學的宮殿。辟雍一詞出自《禮記》，是為天子所建的大學之意。北京每到高考季節(類似台灣的聯考)，環繞著辟雍旁水池的漢白玉欄杆，會掛滿紅色的祈福牌，跟台灣每到考季均有考生捧著准考證去祭拜文昌君的熱潮，有異曲同工之妙。

1國子監大門，在雪中愈顯沉靜 2牌坊上的字是乾隆親題

中國第二大孔廟

孔廟

MAP P.123／C3
F出口
步行約5分鐘

DATA

www.kmgzj.com 北京市東城區國子監街13-15號 11～4月08:30～17:00，16:30停止入場，週一閉館；5～10月08:30～18:00，17:00停止入場 ¥20(可同時參觀國子監)

1這尊孔子塑像是台灣沙鹿人楊清欽捐刻的喔 2孔廟大門

北京的孔廟，因為有元明清歷代君王的「加持」，建造規模乃至於歷史價值均不容小覷，為僅次於山東曲阜的中國第二大孔廟。元代時又依據「左廟右學」的傳統，在孔廟右側興建國家最高學府和教育機構「國子監」，這兩處占地廣闊的建築，形成北京市中心內一處學風鼎盛、人文薈萃之地。

孔廟的先師門和大成門兩側，坐落著一排又一排的石碑，數量多到有些驚人，原來這是元明清三代的進士題名碑，上頭書寫著歷代考取進士者的姓名、籍貫和名次，包括紀曉嵐、劉墉等名人亦在其中。

孔廟園區內古樹眾多，最有名的一棵老樹叫「觸奸柏」，相傳明代奸相嚴嵩有次代替皇帝來此祭孔，行經此樹時，突然狂風驟起，吹動樹枝掀掉了他的烏紗帽，後人因此流傳此樹可辨忠奸，觸奸柏或辨奸柏之名不脛而走。另一棵著名的老樹是「柏上桑」，即桑樹寄生在已枯死的柏樹上。相傳此柏植於元代，後因樹幹中空，飛鳥啣來桑椹落入樹幹內，遂而長出桑樹，堪稱植物界的奇觀。

逛胡同的好去處

五道營胡同

MAP P.123／C2
E出口
步行約3分鐘

北京有幾條胡同因為店家、商鋪、餐廳大量進駐，讓逛胡同這件事更趨近於逛街，其中南鑼鼓巷可說是發展最早的觀光胡同，其他胡同，如五道營胡同也逐漸發展起來，街道經過整修，鋪上新地磚，讓這裡成為另一個觀光客逛胡同的好去處。

五道營胡同是由明朝「武德衛營」在此駐紮而得名，清朝則是鑲黃旗的軍營，現則稱五道營胡同。此處離雍和宮地鐵站很近，交通十分方便。雖然店家越來越多，但相較於南鑼鼓巷的喧雜，這裡還更悠閒一點。

五道營胡同、國子監街與方家胡同等3條胡同，有得吃也有得逛，加上雍和宮、孔廟、國子監等幾處古蹟廟宇，相當值得安排一天逗留。

五道营小记

囍
囍

1此處石碑上記載著五道營胡同地名的由來 2胡同內有多家咖啡館，各有風情 3胡同民居家有喜事，牆外會貼上大紅的喜字

五道營胡同走走逛逛

愛貓人的個性小物專門店

包子和餅餅家

購物血拼

MAP P.123／B2
E出口
步行約10分鐘

DATA

北京市東城區五道營胡同甲75號 13381230719 10:00～22:00
約¥121/人均

包子和餅餅是一家貓咪主題的手作坊。店貓有4隻，名字分別叫包子、餅餅、饅頭和花卷，看起來就像卡通加菲貓一樣，可愛的不得了。店裡還有許多關於貓的可愛明信片、衣服等各種商品，愛貓人到這裡一定會非常有共鳴。

到這家店裡幾乎可以待上一個下午，可以回味小時候上美術課的情形，買個貓型木頭擺飾，像個孩子般地開心的為它塗色。店主會提供畫筆和顏料，不善繪畫的，也可以參考書籍模仿上面的色彩創意。這裡的貓型木頭擺飾小型的¥48，可拿來當筆筒；大的¥98，可當作小盆栽或香薰爐。可愛的貓咪們就在旁邊大睡，偶爾幸運的話，會起床走到你的身邊看著你，卻又不理你。極富個性的姿態，就像這家充滿了貓咪意象的小店，讓人來過一次就難忘。

1

2

3

治愈系
D.I.Y.

4

1包子與餅餅的大門外觀 2店內掛滿了客人與自己彩繪作品的合照 3客人正聚精會神地玩彩繪 4包子與餅餅的海報

中歐合璧的道地西班牙餐廳

藏紅花

特色美食

MAP P.123／B2
E出口
步行約10分鐘

DATA

北京市東城區五道營胡同64號(安定門橋東南角) (010)8404-4909
12:00～14:30，18:00～21:30 約¥270/人均

這家餐廳經營西班牙菜，老闆將北京傳統四合院，店裡的露天座位區改造成以紅磚牆、鑄鐵等元素為主的南歐風建築，中庭有個院子，保留了原本的大樹。門口有藤蔓植物攀附垂掛著，加上幾株香草盆栽，整家餐廳予人典雅精緻的感覺。老闆是一對夫妻，先生曾拜師學習西班牙料理，手藝很好，諸如西班牙海鮮飯、各式TAPAS、自製的鵝肝醬、鷹嘴豆醬等均十分道地美味。

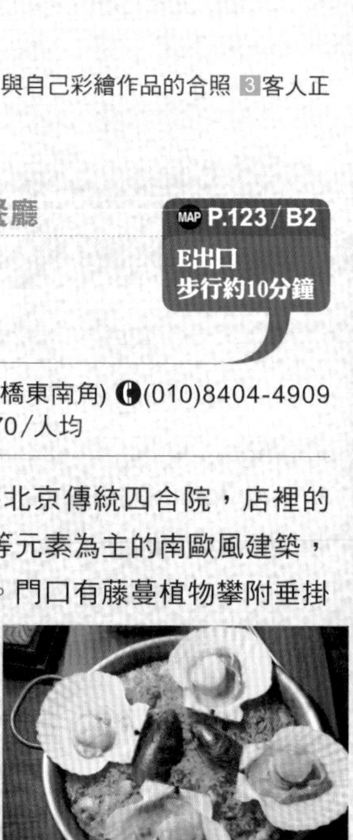

1

2

1頗為道地的西班牙海鮮飯，干貝超大超新鮮
2店裡的露天座位區

特色美食

匯集各國素食料理

The VEGGIE TABLE

MAP P.123／C2
E出口
步行約5分鐘

DATA

✉北京市東城區雍和宮五道營胡同甲19號 ☎(010)6446-2073 ⏲11:30～17:00，17:30～22:00 $約￥101／人均

這家店中文名稱叫做吃素的餐廳，賣的是西餐。招牌小小的，但很好找。店裡的布置很有情調，邊吃飯邊和友人聊一下午，舒服的不得了。

不過這裡的規定很嚴格，不准帶進任何有關非素食的食物，像是今年端午節前，朋友買了粽子，老闆緊盯著看，還問了一句，是素的嗎？顯示老闆真的對全素很堅持。

雖然是素食，但這裡的菜色十分多樣化，包括印度、土耳其、義大利、歐美等國的西餐素食。比較知名的菜色如素食披薩(￥65)、麵包沾鷹嘴豆醬(￥25)等，飲料方面頗獲好評的是以豆奶為原料的素食奶昔。這裡很適合幾個朋友點幾樣不同口味的單品，大家一起分食，體會原來素食可以這麼西餐！

1吃素的餐廳外觀 2因為這裡供應西式的素食，所以有滿多外國人捧場

特色美食

享饗國際的林間餐廳

京兆尹

MAP P.123／C2
G出口
步行約2分鐘

DATA

✉北京市東城區五道營胡同2號(近雍和宮) ☎(010)8404-9191 ⏲11:00～22:00 $約￥654／人均

台北有個京兆尹，北京也有個京兆尹。1978年張大千大師寫的「故鄉風味」、「涵龢」兩幅墨寶贈予故交——也就是台北京兆尹創辦人尹鴻達，兩幅書法現今珍藏於北京京兆尹。老闆們是台灣人和北京人，溫文爾雅，像老師一樣，常常告訴來這裡的朋友，蔬食對人們的重要。

京兆尹2012年開始營業，不到兩年時間，就獲頒多項大獎與讚譽。英國著名雜誌《Time Out》評為「最佳推薦年度最佳餐廳」等「7個最佳」的殊榮，《華爾街日報》、《紐約時報》美食評論家也給予高度評價。尤其百菇滷味飯、糖醋藕小排、美人米炒蘆筍尖、金剛砂豆腐等等都是非常具有人氣的招牌菜。

1京兆尹的用餐環境頗具隱祕性 2餐廳內部裝潢十分典雅 3在竹林間用餐，好似武林中人

特色創意胡同

方家胡同46號

MAP P.123／B4
F出口
步行約15分鐘

DATA

北京市東城區方家胡同46號
國子監街往南的下一條胡同

方家胡同在國子監街之南，是條與之平行的胡同。方家胡同13～15號是乾隆皇帝三子循郡王的府邸。46號在胡同中段，是2009年才興起的小型文化創意園區。這裡原本是一些機床工廠集中處，有鍋爐房、車間、辦公樓等建築，約建於1950～1990年代，經過設計規畫後，保留原有廠房建築特色，改造成時下熱門的創意園區。2009年起陸續有咖啡館、餐廳、創意小店、展演場、排練廳、私人工作室等進駐，成為北京又一條特色胡同。

1 4 一家創意小店販售的各式鐵皮玩具 2 方家胡同46號是機床工廠改造成的創意園區 3 小店販售的手工筆記本

落腳北京的台灣咖啡

雙城咖啡

MAP P.123／B4
F出口
步行約15分鐘

DATA

北京市東城區安定門內大街方家胡同46號 186-1079-8579 平日13:00～23:00，節假日11:00～24:00 約￥58/人均

北京雙城咖啡由兩位來自台灣的鄉親開設，店內提供各式咖啡、茶飲，更有自製甜點，門口放置著各種手工藝品，任人選購，充滿著文青的隨性感，充足的日照從大片窗戶中灑入，即便在北京城內，也是相當具有特色的咖啡廳。

這裡牆上看見掛著反核的旗幟，口中喝著的是來自台灣的鐵觀音，聽著老闆帶著溫暖親切的口音，拿著任人翻閱的繁體書，除了咖啡與環境，寶島李多次來店內的原因，還是因為回味這濃濃的台灣味道啊！

這是一家文青味非常濃厚的咖啡廳，週末還會舉辦電影欣賞，放映後還會互相討論導演所要表達的意思與各自的觀點，哇！好像回到青澀的學生時期啊！

1 吃著台灣的高山茶跟手工蛋糕，聽著鄉音倍感親切 2 週末有電影賞析，還要發表感想 3 老闆是台灣人，從環境上就有種台灣的味道

特色美食

烤羊腿界的拔尖兒

碳花烤羊腿

MAP P.123／D4

F出口
步行約8分鐘

DATA

✉北京市東城區北新橋三條胡同70號 ☎138-0129-3221 ⏲11:30～23:00 $約¥115／人均 ➲F出口向南直行，北新橋三條胡同左轉，步行8分鐘

雖然台灣人不太愛吃羊，到了北京不嘗一口鮮美的羊肉(此處響起蒙古人不屑的笑聲)，實在可惜。寶島李推薦來北京，冬天一定要試試涮羊肉，夏天必吃烤羊腿，尤其吃烤羊腿的時候配一杯啤酒，實在快活。北京吃烤羊腿的地方很多，北新橋三條胡同的這家「碳花烤羊腿」，算是烤羊腿業界的拔尖兒之一，一到用餐時間，店外必定出現人龍。

寶島李尤其愛吃烤羊腿，尤其喜歡自己切，一刀一叉，頗有江湖大俠大口喝酒、大塊吃羊腿的味道；除了男性適合吃羊腿，女性朋友在切肉的同時，還可以抖掉蝴蝶袖呦。寶島李喜歡這裡的腿肉，骨少肉多，切起來特別有成就感！

碳花 烤羊腿

1酒香不怕巷子深的碳花烤羊腿 2 3自己動手切，蝴蝶袖再見 4令人垂涎欲滴的烤羊腿

特色美食

京城瘋傳的正宗川菜

張媽媽特色川味館

MAP P.123／A4

C出口
步行約27分鐘

DATA

✉北京市東城區交道口南大街76號 ☎18811195778 ⏲11:00～22:30 $約¥57／人均 ➲C出口，往西南步行約27分鐘；或從北新橋地鐵D出口步行約15分鐘

北京城中所有四川人一致好評的川菜館，即使開在胡同內、環境又髒又破，也擋不住眾多四川老鄉一傳十，十傳百的熱情捧場，是一家出了名的大排長龍的名店。寶島李第一次去的時候，早上10:30就去排午飯，最後眼看機會渺茫，只好空著肚子走人。所幸，本來只有一家店的張媽媽，在眾人期盼下終於開了分店，不過即使如此，每家分店也是大排長龍，前往時要有排很久的隊的心理準備。

到張媽媽不可錯過的就是他們家的冷鍋缽缽雞，冷鍋並不是溫度冷，而是沒有火源持續加熱，然而缽中的辣油可還是滾燙的，從冷櫃中自取一串串的蔬菜或肉放到缽中汆燙，那又麻又辣又香又鹹的味道，令人難忘，吃了一次就知道為什麼要大排長龍了。還有他們家的冰粉也很有四川特色，涼涼甜甜的，像是台灣人愛吃的愛玉。

1冰粉，冰冰涼涼又甜甜的，口感有點像愛玉，很解辣 2缽缽雞，冷串放到熱辣油中涮，涮的東西可葷可素，滋味非凡，是一定要點的招牌 3張媽媽川菜永遠門庭若市，要有排隊的心理準備

1

2號線

Beijing Subway Line 2

尋覓老北京的宣南文化

2

和平門站

Hepingmen

復興門站 Fuxingmen
長椿街站 Changchunjie
宣武門站 Xuanwumen
和平門站 Hepingmen
前門站 Qianmen
崇文門站 Chongwenmen
北京站 Beijing Railway Station
1號線
4號線
5號線
←環狀線
環狀線→

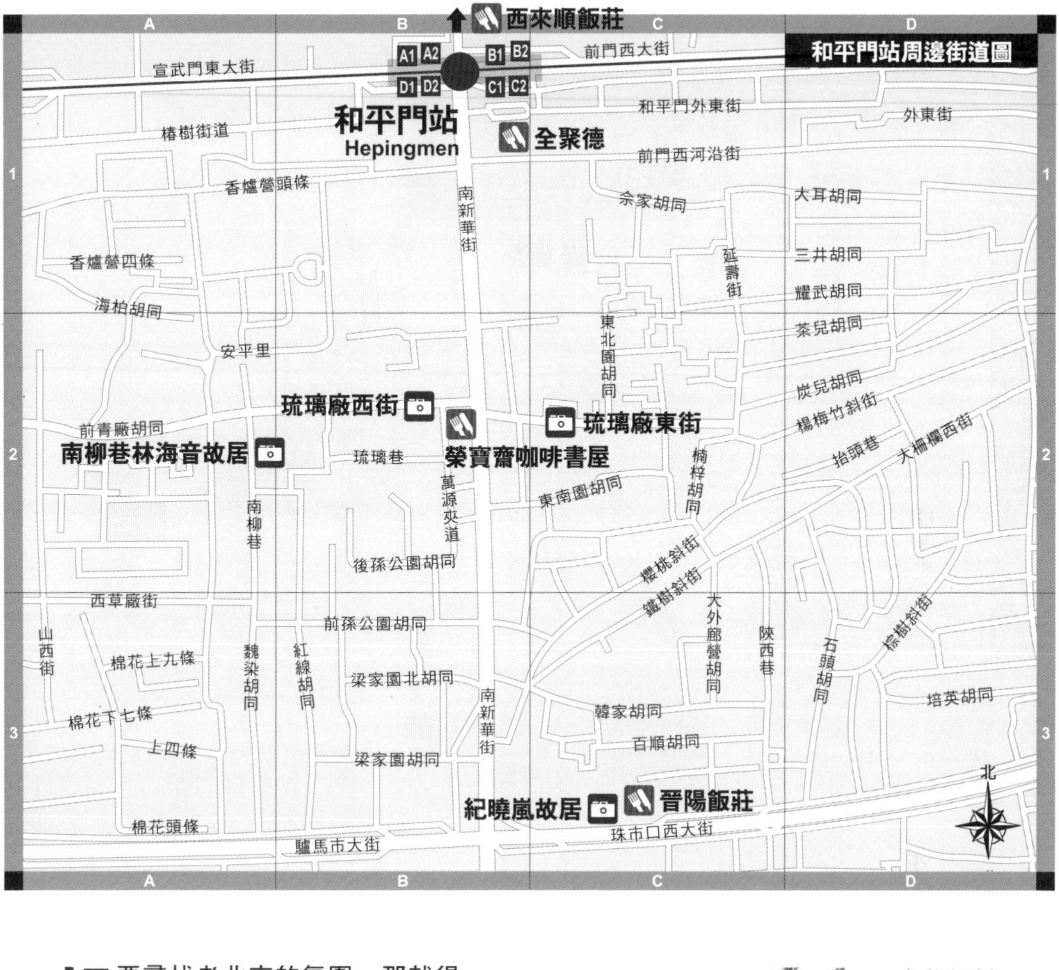
和平門站周邊街道圖
西來順飯莊
和平門站
Hepingmen
全聚德
宣武門東大街
前門西大街
和平門外東街
外東街
椿樹街道
前門西河沿街
香爐營頭條
南新華街
佘家胡同
大耳胡同
香爐營四條
延壽街
三井胡同
耀武胡同
海柏胡同
東北園胡同
茶兒胡同
安平里
炭兒胡同
楊梅竹斜街
琉璃廠西街
琉璃廠東街
前青廠胡同
南柳巷林海音故居
琉璃巷
榮寶齋咖啡書屋
楠梓胡同
抬頭巷
大柵欄西街
萬源夾道
東南園胡同
南柳巷
後孫公園胡同
櫻桃斜街
鐵樹斜街
西草廠街
大外廊營胡同
陝西巷
前孫公園胡同
山西街
棉花上九條
魏染胡同
紅線胡同
石頭胡同
棕樹斜街
梁家園北胡同
培英胡同
棉花下七條
韓家胡同
上四條
百順胡同
梁家園胡同
紀曉嵐故居
晉陽飯莊
北
棉花頭條
騾馬市大街
珠市口西大街

想要尋找老北京的氛圍，那就得多往北京的南邊走走，例如和平門、前門這一帶。由於清朝實施「滿漢分治」政策，旗人可住北京內城，漢人只能住在外城，集中在宣武門以南地區，因此這一帶也被稱為「宣南地區」。大批漢人士子、平民在此居住生活，形成特殊的宣南文化，包括以大柵欄為代表的商業活動，以琉璃廠為代表的書店、文房四寶、字畫古玩文化，還有以天橋為代表的老北京雜耍民俗等，通稱為宣南文化。

❶琉璃廠西街有濃厚的書香氣息 ❷這面牆上的浮雕是紀念中國第一部電影「定軍山」，位在南新華街上 ❸南新華街是一條樂器街，不論是西樂器或國樂器，都不難在此找到(圖片提供／范淑韻)

北京達人 *Beijing*

3大推薦地

作者最愛

紀曉嵐故居

一般人大多是從電視劇得知清朝文人紀曉嵐的生平軼事，歷史上的紀曉嵐到底是怎樣的人？曾經住過的地方又如何？實際走訪就能一窺究竟。(見P.137)

紀曉嵐故居

焦點必訪

琉璃廠東西街

比起東三環一帶的熱鬧繁華，這裡無疑是更具北京味的街道，古玩字畫店鋪林立，有種走進電影布景的錯覺。(見P.134)

在地人推薦

南柳巷林海音故居

目前林海音故居雖是北京重點保護文物，但尚未整修對外開放，只是一般民居。如果你也曾經著迷於林海音筆下的城南舊事，也許你會對來此一探有點興趣。(見P.135)

遊賞去處

老字號的文化市集

琉璃廠東、西街

MAP P.133／B2、C2

C1或D2出口步行約5分鐘

DATA

北京市西城區萬源夾道與琉璃巷交叉口西100公尺 08:00～18:00 C1或D2出口，沿南新華街往南步行

來到北京若想沉浸在探尋古玩字畫的氛圍裡，琉璃廠是一處不那麼嘈雜紛亂的選擇。

琉璃廠街名起源於明代，當時這一帶是官方規畫的琉璃燒製廠。清代時，從其他各省來到北京打算參加科舉的讀書人多聚集於此，久而久之，匯集了不少字畫、古籍、文房四寶等店鋪。後來，乾隆下令編纂四庫全書，許多編書纂書者到此尋書，又帶動了此區的繁榮，文人墨客鎮日在此穿梭交流，成了清代盛極一時的文化市集。

1

不過，琉璃廠在民國後因戰亂頻仍逐漸沒落，直到1986年北京政府決定恢復重建，以南新華街為界，分為東、西街，新建一批仿古建築，鼓勵老店遷回，形成如今的樣貌。

在這條「書畫一條街」中，有多家老字號的書畫店鋪，其中「榮寶齋」聲望最著，且分店眾多。榮寶齋創立於清朝康熙年間，已有300多年歷史，除經營書畫用紙、筆墨等文房四寶外，最著名的是擁有「木板水印畫」技術，用此方法可以精準地複製原作，達到幾可亂真的地步，像是徐悲鴻大師的複製畫，這裡即有販售。

喜歡古書、舊書的人，可以到「中國書店」尋寶。這家書店成立之初就是以保護古籍和珍貴資料為宗旨，為中國第一家國營古舊書店，肩負收集、整理、出版各類古舊書刊的任務。

2

3

4

1你有多久沒寫書法了？看到這些大毛筆是不是很想試試 2刻印章的小鋪 3以木板水印畫技術聞名的榮寶齋 4喜歡古玩字畫者可來此尋寶

遊賞去處

深處民宅的名人故居

南柳巷林海音故居

MAP P.133／A2
D2出口
步行約10分鐘

DATA

✉北京市西城區南柳巷40號、42號
➡D2出口，琉璃廠西街走到底左轉即是南柳巷

以「城南舊事」一書聞名的作家林海音，童年均在北京度過，其故居僅南柳巷此處還在，其餘都已拆遷。北京政府雖已將林海音故居列入重點保護文物，但此處仍是民宅，要參觀得徵得居民同意才行。

沿著以古玩字畫聞名的琉璃廠西街走到底，左轉，即為南柳巷。前行約百來公尺，左手邊40號、42號，即是林海音童年及青年時期曾住過的福建晉江會館。Sindia在居民帶領下，曾進入四合院內一探。院裡有3棵大槐樹，與院落內後來加蓋的幾間房緊密相連，林海音曾住在院落裡其中一間有著未上漆水泥牆、白色木框窗子的房間裡。不過，整間四合院因為胡亂加蓋，顯得很混雜，這是北京胡同民居的普遍現狀。北京政府有意遷移居民，修復原貌，或許不久後就會在此成立林海音紀念館。

1

2

1林海音故居在南柳巷40和42號，她的童年有一大半在這裡度過 2有點雜亂的中庭，老槐樹與房間已經連成一氣

特色美食

京劇大師的心頭好

西來順飯莊

MAP P.133／B1
B1出口
步行約2分鐘

DATA

北京市西城區和平門北新華街116號(西交民巷口) (010)6601-5996 06:00～09:00，10:30～22:00 約￥80／人均

老北京凡事都講究，餐廳命名也有講究，比如叫「順」的就一定是清真菜館，過去北京就有「東西南北又一順」的「五大順」說法，說的就是東來順、西來順、南來順、北來順、又一順，5家著名的順字輩清真館子，其中的西來順以清真炒菜著稱。

西來順飯莊成立於民國19年(西元1930年)，至今近90年，同為回族的民初京劇名角馬連良大師就是西來順飯莊的死忠粉，連到上海參加杜月笙家的壽宴演出，也要請西來順飯莊的師傅同行，解決吃的問題。

西來順飯莊店內的鎮店名菜「馬連良鴨子」，便是以馬連良命名，寶島李嘗過，嫩香肥美，對其讚不絕口，鴨子在北京除了北京烤鴨，另外值得一吃的，就是這馬連良鴨子了！

1西來順原本在長安街上，後來才搬到此地 2馬連良鴨子絕對是來西來順飯莊必點的招牌菜，連盤子都有京劇臉譜的裝飾

特色美食

百年書店全新感受

榮寶齋咖啡書屋

MAP P.133／B2
D2出口
步行約10分鐘

DATA

北京市西城區琉璃廠西街4號 (010)8316-2427 10:00～22:00
約￥49／人均 D2出口，沿南新華街直行，步行約10分鐘

榮寶齋書店創立於清光緒20年(1894年)，是一家有百年歷史的書店，其木版浮水印和裝裱修復技藝，還是國家級非物質文化遺產。榮寶齋除了經營中國書畫出版物與古籍圖書，也有作藝術品買賣，生意蒸蒸日上，在琉璃廠街上還蓋了榮寶齋大樓，而榮寶齋咖啡書屋便是這家百年老店與時俱進的最新嘗試。通過百年老書店跟現代咖啡廳的結合，讓更多人伴隨著咖啡香、書香，成為閱讀者。

逛累了、煩了，可以來到榮寶齋坐會兒，體會一下跟星巴克、漫咖啡這些美系、韓系咖啡廳不一樣的文化氛圍。

榮寶齋

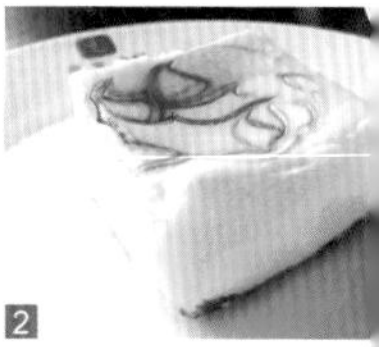

1 4雖然是間咖啡廳，卻是個很適合享受一本小說的地方 2 3傳統書店轉型咖啡廳，西式甜點仍有股中國味

特色美食

北京第一家山西館子

晉陽飯莊&紀曉嵐故居

MAP P.133/C3

C1或D2出口
步行約20分鐘

DATA

www.jinyangfanzhuang.com 北京市西城區珠市口西大街241號 (010)6303-1669 10:00～14:00、17:00～21:00 約¥132/人均 C1或D2出口，沿南新華街走至路底，左轉珠市口西大街，約需20分鐘。或轉搭出租車

晉陽飯莊以山西菜聞名，是北京第一家經營山西風味菜肴的飯館，招牌菜包括香酥鴨、過油肉、貓耳朵等，素負盛名。尤其香酥鴨經過高溫油炸，油被逼出，外焦內嫩，香脆可口，若吃膩了烤鴨，不妨換換口味。

餐廳隔壁就是清朝著名的文人、「鐵齒銅牙」紀曉嵐生前故居，目前也委由餐廳管理，用餐的客人可憑消費票根免費參觀，一般遊客則需購票。紀曉嵐生前在此寫就了著名的「閱微草堂筆記」，閱微草堂就是他的書房名稱，目前已改為他的紀念館及紀念品販售處。

故居前有株紀曉嵐親自栽種的紫藤，已有300年歷史，若剛好春夏時節造訪此處，有機會瞧見紫花綻放的浪漫美景。

1紀曉嵐故居前紫籐花盛開時的美景 2店內裝潢頗為氣派 3故居內雅致清幽 4店內招牌之一聞喜餅

前门一号
和合谷
京A·D9800

1

2號線

Beijing Subway Line 2

尋訪北京百年好手藝

2

前門站

Qianmen

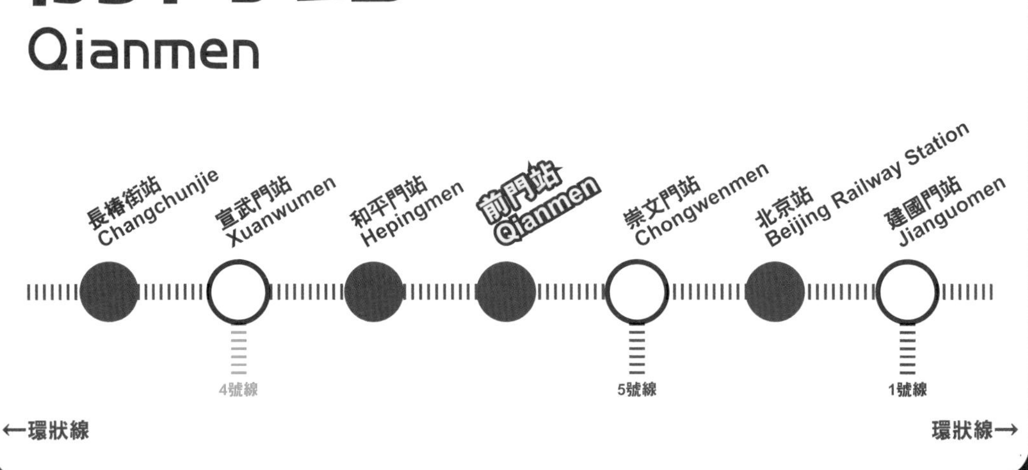
長椿街站 Changchunjie
宣武門站 Xuanwumen
和平門站 Hepingmen
前門站 Qianmen
崇文門站 Chongwenmen
北京站 Beijing Railway Station
建國門站 Jianguomen
4號線
5號線
1號線
←環狀線
環狀線→

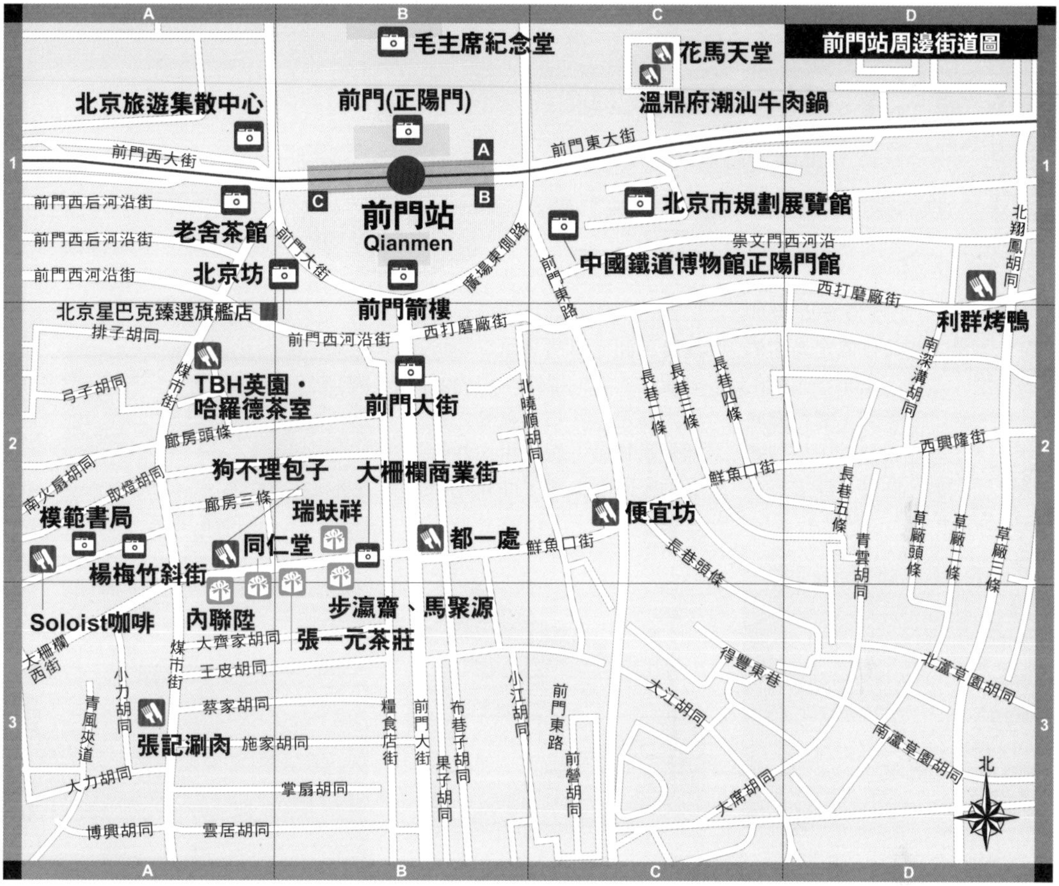
前門站周邊街道圖
毛主席紀念堂
花馬天堂
溫鼎府潮汕牛肉鍋
北京旅遊集散中心
前門(正陽門)
前門西大街
前門東大街
前門西后河沿街
前門西后河沿街
前門西河沿街
老舍茶館
北京坊
北京星巴克臻選旗艦店
前門站
Qianmen
前門大街
廣場東側路
前門箭樓
前門東路
北京市規劃展覽館
崇文門西河沿
中國鐵道博物館正陽門館
北翔鳳胡同
西打磨廠街
利群烤鴨
排子胡同
前門西河沿街
西打磨廠街
TBH英園・哈羅德茶室
煤市街
弓子胡同
前門大街
北曉順胡同
長巷二條
長巷三條
長巷四條
南深溝胡同
廊房頭條
西興隆街
南火扇胡同
取燈胡同
狗不理包子
大柵欄商業街
鮮魚口街
廊房三條
瑞蚨祥
便宜坊
長巷五條
模範書局
都一處
鮮魚口街
同仁堂
長巷頭條
青雲胡同
草廠頭條
草廠二條
草廠三條
楊梅竹斜街
步瀛齋、馬聚源
Soloist咖啡
內聯陞
大齊家胡同
張一元茶莊
大柵欄西街
煤市街
王皮胡同
得豐東巷
北蘆草園胡同
小力胡同
小江胡同
前門東路
大江胡同
青風夾道
蔡家胡同
糧食店街
前門大街
布巷子胡同
南蘆草園胡同
張記涮肉
施家胡同
果子胡同
前營胡同
大力胡同
掌扇胡同
大席胡同
北
博興胡同
雲居胡同

前門又稱「正陽門」，是建於明朝時期的城門，附近區域也泛稱前門。因其地理位置，自古這裡就彷彿是北京的「門戶」一般，外地人入京的第一站往往集中在此地，因此商業活動十分繁榮，也造就了許多時至今日仍持續營運的百年老字號。北京奧運後，因前門大街重新整修開放，讓原本略顯老舊的前門有了新風貌。

1前門大街有趣的噹噹車
2做成鳥籠形狀的路燈
3醒目的前門箭樓
4北京最早建成的火車站——正陽門老車站

北京達人 *Beijing*

3大推薦地

作者最愛

老舍茶館

嫌如今的北京沒有北京味兒？老舍茶館可以滿足遊客們的想像。這裡延續早年茶館的特色，除了品茗外，還可邊嗑瓜子、吃老北京糕點，邊欣賞精采的京劇、曲藝、雜耍等表演，京味十足。(見P.142)

焦點必訪

前門大街

前門大街經北京政府整修改建後，此處雖然企圖以仿古建築留住古早的氣味，但內涵已經大為走樣。如今這條大街更像是購物街，而且引人注意的反而是國際品牌，而非本地特色老店。(見P.143)

在地人推薦

張記涮肉

位在煤市街上，北京城中涮羊肉店的第一梯隊，張老闆還是個上過君子雜誌的北京聞人喔。(見P.148)

遊賞去處

看看老北京的「整形」過程

北京市規劃展覽館

MAP P.139／C1

B出口
步行約10分鐘

DATA

北京市東城區前門東大街20號(正陽門火車站東側) (010)6702-4559
09:00～17:00 休週一 免費

北京作為中國大陸的首都和政經中心，建設速度飛快，無時無刻都有大型整修工程在進行，往往前兩年還在的店家、街道，後兩年可能就遷移或消失了，變遷之快令人咂舌。想完整了解這座六朝古都的「前世今生」，可以造訪北京規劃展覽館，這裡藉由各種科技影像和影片、模型等，展示了北京城的發展歷史和總體規畫。

尤其是紫禁城的縮小版模型和北京全市的建築縮小模型，做得維妙維肖，可以趁機找找你去過哪些地方了。

館內的北京城建築縮小模型，做得滿精緻的

穿梭老北京的「大門」

前門(正陽門)

MAP P.139/B1
A出口
步行約5分鐘

DATA

正陽門近2號線前門站A出口，箭樓近B或C出口

從地鐵站走出，一眼就能見到兩座頗有古意的城門，一座是前門城樓，一座是前門箭樓。這兩座建築在清朝時一度燒毀，現存建築是民國後重建的，不過它們的來歷可不小。前門最早建於明永樂17年，是明朝時期北京城的9個城門之一，因位於最南端，相當於「大門」，在北京地理位置上有無可取代的重要地位。

在城樓和箭樓之間，原本有瓮城，但民國後已遭到拆除。靠前門大街的那座城門即為箭樓，在磚砌的城門上有一個個像窗戶的格子，那便是放箭時的箭孔。

明清時期，前門是只有皇帝才能通行出入的，每年皇帝會進出兩次，一次是冬季到天壇祭天，一次是驚蟄時到先農壇去耕地。現在前門已成為通衢大道，人潮熙來攘往，十分熱鬧。

1箭樓上有一個個小格子的箭孔 2前門城樓

歐式車站改建的鐵路博物館

中國鐵道博物館正陽門館 (原：正陽門老車站)

MAP P.139/C1
B出口
步行約5分鐘

DATA

北京市東城區前門東大街甲2號 (010)6705-1638 09:00～17:00，週一閉館 免費

在前門箭樓東側處，有一座淺藍色和白色石磚相間，帶有歐式風情的建築，這是北京最早的火車站，建於1906年，當時清朝是在英國要求下將京奉鐵路延伸至此，遂蓋了這座車站，外型也設計成歐式風格。1959年北京啟用位於2號線地鐵北京站附近的新火車站後，這座車站就功成身退，先後作為劇場、商城等使用，目前則是北京鐵路博物館，展示老式火車、老舊鐵軌、歷年火車票等文物。

充滿歐洲風情的老火車站

北京旅游集散中心
Beijing Hub of Tour Dispatch
售票厅
Ticket Office

旅遊資訊詢問站

北京旅遊集散中心

遊賞去處

MAP P.139／A1
C出口
步行約10分鐘

DATA

www.bjlyjszx.com 北京市前門西大街甲1號 13720053141

北京景點眾多，占地遼闊，尤其是位於郊區的長城，交通較不方便，促使了「一日遊」市場的興起。前門旅遊集散中心是在北京市委市政府要求下，由北京幾家較為知名的公交公司集資成立，算是比較可信賴的旅遊服務提供者。該中心提供多條旅遊路線，包括八達嶺長城、司馬台長城、慕田峪長城等，也有市內觀光遊覽行程，官網上資料詳盡，不妨參考。

貼心小提醒！

北京旅遊「陷阱」多

北京雖是國際大都會，每年造訪遊客不計其數，但旅遊市場仍有不少「陷阱」值得注意。最常見的就是在故宮、頤和園等風景名勝區，常有小販招攬一日遊行程，路邊公車站牌也常貼有一日遊的旅遊資訊，甚至假冒國營巴士。建議這些訊息都不要輕易相信，因為這些服務不見得是由專業、合法的旅遊業者提供，不僅車輛安全有疑慮，行程中也可能會被強迫購物，或被帶到奇怪的景點，甚至是中途才亂加價等。

尤其是到長城、明十三陵這樣的郊外，一旦搭上這些所謂的「黑車」，為了安全回到市內，幾乎只能任憑業者宰割，風險極高。如果想到北京再找一日遊行程，除了前門旅遊集散中心，也可洽詢下榻旅館或飯店，有些旅館本身即有提供這樣的服務。

人多時，自行包車也是不錯的方式，包車師傅的資訊可以詢問在北京經商或居住的親友，或上較有口碑的旅遊網站(如背包客棧)查詢。

喝好茶、吃小點、看好戲

老舍茶館

遊賞去處

MAP P.139／A1
C出口
步行約10分鐘

DATA

www.laosheteahouse.com 北京市前門西大街正陽市場3號 (010)6303-6830 10:00～16:00 ¥180～380，建議事先訂票

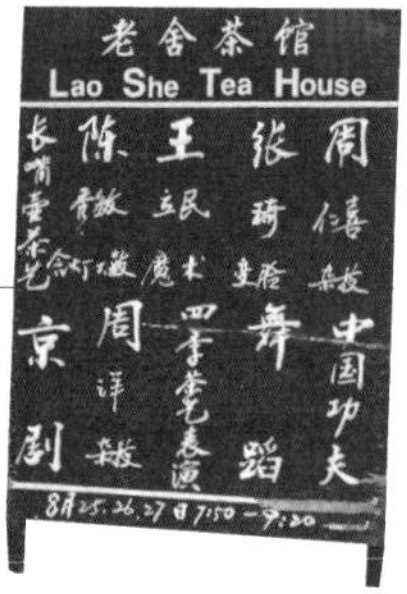
老舍茶馆
Lao She Tea House

老舍茶館是以中國近代著名作家「老舍」及其劇作「茶館」命名，1988年創立。店內陳設古典優雅，一進門有絲竹雅樂飄揚，男性服務人員皆是藍色長袍、頭頂瓜皮帽的「店小二」裝扮，女生則是身著旗袍，充滿濃濃的傳統茶館風情。

這裡可以用餐、品茗，最受歡迎的是3樓的演出大廳，每晚有京劇、曲藝、雜技、魔術、川劇變臉、中國功夫等綜合性演出，節目緊湊精采。門票含茶資，可以邊看戲，邊喝茶、嗑瓜子、吃點心。

1茶館內部裝潢古色古香 2茶館大門 3一口茶，一口綠豆糕，好戲要開鑼了

遊賞去處

復古市井商業區

前門大街

MAP P.139／B2
B或C出口步行約5分鐘

DATA

✉北京市東城區前門大街

前門大街在明清時期就是繁榮的商業街，聚集了多家百年老字號，包括美食、衣飾等名店，許多老北京人記憶中的好味道，都發源於此；身上穿的，腳下踩的，頭上戴的，也都要來這裡的店家採購。不過隨著時空環境變遷，前門大街面臨新興商業區的競爭，顯出沒落跡象，加上街區年久失修，老舊雜亂，於是北京政府從2007年6月起封街整修，交由業者規畫，2008年8月奧運期間重新開放。

整修後的前門大街，給人普遍的印象是煥然一新，但整齊排列的仿古建築宛如電影片場，缺少往昔的庶民生活氣息。如今除了幾家財力雄厚的老字號仍屹立在此外，更多的是國際品牌大舉進駐，成了購物大道。

前門大街為行人徒步街，設有觀光化的「噹噹車」，由前門行駛至珠市口，票價每趟¥20。不能隨招隨停，下車後若欲上車得重新購票。

1煥然一新的前門大街 2大北照相館歷史悠久，是許多北京人的共同記憶 3復古的噹噹車在前門大街來回穿梭 4做成波浪鼓形式的路燈

前門大街走走逛逛

購物血拼

中國布鞋第一家

內聯陞

MAP P.139／A3

B或C出口
步行約20分鐘

DATA

北京市東城區大柵欄34號 (010)6301-4863
09:00～20:00

創於1853年，以製作朝靴聞名，鞋底可厚達32層。「聯陞」意味著穿上此店製作的朝靴，即可官運亨通，連升三級，甚受清朝官員喜愛，因此成功打入官員市場，店家還會一一記錄下每位顧客前來訂做朝靴時所要求的樣式、尺寸，編輯成冊，形成了在京城名噪一時的「履中備載」，想要送禮巴結的小官看一下名冊，即可投其所好，是另類的「送禮祕笈」。內聯陞以手工製作的千層底布鞋聞名中外，有「中國布鞋第一家」的稱號。包括歷屆中共領導人、文人郭沫若等，都是愛用者。

想升官嗎？穿雙內聯陞的鞋，說不定就能心想事成！

特色美食

都城老舖燒賣王

都一處

MAP P.139／B2

B或C出口
步行約16分鐘

DATA

北京市東城區前門大街38號 (010)6702-1555
09:00～21:00 約￥82／人均

這家以「燒賣」聞名的老店，創於清乾隆3年，已有200多年歷史。最早叫做「王記酒鋪」，是山西人王瑞福創辦。據說有次乾隆皇帝微服出巡，在除夕夜走到前門附近，當時店家大多歇業，僅王記酒鋪開著，於是到此用餐，食畢對酒菜品質甚為滿意，特別賜名「都一處」，從此店家聲名大噪。這裡的燒賣個頭很大，開口處的麵皮刻意地不多加修飾，白白的麵粉還清晰可見，造型被形容為像朵花一樣，有豬肉大蔥、三鮮等口味，不過Sindia品嘗後，覺得餡料雖然飽滿，但麵皮實在有點太乾了，似乎也是家吃「名氣」的店。

1用餐時間都一處常大排長龍 2餐廳外觀 3豬肉大蔥燒賣，一籠有10個，個頭很大 4這裡的桂花壇子雞也很有名，Sindia覺得比燒賣好吃

特色美食

胡同深處的平民烤鴨

利群烤鴨

MAP P.139／D1
B出口
步行約20分鐘

DATA

✉北京市東城區正義路南口北翔鳳胡同11號 ☎(010)6705-5578 ⏲11:00～22:00 $烤鴨一套￥290，配料另計 ➡B出口，沿前門東大街往東走，至正義路口後，右轉直行，再循招牌前往

這家店因為登上自助旅行叢書而聲名大噪，吸引不少老外前來，但是在北京當地名不見經傳。利群烤鴨的老闆出身全聚德，一進門就可以看到以果木燃燒著的壁爐內，吊掛著一隻隻正在滴油的肥美烤鴨，略帶焦黃的外皮油亮亮的，引人垂涎。烤鴨好吃外，這裡包鴨肉的荷葉餅，做得薄透如紙，也是一絕。

餐廳位在北京的傳統四合院，狹窄老舊，未特別整修，還保留著老北京尋常百姓家的味道，或許如此，才受到眾多老外追捧。烤鴨雖然比不上那些名門大店，但是在有著胡同風味的環境中用餐，也是一種老北京味道。

1利群老闆在自家宅院裡開起餐廳，沒有高檔的裝潢，但許多人就愛這個調調 2用果木烤出來的烤鴨，就是特別香 3除了烤鴨，其他小菜也不錯，例如桂花糖蓮藕

要注意的是，附近常有三輪車掛著利群烤鴨的招牌攬客漫天要價，那都是騙人的，不要上當。

遊賞去處

百年老字號發跡地

大柵欄

MAP P.139／B2
C出口
步行約15分鐘

DATA

✉北京市西城區前大柵欄商業街

大柵欄在前門大街西側，是一條全長約300公尺的商業街，當地人讀做「大石蠟兒」。清朝時為了維護治安，在這裡設置了許多高大的柵欄，晝啟夜閉，避免宵小流竄。後來柵欄雖然一一拆除，但地名仍留存至今。這裡是北京老字號最集中的地方，北京人將老字號編成了順口溜：「頭頂馬聚源，腳踩內聯陞，身穿八大祥，腰纏四大恒」，說明了北京人很以全身上下能夠穿戴這些老字號的衣物為榮。

1這家綢緞店的門面很華麗 2以前這裡真的有柵欄，現在柵欄成了牌樓 3大柵欄末端的大觀樓，是中國最早的電影院，現在還有放映電影

大柵欄走走逛逛

中國絲綢第一品牌
瑞蚨祥

MAP P.139／B2
C出口
步行約18分鐘

DATA

北京市西城區大柵欄街5號 (010)6303-5764

老北京順口溜有一句「身穿八大祥」，所謂的八大祥是指當年有名的8家綢布莊，均由山東省的孟氏家族創設，其中僅瑞蚨祥還屹立至今，號稱中國絲綢第一品牌。位於大柵欄街5號的店面還保留當年中西合璧的樣式，牆上有精美的浮雕。店內還陳列了銅雕塑像呈現出綢布製作過程。經營內容除了各式布料，2樓還提供服裝、蠶絲被等訂做服務。

大柵欄街33號，也有一家「瑞蚨祥鴻記」，門面雕飾更為華麗，除了有西洋風格裝飾性的羅馬柱，還嵌滿了石刻對聯。兩家瑞蚨祥相距不遠，孰真孰假，常令遊客感到困惑。原來，清朝末年時這裡也是瑞蚨祥眾多分店之一，後來不再經營了，建築和牌匾因有文化價值，被保留下來，但如今承租這家店面的卻是「北京市江南繡錦商貿公司」，和瑞蚨祥商標的所有者北京瑞蚨祥綢布店有限責任公司不一樣。兩家公司還為了商標問題鬧上法院過，若真想買正宗的瑞蚨祥布料，可得找對家。

瑞蚨祥

1 瑞蚨祥老店招牌 2 另一家瑞蚨祥，門面是舊的，裡面經營的商家卻是新的，並非老字號 3 瑞蚨祥的布料深受北京人肯定

傳統茗茶百年飄香
張一元茶莊

MAP P.139／B2
C出口
步行約18分鐘

DATA

北京市西城區大柵欄街22號 (010)6303-4001 08:00～20:00
約¥476/人均

張一元也是創於清光緒年間的百年老字號，分店眾多，此家是總店。創始人張文卿是安徽歙縣人，張一元是品牌名稱。茶葉的生產基地在福建，店內販售各種等級的紅茶、綠茶、花茶、烏龍茶、保健茶等300多種，其中茉莉花茶是招牌產品，具有「湯清、味濃、入口芳香、回味無窮」等特色，走進店裡即可聞到撲鼻清香。北京人習慣到店裡購買散裝茶葉，由店員秤好，裝於包裝紙內，看起來很有手工質感。

張一元

1 茶莊外觀 2 店內販售各種名茶

購物血拼

名傳古今的漢方藥行

同仁堂

MAP P.139/A3
C出口
步行約20分鐘

DATA

北京市西城區大柵欄街24號 (010)6303-1155
08:00～20:00 約¥575/人均

這家百年藥鋪在台灣已經有分店，但到北京仍是不可不到此一遊的著名商號。位於大柵欄的總店，簷下彩繪華麗，朱漆門楹，高達3層樓的店面十分氣派。同仁堂的歷史算起來已有300多年之久，大陸拍攝了多部以同仁堂為背景的電視劇，如大清藥王、同仁堂傳說等，更增添同仁堂的傳奇色彩。

同仁堂創於清康熙8年(1669年)，創辦人樂顯揚曾在太醫院任職，結合宮廷藥方和民間驗方製藥。後代子孫傳承家業後，恪守「炮製雖繁必不敢省人工，品味雖貴必不敢省物力」的傳統古訓，自製名藥有安宮牛黃丸、牛黃清心丸、烏雞白鳳丸等，而且這家百年老店也很趕得上潮流，除中藥外還推出漢方保養品，另外，現場亦提供用藥諮詢及醫師看診服務喔！

同仁堂

同仁堂
银杏祛黄焕彩面贴膜
同仁堂
银杏滋润补水面贴膜

1總店的門面很氣派 2同仁堂也有出面膜，Sindia覺得很好用喔

購物血拼

歷久不衰的鞋帽商號

步瀛齋、馬聚源

MAP P.139/B2
C出口
步行約16分鐘

DATA

北京市西城區大柵欄街8號 步瀛齋(010)8316-9115、馬聚源(010)8256-3602 步瀛齋09:00～21:30

這兩家創立於清朝時期的老店，一家賣鞋，一家賣帽子，同在一棟樓，分占樓上樓下。店門口矗立著兩座銅像，一站一坐，高舉帽子的手勢似乎在歡迎著客人到來。步瀛齋以手工製鞋聞名，包括男女布底、皮底布鞋、棉鞋均有很好的評價。位於2樓的馬聚源帽店，有180多年歷史，以用料考究、做工細緻著稱，包括頂帶花翎的紅纓帽、瓜皮小帽、皮禮帽等，都是暢銷產品。

馬聚源
步瀛齋

1兩家老店分別以賣鞋和帽聞名 2步瀛齋也販售時下流行鞋款

特色美食

吃了才知道原來這是羊肉的味道

張記涮肉

MAP P.139／A3

C出口
步行約13分鐘

DATA

⊠北京市西城區前門煤市街95號 ☎133-9172-1964 ⏲10:00～23:00
$約¥138/人均 ➲C出口，左轉沿煤市街往南直行，步行約13分鐘

老闆張大爺是位非常懂食物的人，一頭羊可以涮出23種味道，因此，張記涮肉最有名的就是他們家的肉，肉都是限量的，有時候去晚了就真沒得吃了。其中必吃的是俗稱黃瓜條的羊大腿肉，吃起來回甘有奶香。

張老闆是地道的北京人，特別愛說話，會用濃濃的北京腔來介紹店裡羊肉的特色，以及如何吃涮肉。他總是特別強調，好東西不要沾醬，不好的東西才需借用醬料來掩蓋。說到張記的肉好，張老闆曾在寶島李面前秀出絕技，把整盤肉豎了起來，甚至把盤子上下倒置，肉居然都不會掉，這表示肉是有黏性的現切鮮羊肉，不是退冰後，出完血水、沒有黏性，失去口感跟香味的冷凍肉。

此外，他們的北京小吃也是一級棒，強力推薦點幾份羊肉，再來麻豆腐、炸鬆肉、炸咯吱等北京小吃，哪怕你是不敢吃羊肉的人，吃一口就會忍不住說好，就連美食家李昂也特別著文推薦喔！

另外，介紹一個寶島李發明的北京涮肉新吃法，先吃一口麻豆腐，充分咀嚼後，再吃一口涮羊肉，接著就慢慢享受羊肉的爆棚甜味吧！

张记老城根涮肉

1

2

3

1張記涮肉外觀不起眼，但是切勿以貌取人 2連陳昇也是座上客，但其實張記的老闆上過時尚雜誌，也是名人一位 3盤子都是豎著拿，肉也不會滑落，代表肉是現切的鮮肉 45除了羊肉，張記涮肉的北京小吃更不容錯過 67寶島李天冷的時候都得跟朋友一起來吃涮肉

4

5

6

7

特色美食

聞名四方的高貴包子

狗不理包子

MAP P.139／A2
C出口
步行約20分鐘

DATA

http www.chinagoubuli.com ✉北京市西城區大柵欄街31號
☎(010)6353-3338 ⏰09:30～20:30 $約¥77/人均

這家店最引人好奇的就是店名，依照店內的說明，狗不理包子清朝時發源於天津，是一名綽號「狗子」的年輕人高貴友所開。他的包子口味很好，生意興隆，經常忙得沒時間跟顧客說話，惹來顧客抱怨：「狗子賣包子，不理人」，久而久之，這家店就被喊成了「狗不理」，原店名反而被人遺忘了。據說袁世凱曾經將狗不理包子作為貢品送給慈禧太后享用，贏得慈禧大加讚譽，因此，店門口還有尊慈禧太后品嘗狗不理包子的蠟像。

Sindia吃過幾次，這家店曾經裝修過，顯得較為氣派，包子也從放在塑膠盤上改為以鐵製蒸籠盛裝，不過，兩次的感受都是有點貴，但口味實在差強人意。不過這家店名氣實在太大，還是介紹一下，要不要嘗試，就看個人選擇了。

狗不理

1古色古香的門面 2包子一籠8個要價¥32～36，然而味道差強人意

遊賞去處

北京的民國風情街

楊梅竹斜街

MAP P.139／A2
C出口
步行約10分鐘

DATA

✉北京市西城區楊梅竹斜街
➔C出口，左轉沿煤市街往南直行，約10分鐘

北京的街道一般都是正東正西走向，很少有像台北這樣，到處斜插拐彎的，因此一旦出現不是「正方向」的街道，都會特別註明為「斜街」。據說清朝時，因為這裡住著一位善於說媒的楊媒婆，稱為楊媒婆斜街，後來雅化為「楊梅竹斜街」。這條街過去曾住過清朝大學士、民國作家、藝術家等等，民國時期，這條短短的街道上更開了7家書局，好比台北的重慶南路，是一條文風鼎盛的街道。

YANGMEIZHU XIEJIE

楊梅竹斜街雖然開發晚，但已經成為新進的熱門景點

2013年重新整修開放，目前有多家藝廊、書局、咖啡廳、餐廳在此營業，是北京城新興的文創藝術街，走在其中，那種人文濃厚，時光交錯的感覺，令人以為走到了大稻埕迪化街！

楊梅竹斜街走走逛逛

民國風的文青書店

模範書局

購物血拼

MAP P.139／A2
C出口
步行約11分鐘

DATA

北京市西城區楊梅竹斜街31號 (010)6304-6321 10:00～19:30 C出口，沿煤市街直行右轉楊梅竹斜街，步行約11分鐘

這裡原先為民國時期的報社、文具店舊址，大致保留了建物的結構，在書店裡走動時，腳下的地板還會發出咯吱聲，充滿了時代感。模範書局的老闆是一個詩人，也是位設計師及收藏家。他選在充滿文藝氣息的楊梅竹斜街上的一座民國樣式灰磚小洋樓中開設模範書局，書局店內的擺設，在台灣人眼裡會有種親切感，那是因為模範書局希望打造民國初年時期的文藝感，頗有懷舊的味道。

模範書局

模範書局
書籍 文創
展陳
設計 講壇

就設在民初老洋房內的模範書局，除了賣書，還有講座論壇等，對文化交流非常用心

書局店面不大，但是放著許多老闆精心淘來的書，以及慧眼珍藏的小眾作家的作品，甚至是市面上少見的畫冊、簽名版書籍都可以在模範書局看到。除了賣書之外，這裡也會邀請名家舉辦講座，若是剛好來到模範書局，不妨留意一下。

味自慢的匠人咖啡

Soloist咖啡

特色美食

MAP P.139／A2
C出口
步行約12分鐘

DATA

北京市西城區楊梅竹斜街39號 13636409016 11:30～22:00 約￥56／人均 C出口，沿煤市街直行右轉楊梅竹斜街，步行約12分鐘

有不少人說Soloist可能是北京最好喝的咖啡，然而，正所謂「酒不醉人人自醉」，寶島李覺得，身處楊梅竹斜街這樣一條這麼醉人的街道，撇開咖啡好不好喝，花時間在這裡喝上一杯咖啡，本身就是件很令人陶醉的事情。

店內的紅磚牆、水泥、裸露的鋼管，透露出時下流行的工業風設計，2樓戶外的露台也是一般咖啡廳很少有的，坐在這喝一杯咖啡，看著斜街上往來的人群，有種與世無爭的抽離。現在除了在楊梅竹斜街外，在三里屯也有分店。

1最近在楊梅竹斜街中嶄露頭角的Soloist咖啡廳 2Soloist的咖啡在北京城也是很有名的 3空氣中漫著一股台灣的文青氣息 4露台上的楊梅竹斜街是如此的靜謐

遊賞去處

重現民國時期華爾街

北京坊

MAP P.139/B1

C出口
步行約1分鐘

DATA

北京市西城區煤市街廊房頭條交叉口東北角 10:00～22:00 C出口，沿煤市街向南步行約1分鐘

民國初年，前門大街一帶聚集了許多銀行、金店，堪稱是民國時期的華爾街，今天當然已不再有當日的榮景，不過在北京坊計畫開展下，北京前門大街西側大柵欄一帶，逐漸恢復往日光景。

北京坊是位在前門大街西側的建築群，以交通銀行、鹽業銀行、北京勸業場、謙祥益百年綢緞莊等舊建築為核心，按照民國時期建築特色新建與修復的復古建築群，將復原民國時代的北京生活與文化。北京坊不純粹是商業辦公區，更有展館、藝術、文創等多重用途，目前仍在持續修建中，星巴克臻選旗艦店全新開幕，未來這裡還會陸續開設無印良品酒店等，非常值得期待！

1 2 北京坊保留部分民國時代建築，並按照民國風格新建大部分的建築 3 北京坊是前門大街新規畫的文化保留區，未來將有眾多知名店家進駐

特色美食

北京最大的星巴克旗艦店

星巴克臻選旗艦店

MAP P.139/B1

C出口
步行約1分鐘

DATA

www.starbucks.com.cn 北京市東城區廊房頭條13號院3號樓 (010)6315-6705 08:30～22:00 約￥75/人均 C出口，沿煤市街向南左轉前門西河沿街，步行約1分鐘，第一個巷子口右轉北京坊

北京星巴克臻選旗艦店終於在北京坊開幕，大體上跟上海沒什麼不同，只是少了烘焙工廠，是中國僅次於上海旗艦店的最大店面，一共有3層，每層樓各有主題，1樓是咖啡，2樓是茶，3樓是酒，其中，2樓的TEAVANA主題館更是目前全球唯一的獨立區域，呼應北京人愛喝茶的文化。

北京旗艦店的確有北京的味道，有北京的風格，那就是大！倒不是指面積大，而是一種大器，又大又通透的感覺。供應有咖啡、茶和酒，品項繁多，琳瑯滿目，如檸檬氣泡冷萃咖啡、冷萃咖啡調酒，甚至是加了氮氣的冷萃咖啡，值得一試。相較之下，寶島李還是喜歡北京的旗艦店多一些，環境真的舒服得多，不像上海滿滿都是人頭啊！

TEAVANA

1 北京星巴克臻選旗艦店是僅次於上海的最大店面，在北京坊盛大開幕 2 北京旗艦店環境比上海通透許多，特別有北京范兒 3 2樓是全球唯一的TEAVANA展區，供應星巴克品牌茶品 4 3樓是酒吧，提供多種用咖啡調酒跟小食

特色美食

威爾斯親王在中國的第一家店

TBH英園・哈羅德茶室

MAP P.139/A2
C出口
步行約5分鐘

英园
THE BRITISH HOUSE

1

DATA

www.thebritishhouse.com.cn 北京市西城區大柵欄西河沿街北京坊W4號樓 (010)6317-2122 11:00～21:00 約￥175/人均 C出口，沿煤市街向南步行約5分鐘

英園(The British House，簡稱TBH)是這家店的名字，但其實店中還有一店，便是位在2樓，來自鼎鼎大名Harrods百貨的哈羅德茶室(Harrods Tea Room)，Harrods百貨是全球最負盛名的百貨公司之一，不僅販售奢華商品，還擁有英國皇室認證，然而其實在1834年百貨創立之初，哈羅德就是做茶葉批發生意的，因此Harrods百貨的茶不僅有名，更是有非常豐富的歷史！

英園這名字聽起來陌生，但是背後的大老闆你不可能不知道，他便是威爾斯親王(查理斯王子)，英園是由他所擁有的海格羅府企業旗下的中國公司所創，可說是這位英國親王在中國開的第一家店，店內販賣的物品是從英國皇家御用的設計師品牌甄選而出，從時尚飾品到家居擺飾，每一件都散發著英倫貴族的氣息，價位當然也很貴族，有興趣可以前往逛逛，要是被價錢嚇到了，可以上樓喝口茶壓壓驚！

2

3

4

1從外表看不出來原來英園背景這麼雄厚 2 3來到親王的「領地」，享用一份優雅的英式下午茶吧 4 2樓是哈羅德茶室，提供正餐跟甜點 5帕丁頓熊型態的士兵，駐守在店內 6英園店內的商品都「貴氣」十足

5

6

特色美食

在北京外灘吃牛肉火鍋

溫鼎府潮汕牛肉鍋

MAP P.139／C1
A出口
步行約7分鐘

DATA

北京市東城區前門東大街前門23號院內(正陽門東100公尺) (010)6527-0128 10:00～14:30，17:00～22:00 約¥581／人均

人說，前門23號是北京的外灘，因為前門23號與上海外灘3號是由同一個負責人操盤，同樣聚集了高級餐廳、會館、藝術中心及劇場在此營業，包括全世界最大的Johnnie Walker會館、世界級的爵士樂吧Blue Note等。

前門23號的前身更大有來頭，清末是由美國政府所建的美國大使館，文革期間曾是周恩來的辦公室，1971年便是在此與美國國家安全顧問季辛吉密談台灣問題，院內清一色西式建築風格，在北京實屬少見。

溫鼎府賣的是潮汕牛肉鍋，這裡的牛肉分得很細，從脖仁、匙仁到吊龍、五花趾可以分成9種肉，而且還可以試試看這裡的沙茶，跟台灣的沙茶味道截然不同喔！除此之外溫鼎府的老闆還是位收藏家，在這吃牛肉鍋，店內的各種展示文物也非常值得一看！附帶一提，台灣鄉親在這裡講話小心點，旁邊可是中國國務院辦公室。

1在被文物包圍的環境下，頓時覺得自己很有品味 2 3溫鼎府不只環境好，食材更是一等一的新鮮

特色美食

大陸最火的雲南餐廳

花馬天堂

MAP P.139／C1
A出口
步行約7分鐘

DATA

北京市東城區前門東大街前門23號院內 (010)8516-2698 11:30～13:30、17:30～22:00 約¥223／人均 A出口，沿前門東大街向東步行約7分鐘

1一株株桌上放置的花朵，彷彿來到了百花盛開的雲南 2雞縱菌是雲南特色料理，千萬不能錯過 3野菜餅薄而脆，搭配番茄泥，格外爽口

花馬天堂位在前門23號這個豪奢的大宅子內，在這個大宅子內的店，自然都不是泛泛之輩，除了有滿是古董，請貴客絕對不丟臉的溫鼎府，也有門票貴鬆鬆，由音樂大師李宗盛牽線落戶北京的爵士樂聖殿Blue Note，而同樣在前門23號的花馬天堂，則是由一位極有行銷頭腦的台灣老闆親手打造的雲南創意料理餐廳，在大陸極負盛名。

雲南麗江古稱花馬國，傳說如同天堂一般的漂亮，因此老闆取名為花馬天堂，在開業前，請來著名攝影師，拍攝雲南山水、人文照片，並邀請各國領事與外商代表參與開幕，從此，花馬天堂之美名不脛而走，這裡不只可以吃到雲南風味美食，更能通過照片看到雲南的人文風情與美麗山水，宛如視覺與味覺的盛宴。

4號線：貫穿北京西城區南北，也是前往郊區景點重要地鐵線

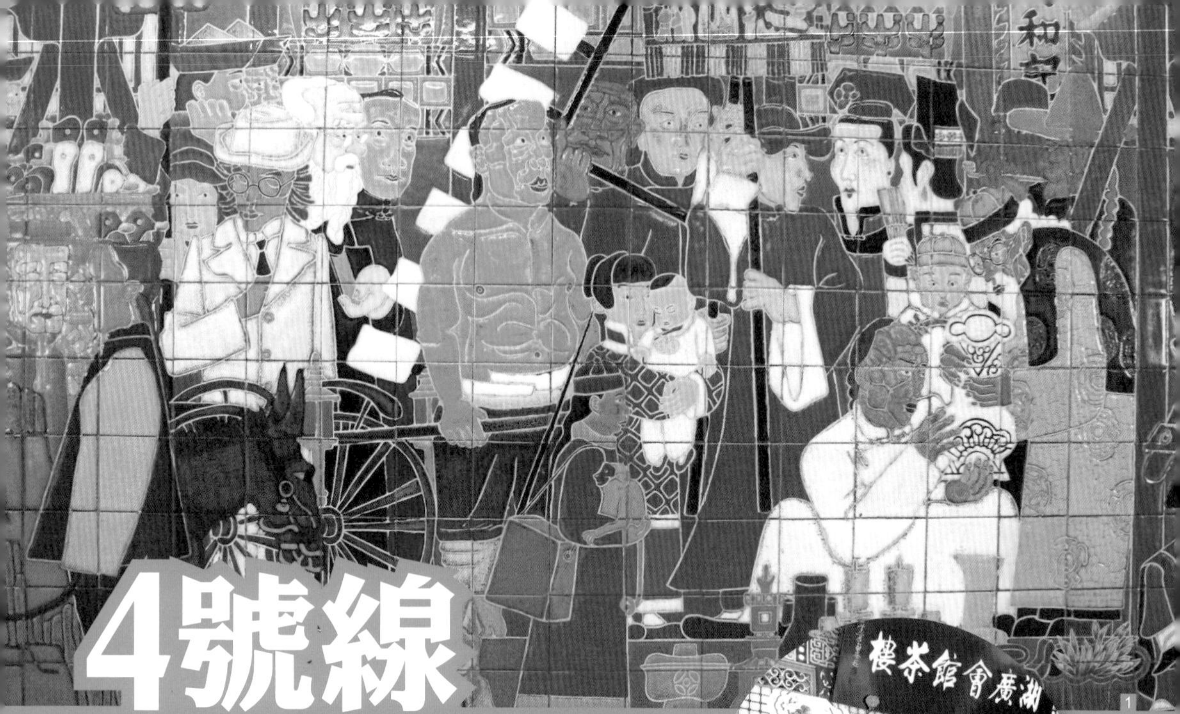

4號線

Beijing Subway Line 4

重溫老北京的獨特風情

湖廣會館茶樓

菜市口站

Caishikou

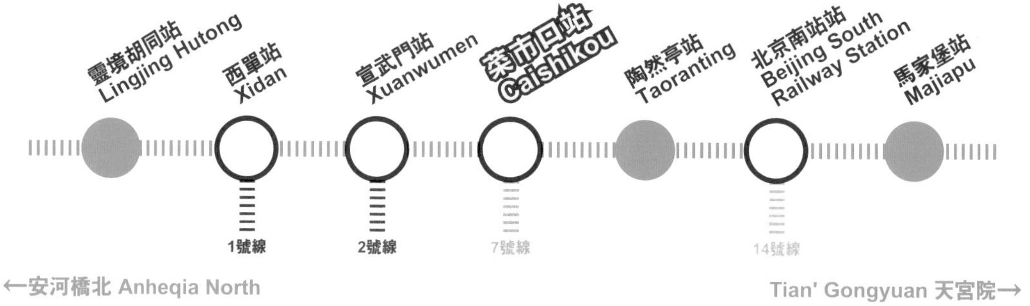

靈境胡同站 Lingjing Hutong
西單站 Xidan
宣武門站 Xuanwumen
菜市口站 Caishikou
陶然亭站 Taoranting
北京南站站 Beijing South Railway Station
馬家堡站 Majiapu
1號線
2號線
7號線
14號線
←安河橋北 Anheqia North
Tian' Gongyuan 天宮院→

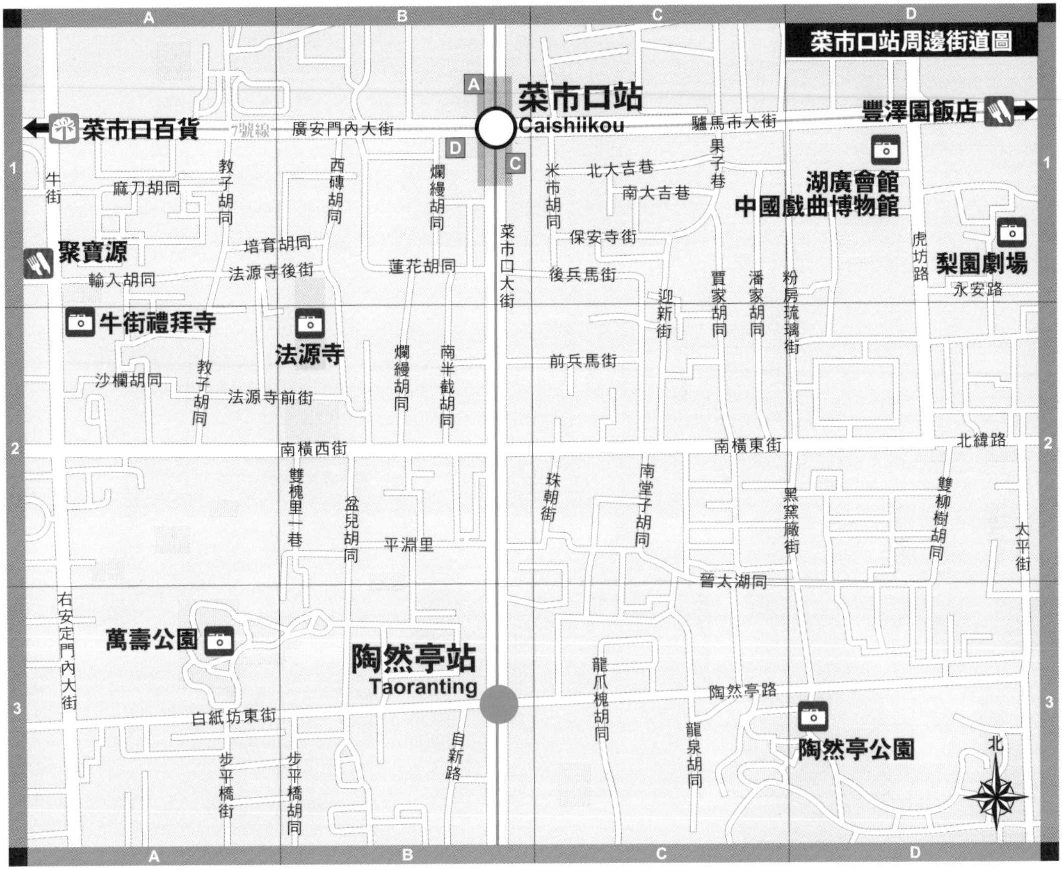
菜市口站周邊街道圖
菜市口站
Caishiikou
陶然亭站
Taoranting
菜市口百貨
豐澤園飯店
7號線
廣安門內大街
騾馬市大街
牛街
麻刀胡同
教子胡同
西磚胡同
爛縵胡同
米市胡同
北大吉巷
南大吉巷
果子巷
湖廣會館
中國戲曲博物館
聚寶源
培育胡同
法源寺後街
蓮花胡同
菜市口大街
保安寺街
後兵馬街
虎坊路
梨園劇場
永安路
輸入胡同
迎新街
賈家胡同
潘家胡同
粉房琉璃街
牛街禮拜寺
法源寺
南半截胡同
前兵馬街
沙欄胡同
法源寺前街
南橫西街
南橫東街
北緯路
雙槐里一巷
盆兒胡同
平淵里
珠朝街
南堂子胡同
黑窯廠街
雙柳樹胡同
太平街
晉太胡同
右安定門內大街
萬壽公園
龍爪槐胡同
陶然亭路
白紙坊東街
自新路
龍泉胡同
陶然亭公園
步平橋街
步平橋胡同
北

菜市口站是地鐵4號線和7號線的換乘站，位於廣安門內大街、騾馬市大街(平行)與宣武門外大街、菜市口大街(垂直)4條主要道路的交匯處，屬於老北京的外城，也叫南城。菜市口在明朝時，是京城最大的蔬菜市場，當時把菜市最集中的街口稱為「菜市街」，清代時則改稱「菜市口」。

這一帶曾經會館林立，商家雲集，是明清兩代京城重要的商業中心。不過這裡名氣變大的原因，還是因為清朝初期，朝廷把刑場遷移到這裡，所以電視劇裡常聽到的「推出午門問斬」，這裡說的午門外，其實指的就是菜市口附近一帶。

現在的城南，已無復往日風光，不管是建設還是環境的維護，都稍稍落後其他地方，但對遊客來說，卻是可以體驗道地老北京的好去處。來北京旅遊的朋友們，不妨去逛逛法源寺、梨園劇場、湖廣會館和牛街禮拜堂，享受一下老北京獨特的文化氛圍。

3

1地鐵站裡的彩繪磁磚，描述了舊時代的老北京生活 2湖廣會館是欣賞傳統戲曲的好地方 3融合中式建築風格的牛街禮拜寺

北京達人 Beijing 3大推薦地

作者最愛
法源寺

作家李敖寫過一本「北京法源寺」，讓法源寺聲名大噪。這裡最迷人的是4月丁香花盛開時期，上千朵或紫或白的小花開滿樹梢，好不浪漫。(見P.158)

禪
堂

焦點必訪
牛街禮拜寺

北京最有清真風味的一條街就是牛街，牛街禮拜寺是回教清真寺，融合了中國建築風格，難得一見。(見P.159)

在地人推薦
梨園劇場

許多人覺得來北京就該看場京劇，如果你也認同，就一定要來梨園劇場看齣戲，感受一下道地的京味。(見P.159)

梨園劇場

遊賞去處

四大京花之一所在地

法源寺

MAP P.157／B2

D出口
步行約15分鐘

DATA

⊠北京宣武區法源寺前街7號 ◷24小時 ➲D出口往南走，到了南橫西街右轉向西，不久就會看到憫忠寺舊址，法源寺就在後面，大約680公尺

1法源寺樸拙的大門 2每年丁香花季時，寺內湧入許多人潮

建於唐朝的法源寺，一開始由武則天賜名為憫忠寺，雍正時，進行了大修，成為皇家寺院，並更名為法源寺，是北京現存歷史最悠久的佛寺。寺裡珍藏了大量佛經、佛像和石刻，目前為中國佛學院和中國佛教圖書文物館的所在。

「憫忠寺的丁香，崇效寺的牡丹，極樂寺的海棠，天寧寺的芍藥」為京花四大代表，在清朝頂盛時期，法源寺裡的紫丁香、白丁香有300多株，曾被稱作「香雪海」。即使到現在，每年的4月10日，寺院還是會舉辦「丁香大會」，在盛開的丁香花香中，吟詩作對，焚香彈琴。這裡丁香花的知名度，可一點都不輸寺廟本身，連印度詩人泰戈爾，都曾由徐志摩陪同來這賞過丁香喔！

遊賞去處

中國式的伊斯蘭建築

牛街禮拜寺

MAP P.157/A2

D出口 步行約20分鐘

DATA

北京市西城區牛街中路88號 08:00～17:00 免費 D出口往西走，到了牛街左轉向南，不久就會看到牛街禮拜寺，大約700公尺

牛街禮拜寺位於北京一條非常有伊斯蘭風味的街道——牛街，是北宋至道2年(西元996年)，一位名為納蘇魯丁的阿拉伯學者所建立。牛街禮拜寺雖然是一間回教清真寺，卻擁有中國宮殿式的建築外觀，寺內又充滿阿拉伯文字和幾何圖飾，完美的融合了中國和阿拉伯兩種建築風格，可以稱得上是使用混搭設計的元祖。由於回教徒做禮拜時，要面對西方聖地麥加朝拜，因此寺門坐東朝西，大殿裡也以西面為尊，寺裡的面積雖然不大，卻挺有味道。來北京，別忘了來品嘗牛街上的回民美食，參觀一下回教清真寺，這些可都是在台灣很難見到的！

清真古教

1屋外是中式建築，屋內是伊斯蘭圖飾 2有著中國式宮廷外觀的清真大殿 3老回民們坐在廟裡，聊天敘舊

遊賞去處

老北京的精采好戲

梨園劇場

MAP P.157/D1

C出口 步行約15分鐘

DATA

www.liyuanjuchang.com.cn 北京市宣武區永安路175號(前門建國飯店1樓，虎坊橋南側) (010)6553-8191、6553-8192 每晚19:30～20:40 約¥200～580/人均 C出口往東走，到了虎坊路右轉即是

梨園劇場如同老舍茶館一樣，觀眾也可以邊品嘗道地小吃，邊欣賞扮相精緻的京劇表演。這裡的表演，主要針對觀光客，表演時會配有簡單的英文字幕和英、日、法語的同聲翻譯，所以不用擔心聽不懂，而且就在建國飯店內，看戲環境也不錯。來此看京劇就像逛故宮、吃烤鴨一樣，已經是北京一個不容錯過的行程，不少國家元首和政府要員，都曾經在此觀賞京劇。如果陪同喜歡看戲的老人家來北京，千萬別錯過這裡的精采好戲！

梨園劇場
LIYUAN THEATRE

1 2外面的展廳，陳列著京劇歷史劇照和戲服

體會中國戲曲之精妙

湖廣會館與中國戲曲博物館

MAP P.157／D1
C出口
步行約10分鐘

DATA

http www.beijinghuguang.com ✉北京市宣武區虎坊路3號 ☎(010)6351-8284 ◷10:00～21:00 $每個檔期的劇碼不同，座位票價也不一樣，請先上網查詢 ➲C出口往東走，到了虎坊路右轉即是

已有200年歷史的北京湖廣會館，是湖南、湖北兩省的同鄉會所，館裡面建築古樸幽雅、曲徑通幽，有大戲樓、文昌閣、寶善堂和風雨懷人館。大戲樓位於正院前方，觀眾席分為上下兩層，2樓為12個環繞式包廂，一共能容納260人，許多如梅蘭芳等名角，都曾先後在此登台獻藝。這裡可以飲茶，吃小吃，來這喝茶看戲，學學老北京人過生活，也是種樂趣。

北京湖廣會館
湖廣會館的外觀，樸實低調

中國戲曲博物館位於湖廣會館內，以京劇相關的藏品為主，大廳正中陳列的則是享譽海內外的「四大名琴」，這可是京胡製作大王——史善朋先生根據四大名旦：梅蘭芳、尚小雲、程硯秋、荀慧生的嗓音和唱風，量身定做的4把胡琴。博物館不大，最好連看戲一起，會比較有趣些。

中國黃金的天堂

菜市口百貨

MAP P.157／A1
D出口
步行約20分鐘

DATA

http www.bjcaibai.com.cn ✉北京市宣武區廣安門內大街306號 ☎(010)8352-0088 ◷09:30～20:30 ➲D出口往西，過了牛街前面一點就可以看到

為什麼Carrie要介紹菜市口百貨呢？因為它有「黃金天堂」的稱號。通常在台灣買金飾都是到銀樓，但是北京人買金飾，都是到菜市口百貨。位於廣安門內的菜市口百貨，大老遠就可以看到屋頂上寫著「中國黃金第一家」，平常人潮就已絡繹不絕，一到過年期間，那可真是人多得可怕，難怪有人要戲稱在這買黃金，像菜市場買菜了。

除了原本看家的黃金飾品外，還有近來在內地很流行的琥珀和珊瑚。很多顧客喜歡從眾多琥珀原石中挑選，請現場專業人員直接切磨打孔成自己設計的個性化商品。3樓的珊瑚飾品區也不遑多讓，聽說不少是來自我們台灣哦。

1從大老遠就可以看到「中國黃金第一家」的字樣
2即使平常時候，還是滿滿的人(以上照片提供／范淑韻)

特色美食

最有人氣的清眞涮肉店

聚寶源

MAP P.157／A1
D出口
步行約19分鐘

DATA

北京市西城區牛街西里商業1號樓5-2號(清真超市旁) (010)8354-5602 11:00～22:00 約¥111/人均 D出口，直行廣安門內大街左轉牛街，步行約19分鐘

牛街是北京著名的回族區，而牛街上最著名的就是聚寶源，只要到冬天，聚寶源必定擠得水洩不通，排隊至少2小時起跳！聚寶源建於民國35年，原本只是賣牛羊肉的聚寶源牛羊肉莊，後來經營起了涮肉的生意，而原本的牛羊肉生意也依然火熱，經常可以看到一邊大排長龍等著買新鮮的牛羊肉和醬製品，另一邊排隊等號吃涮羊肉。來這邊必點的是手切鮮羊肉、鮮羊上腦(脖子肉)，還有堪稱京城第一的一品燒餅！

由於是清真菜館，所以來這邊千萬別嚷嚷要吃豬肉，是犯大忌的！聚寶源的旁邊還有一間清真超市，裡面有許多傳統且少見的清真食品，排隊的時候是個打發時間的好去處。

1仍然使用傳統炭火加熱的老北京銅鍋涮肉 2聚寶源的一品燒餅比羊肉更有人氣 3聚寶源之所以遠近馳名，就是因為他們家的肉非常新鮮 4來聚寶源，隨時都要有排隊的準備

特色美食

正宗山東魯菜值得嘗鮮

豐澤園飯莊

MAP P.157／D1
C出口
步行約20分鐘

DATA

www.xfy.com.cn 北京市崇文區珠市口西大街83號 (010)6315-8788、6303-2828 午餐11:00～14:00，晚餐17:00～21:00 約¥185/人均 C出口往東走，過虎坊橋不久就會看到

原來只有餐廳的豐澤園飯莊，現在已經改建為飯店，裡面仍保留原有的餐廳。這裡以魯菜為主，以「清淡味濃、醇厚不膩」出名，最受歡迎的莫過於蔥燒海參，幾乎是桌桌必點的菜，口感軟嫩、味道鮮美，其他像烤饅頭、水晶肘子、九轉大腸也都不錯。不知是不是國家單位的原因，很多人選在這裡辦婚宴，也許是覺得這邊的食材值得信賴吧！

1餐廳門面氣派華麗，不少北京人會選在這裡舉辦婚禮 2內部裝潢也是走宮廷風(以上照片提供／李凱媛)

1

4號線

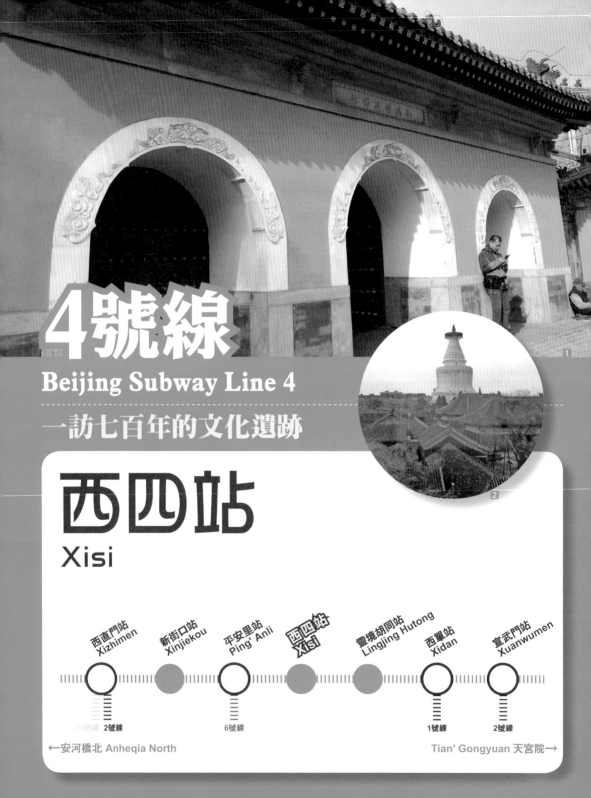

Beijing Subway Line 4

一訪七百年的文化遺跡

2

西四站

Xisi

西直門站 Xizhimen（13號線、2號線）
新街口站 Xinjiekou
平安里站 Ping' Anli（6號線）
西四站 Xisi
靈境胡同站 Lingjing Hutong
西單站 Xidan（1號線）
宣武門站 Xuanwumen（2號線）

←安河橋北 Anheqia North

Tian' Gongyuan 天宮院→

西四站周邊街道圖
A
B
C
D
1
2
3
西四北二條
西四北頭條
西四北頭條
西四北大街
趙登禹路
大興隆胡同
姚家胡同
歷代帝王廟
慶豐包子舖
廣濟寺
阜成門內大街
阜成門內大街
西四站
Xisi
中國地質博物館
羊肉胡同
羊肉胡同
太平橋大街
核桃巷
萬松老人塔
磚塔胡同
磚塔胡同
西四南大街
鮮明胡同
大院胡同
三道柵欄胡同
北

西四站周遭屬於北京老城區，有許多老胡同，也有新大樓，新舊風貌交雜的特色明顯。西四地名其實是源於明朝時這裡曾有4座牌樓，加上地處北京中軸線的西邊，故名西四牌樓，如同在北京地圖上與西四對稱的「東四」站附近，早年也有4座牌樓稱「東四牌樓」，但隨著時代變遷，城市發展道路拓寬，這些木雕牌樓早已拆除，只留下地名予人無盡的想像。

3

4

5

1 西四地鐵站A出口右轉一出來就是西四北大街 2 3 西四地鐵站外景 4 西四站內標示地鐵附近旅遊路線圖，很完整 5 西四地鐵站附近的新華書局，還留有一處清朝的古蹟叫做西四街樓，是清代為了慈禧60歲大壽而起造的

北京達人 Beijing
3大推薦地

作者最愛
歷代帝王廟

這裡供奉了歷代帝王，也是歷代皇帝都會來此祭祀的地方，平日遊人不多，卻更能沉浸於歷史長河。(見P.166)

焦點必訪
萬松老人塔

這座塔的建築很特別，而因此塔得名的磚塔胡同，是幽靜的一條巷子，磚塔胡同61號曾經是魯迅故居，也值得一訪。(見P.167)

在地人推薦
慶豐包子鋪

這是近來北京最「火紅」的包子，因為中國國家主席特地到店裡品嘗過，既然都來北京了，說什麼也要吃吃看！(見P.167)

遊賞去處

亞洲最大地質博物館
中國地質博物館

MAP P.163／D2

D出口
步行約2分鐘

DATA

北京市西城區西四羊肉胡同15號 (010)6655-7858 09:00～16:30
休 週一 $ 成人¥30，學生¥15

中國地質博物館是目前亞洲規模最大的國家級地質學博物館，收藏的地質標本約20多萬件。建築包括了地球廳、礦物岩石廳、寶石玉廳、史前生物廳等4個主要部分。最值得一看的為巨型山東龍、中華龍鳥等恐龍化石，北京人、元謀人、山頂洞人等古人類化石，以及大量魚類、鳥類、昆蟲等珍貴史前生物化石；還有世界最大的「水晶王」及種類繁多的礦物標本、寶石、玉石等國寶級珍品，讓人看的眼花撩亂、目不暇給。

另外，博物館外的小公園矗立著一座中國著名地質及古生物學家李四光的銅像，他是中國成立後第一批傑出的科學家。

1

2

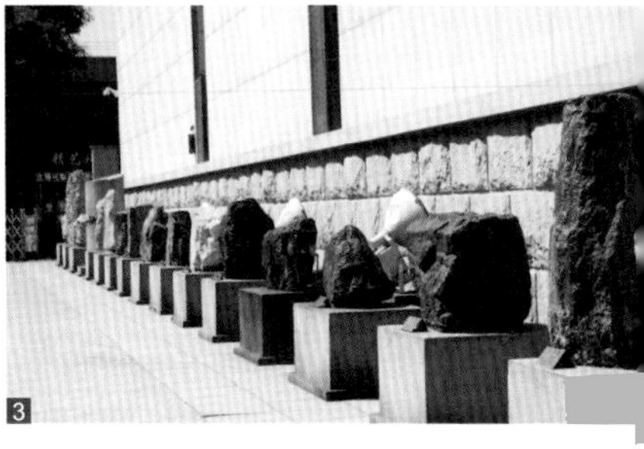
3

1李四光銅像 2博物館外觀 3館內收藏了各種奇特少見的礦石

遊賞去處

創立於金代的廟宇

廣濟寺

MAP P.163 / D2
A出口
步行約5分鐘

DATA

北京市西城區阜成門內大街25號 07:00～16:30
免費 A出口，出來右轉走個30公尺再右轉就到了

廣濟寺相傳創建於金代。清朝初年，幾位高僧嚴持戒律，成為律宗道場。1953年，中國佛教協會在此成立，從此，廣濟寺成為中國佛教界活動的中心。每逢初一、十五，廟裡總是人潮洶湧，人們爭相來此拜佛，平時也常有佛教界的住持方丈或高層領導來這裡開會。

同樣是佛教寺廟，但來到廣濟寺的感覺，跟去雍和宮不太一樣，一來廣濟寺的門面極其簡樸，門口總有很多的「路人」要幫你算命看面相，其實是要索費的；而雍和宮是較為知名的觀光景點，大門就相對大氣，管理較為嚴實，算命的少、賣香的小販較多。整條雍和宮大街都是賣香和佛教用品的商鋪，廣濟寺兩旁則都是賣壓克力製作招牌的小店，兩座廟宇的風貌差異很大。

廣濟寺裡供奉著許多明清時期的佛像，以及不少珍貴的佛教經卷、碑刻等文物。在大雄寶殿有

1

2

一個乾隆時期鑄造的青銅寶鼎，有2公尺高，鼎身鑄有佛教八供(輪、螺、傘、蓋、花、瓶、魚、結)等花紋，是珍貴的藝術品。

另外，來到這裡不能不看的是大雄寶殿後壁懸掛著一幅高6公尺、寬11公尺的巨幅《勝果妙因圖》，這是乾隆皇帝著名畫師傅雯用手指所畫的，十分特別。畫面上有上百位聽眾在聆聽釋迦牟尼佛講經，有趣的是裡頭還畫有中國的歷史人物如關羽、關平、周全及布袋和尚等，整幅畫非常壯觀。

1 2 4 廣濟寺內一隅 3 廣濟寺內天王殿 5 廣濟寺每逢初一、十五，拜佛人潮十分多

天王殿

3

4

大雄殿

5

回顧中國歷史的長河

遊賞去處

歷代帝王廟

MAP P.163／B1

A出口
步行約10分鐘

DATA

🖂北京市西城區阜成門大街131號🕒週三～日09:00～16:30，休週一、二 💲約¥38/人均

歷代帝王廟就是明清兩代皇帝祭祀祖先的地方，來到這裡有種意外的驚訝與感動，廟裡面竟然供奉了伏羲、炎帝、黃帝及我們在歷史課本上念過的皇帝和歷代賢相名將，像是蕭何、范仲淹、房玄齡、文天祥、諸葛亮等。站在大殿裡，會興起尊敬之心，因為也終於明白歷史是一條多麼可貴的長河。

此一建築最早建於明代，原本僅供奉三皇五帝和夏、商、周、漢、唐、宋等16位君王，後來逐漸擴充增加。不過也不是只要當過皇帝的都有祭祀，由於史載康熙皇帝說暴君不得入廟，因此秦始皇牌位並未列於此廟。不過之後乾隆皇帝也提出了「中華統緒，絕不斷線」的觀點，要求盡量選出皇帝入祀，經過不斷調整，最後祭祀的帝王確定為188位。

在這裡除了感受古時皇帝對整個中華民族的歷代敬仰，也可以在廟宇偏殿的展覽館中認識整個百家姓的歷史由來，閱讀展覽上的文字，可以知道自己姓氏的出處與歷代先賢有無關連，挺有意思的。

1屋簷上的裝飾 2帝王廟內的祭祀庫 3 4歷代帝王廟內一景 5綠色琉璃打造的東燎爐，用以焚燒祭祀歷代帝王的祝文、神帛等 6歷代帝王廟

遊賞去處

瞻仰700餘年的歷史塔樓

萬松老人塔

MAP P.163／C3
D出口
步行約5分鐘

DATA

✉北京市西城區西四南大街41號(西四磚塔胡同東口南側，西四肯德基對面) ⏲09:00～20:00 $免費 ➡D出口，沿著南大街走個200多公尺

萬松老人塔，始建於元代，至今已有700多年，原本荒蕪，前前後後又被各式各樣的商家霸占古蹟，經過大力整修，在2014年4月底終於對外開放了！

萬松老人即為行秀禪師，是金元時期著名的佛教高僧，成吉思汗的大臣耶律楚材也慕名虔敬向他學佛多年。此塔為後人為了紀念行秀禪師而修建的墓塔。

整修後，小院裡可以讀書，品茗！雖然院子不大，但卻設計得很有意境，將書局與古塔相結合，既介紹了此塔與所在塔磚胡同幾百年的歷史，又提供了一個喜歡古籍知識的學習地方，目前固定有經典古籍的學習課程。

正陽書局

1塔高16公尺，是北京現存唯一一座磚塔 2萬松老人塔進門處 3老人塔里面是正陽書局，專賣講述老北京的書籍古籍

特色美食

來一客習近平「主席套餐」

慶豐包子鋪

MAP P.163／A2
A出口
步行約11分鐘

DATA

白塔寺店 ✉北京市西城區阜成門內大街135號(白塔寺十字路口東北角) ☎(010)6618-1638 ⏲06:30～21:00 $約¥20/人均

剛到北京不久經過慶豐包子鋪，看到很多人排隊，再看價目表價錢挺合理，種類也不少，所以就決定吃吃看。吃了之後，口感沒有讓人失望，於是對這家店留下不錯的印象。2013年底中國國家主席習近平光臨店鋪吃包子，跟一般民眾一起排隊點餐，又讓慶豐包子鋪著實「火了一把」！雖然習先生吃的不是西安門大街這家店，而是位於月壇北街3號的月壇店，但是各個分店的包子種類一模一樣。你也可以點份「主席套餐」，包括6個豬肉大蔥餡、1碗炒肝、1盤芥菜，花個¥21，感受一下。

慶豐包子鋪
Qing Feng Steamed Stuffed Bun Shop

阜景街

1店內匾額 2這一套就是所謂的「主席套餐」3店鋪外觀

消除火灾隐患 共建平安社区
春饼店

4號線

Beijing Subway Line 4

老北京的廟會小吃街

平安里站

Pinganli

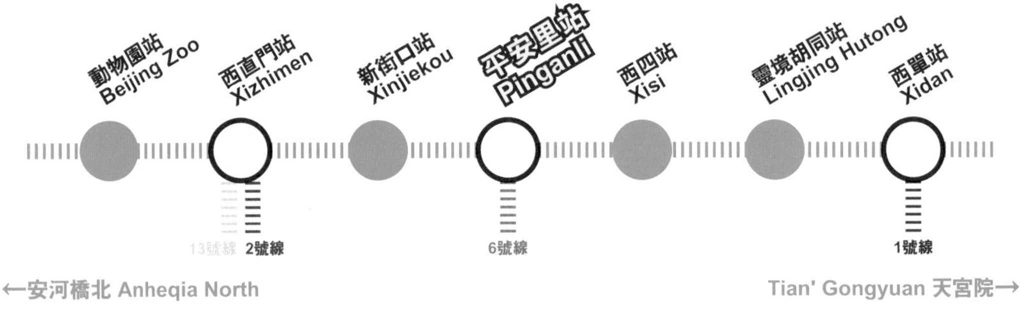
動物園站 Beijing Zoo
西直門站 Xizhimen
新街口站 Xinjiekou
平安里站 Pinganli
西四站 Xisi
靈境胡同站 Lingjing Hutong
西單站 Xidan
13號線 2號線
6號線
1號線
←安河橋北 Anheqia North
Tian' Gongyuan 天宮院→

平安里站周邊街道圖
百花深處胡同
護國寺金剛殿
梅蘭芳紀念館
惠豐門釘肉餅
寶光燻肉鞋底火燒
王胖子驢肉火燒
護國寺小吃店
峨嵋酒家
平安里站
Pinganli
杏園餐廳
華天延吉餐廳
北帽胡同
四根柏胡同
大帽胡同
大楊家胡同
新街口南大街
護國寺西巷
護國寺東街
藕芽胡同
棉花胡同
德勝門內大街
定阜街
護國寺街
寶產胡同
興華胡同
群力胡同
護倉胡同
東檜廠胡同
前鐵匠胡同
廠橋胡同
育德胡同
地安門西大街
6號線
平安里西大街
前車胡同
南興胡同
羊肉胡同
愛民一巷
磚塔胡同
太平倉胡同
西四北八條
西四北七條
西四北六條
西四北大街
后毛家灣
西黃城根北街
西什庫大街
愛民三巷
中毛家灣
北
A B C D
1 2 3
E F G H

平安里，明朝稱太平倉，清代為莊王府，傳說莊王府地底藏有黃金，北洋軍閥李純為了想獲得財寶，從末代莊親王手中買走了這座王府，將王府拆遷至天津後，卻也沒挖出寶藏，後來又在此重新修建了中式小洋樓，取名「平安里」，此後這附近的地區便泛稱平安里。

平安里北邊聚集了許多樂器行，還有陳昇《北京一夜》歌詞中的百花深處胡同，然而最著名的還屬護國寺小吃，乃北京小吃集大成者，大街上的各家小吃店萬紫千紅，各領風騷。護國寺小吃因元代古蹟護國寺得名，該寺現在還隱身在大街的胡同內，除此之外，大街上還新開了護國新天地商城，為老街增添些許時尚元素。

1 護國寺大街是北京著名的傳統小吃街，現在也開始有些新穎的商城進駐
2 位在比較有北京味道的西城區護國寺大街，仍然保持著古樸之風

護國寺街

北京達人 Beijing 3大推薦地

作者最愛 杏園餐廳

寶島李經常帶人去這家老字號麵館，許多人吃了之後都說會上癮。(見P.175)

焦點必訪 護國寺小吃店

北京最齊全也最道地的小吃名店，雖然已經開枝散葉到處有分店，但這裡才是發源處。(見P.172)

在地人推薦 峨嵋酒家

峨嵋酒家有「京城川菜第一家」的美譽，是京劇大師梅蘭芳先生的最愛，其宮保雞丁獨步京城喔！(見P.173)

遊賞去處

京劇大師的故居

梅蘭芳紀念館

MAP P.169／D1

B出口
步行約13分鐘

DATA

北京市西城區護國寺大街9號 (010)8322-3598 09:00～16:00 休 週一 $ 約¥10

梅蘭芳紀念館原為清慶親王奕王府的一部分，是京劇大師梅蘭芳生前最後的住所，中國政府為了感念梅蘭芳先生在京劇藝術上的貢獻，及在抗戰時不受日軍威脅、蓄鬚明志，堅決不為日本人演出的氣節，將此屋置辦給梅蘭芳先生居住。梅蘭芳先生1961年逝世後才改建為紀念館對外開放。紀念館陳列梅蘭芳先生過去所穿過的戲服，及當年演出前的廣告戲單等重要資料，此外，館中的各項家具與用品陳設都是忠實還原梅蘭芳先生的生活起居原貌，對於喜愛傳統文化的人，這是親近一代大師的好機會喔。

梅兰芳纪念馆

梅蘭芳紀念館

1 梅蘭芳故居是中國國家重要文物 2 紀念館中不僅展示梅先生在藝術上的傑出表現，也介紹高風亮節的生平事蹟 3 梅蘭芳紀念館為典型的北京四合院

護國寺大街的根基

護國寺金剛殿

遊賞去處

MAP P.169／B1

B出口
步行約10分鐘

DATA

✉北京市西城區護國寺大街11號(從護國寺東巷進入) ⏲08:00～17:00 $免費

護國寺小吃是北京非常著名、賣各種傳統小吃的店，既然叫護國寺小吃，想必附近有間護國寺，總不致於是老闆叫「護國寺」吧？寶島李在護國寺小吃附近找過3回，最終在隔壁巷子找到這間非常小的「護國寺金剛殿」，然而小歸小，護國寺金剛殿可是元代的古剎！

護國寺始建於元代，初名崇國寺，明代改名大隆善寺，後又賜名大隆善護國寺。清康熙年間經過修繕，才定名護國寺。因護國寺位於西城，與東城的隆福寺遙相呼應，故又稱西寺。護國寺原有9進(從前到後有9重建築)，是規模非常宏大的寺廟，現今北京的雍和宮也只有5進，僅約元代護國寺的一半大。然而護國寺因為清末接連的祝融肆虐，加之自身難保的清末政府又無力維修，這個過去地位崇高，又是滿人聚集重地的護國寺，如今僅剩第二進的金剛殿及部分遺跡。

北京市文物保护单位
护国寺金刚殿

護國寺金剛殿雖然殘破，但仍為元代古蹟，現在受到北京市重點保護

北京一夜中的百花深處

百花深處胡同

遊賞去處

MAP P.169／B1

B出口
步行約10分鐘

DATA

✉北京市西城區新街口南大街 ⏲全天

陳昇的歌曲《北京一夜》中唱到：「不敢在午夜問路，怕走到了百花深處」，這裡說到的百花深處，指的就是百花深處胡同。傳說，明朝有對夫妻在此處的小巷內購地種菜，後又闢園種植百花，故至清朝時此處稱為「花局胡同」，又改稱「百花深處胡同」。不過現在再來到百花深處胡同，已不見百花，只空餘胡同。

雖然此處已經沒有百花了，但是胡同的閒散步調，可一窺北京人的「慢」，與外面車水馬龍的新街口大街成鮮明的對比，彷彿百花的幽靜還在此處。百花深處16號是「百花錄音棚」，據說，陳昇便是在此錄歌時，激發出《北京一夜》的靈感，將「百花深處」加入歌詞中。

百花深处
BAIHUASHENCHU
1

百花深处胡同
16号
邮编:100035
2

3

1百花深處胡同已不復見過往的雅致，只剩路名供遊人遙想當年 2當年陳昇在此百花深處胡同16號的錄音棚激發出《北京一夜》的創作靈感 3走在這條平凡靜謐的胡同，頗有昔人已隨黃鶴去，此地空餘黃鶴樓之感

特色美食

清眞小吃第一店

護國寺小吃店

MAP P.169／B1

B出口
步行約5分鐘

DATA

⊠北京市西城區護國寺大街93號(人民劇場對面)
☎(010)6618-1705 ⊙05:30～21:00 $約¥27/人均

護國寺街最有名的，便是護國寺小吃店。過去，護國寺每月初七、初八有廟會，匯集了許多攤販，不只是小吃，還有各種買賣、雜耍等。據記載，護國寺廟會約有300多年的歷史，《北平廟會調查》便有以下描述：「蓋西城昔為滿族及旗人聚居之地，日用所需多取給於廟會，故清代護國寺廟會甚盛。」然而好景不常，滿清被推翻後，滿族及旗人消費能力大不如前，原本貴人聚集、買賣各色商品的西廟會，也轉為經營針對普羅大眾的小吃，而有了今天的護國寺小吃。

中共推行公私合營運動，把護國寺街上的各家有名的小吃攤合併成護國寺清真小吃店，北京著名如艾窩窩、驢打滾、豌豆黃、焦圈、麵茶、豆汁等上百種小吃，在此都吃得到，堪稱北京小吃最齊全的地方。

护国寺小吃店

1

2

1寶島李住在護國寺這邊時，經常早上就來吃個早餐再走 2北京小吃樣式萬千，寶島李至今還仍未把全部吃遍

1

2

3

4

5

6

7

8

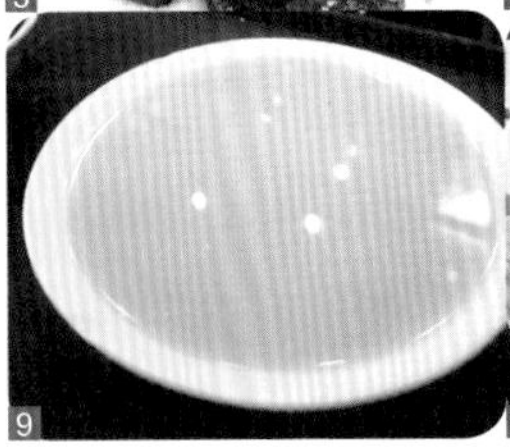

9

10

1焦圈下的油餅是寶島李在北京最愛的早餐 2奶油炸糕，甜而不膩 3糊塌子，某種程度上，可以說是沒有蚵仔的北京蚵仔煎 4醬牛肉燒餅，夾的肉越肥越香 5糖卷果，配點山楂條吃，酸酸甜甜的更有滋味 6焦圈，搭配豆汁的不二人選 7饊子，帶點鹹味，對寶島李來說是很爽口的小零嘴 8麵茶，傳統的吃法是要配椒鹽吃的 9豆汁，謹記搭配焦圈與鹹菜，這是救你一命的方法 10涼粉，吃起來很清爽

特色美食

梅蘭芳鍾愛的宮保雞丁

峨嵋酒家

MAP P.169/D1

B出口
步行約14分鐘

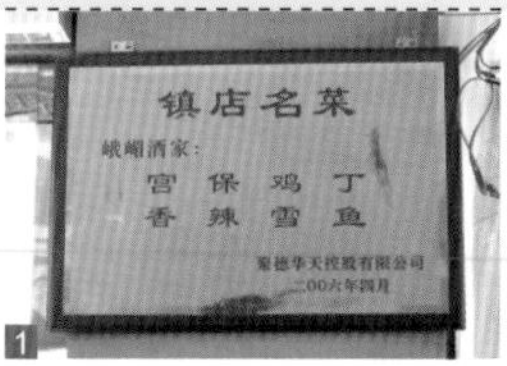
镇店名菜
峨嵋酒家:
宫保鸡丁
香辣雪鱼
二00六年四月

DATA

✉北京市西城區德勝門內大街262號(廣橋路口北) ☎(010)6617-0835 ⏰06:00～09:00，11:00～21:00 $約¥88/人均

創建於1950年的峨嵋酒家，有「京城川菜第一家」的美譽，由融合中國南北料理精要的伍鈺盛大師創建。不過一個牌子，只是產品好、資格老，或是先求不傷身體、再求藥效好是成就不了傳奇的，峨嵋酒家之所以為人津津樂道，還跟一位名人有關，這位名人就是京劇大師梅蘭芳。

梅蘭芳早年在上海就聽聞伍大師的廚藝，峨嵋酒家開業後，梅蘭芳更成了忠實粉絲，盛讚其為「峨嵋派川菜」。伍大師改良的宮保雞丁帶點甜味，是峨嵋酒家的鎮店名菜，至今只要在北京說到宮保雞丁，北京人必定跟你說上峨嵋酒家。有趣的是，峨嵋酒家德內店就開在梅蘭芳故居的對面，應該是跟大師致敬吧。

1 2 來峨嵋酒家，必須嘗一盤梅蘭芳先生最愛的宮保雞丁 3 開在梅蘭芳故居對面的德內分店

特色美食

天上龍肉地下驢肉

王胖子驢肉火燒

MAP P.169/B1

B出口
步行約5分鐘

DATA

✉北京市西城區新街口大街護國寺113號 ☎(010)8322-5292 ⏰10:00～21:00 $約¥32/人均

王胖子驴肉火烧

北方的麵食怎麼吃都好吃，而火燒／燒餅更是麵食中幾乎不敗的選擇。火燒／燒餅中，寶島李迄今沒踩過地雷的，就只有驢肉火燒，而問到驢肉火燒，北京人必說王胖子驢肉火燒！

寶島李大約在15年前，第一次在上海吃到白酒燒驢肉，就被這種比牛肉更綿軟Q彈的驢肉深深吸引，肥瘦相間的驢肉滋潤了火燒，火燒酥脆的口感，更是王胖子獨步江湖的致勝法寶。在北京已有10餘家分店。

許多台灣人對陌生的肉都很排斥，包括驢肉、馬肉都是，但是驢肉可是河北的經典美食，著名的阿膠正是用驢皮熬製的，因此，若是能放下心中的成見，嘗試看看驢肉火燒，相信你會從此愛上它！

1 王胖子驢肉火燒門臉雖小，但卻是北京最受歡迎的驢肉火燒，味道不容小覷 2 驢肉火燒上桌時必定是燒燙燙的，吃的時候小心燙手 3 再配一碗驢肉湯或驢雜湯，更舒服

吮指不住的火燒夾燻肉

寶光燻肉鞋底火燒

MAP P.169／C1
B出口
步行約9分鐘

DATA

北京市西城區護國寺大街65號 134-6667-5528
09:00～21:00 約¥24／人均

店面非常小，可是每次都會看到這家店擠滿排隊的人，寶島李有一次便忍不住的跑來試試。他們家有4個祕密武器：

第一個，他們家的火燒都是現點現做，有人點餐才開始捏麵團，揉成餅形後放進烤箱烤，每次都得等，保證每次吃到的火燒都是燒燙燙的！第二個是燻肉，光聞香氣就會流口水的燻肉啊！其實從菜單看就知道，這家賣火燒的店，燻肉製品其實才是味自慢的料理。

第三個就是糖西紅柿。番茄個頭很大，吃起來口感好，水分多、滋味特別美，灑上白糖吃，不僅美觀之外更是香甜多汁。第四個，便是小米粥，濃淡適中、爽口宜人，好喝得讓人閉起眼享受，而且還很解渴喔！

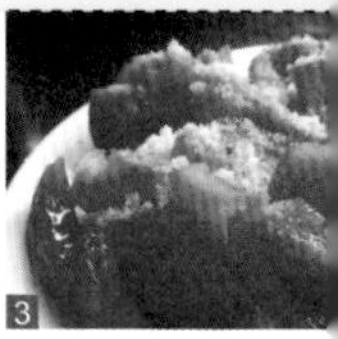

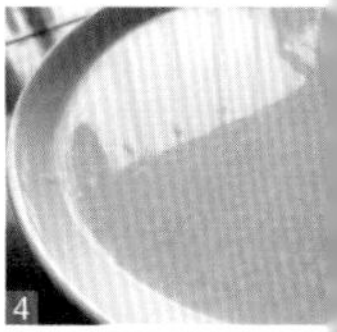

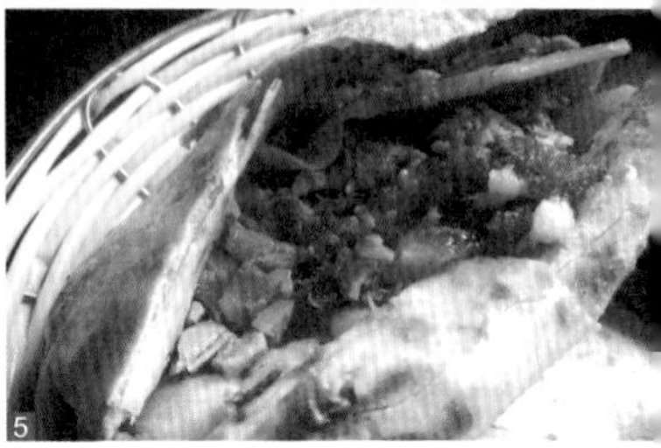

1寶光燻肉鞋底火燒門臉雖小，但可都是真材實料 2寶光的靈魂，燻得香噴噴的燻肉 3 4除了燻肉跟火燒，他們家的糖拌番茄跟小米粥也特別好吃 5誰曾想到，燻肉除了下酒，夾在火燒裡也這麼好吃呢

與護國寺小吃一較短長

惠豐門釘肉餅

MAP P.169／C1
B出口
步行約9分鐘

DATA

北京市西城區護國寺大街67-69號
(010)8322-3298 11:00～21:00 約¥53／人均

門釘肉餅據說是一位御膳房的廚師給慈禧做了點心，慈禧就問這叫什麼？然而廚師當時還沒取名字，靈機一動，想到了宮廷大門上的門釘，便說：「這叫『門釘肉餅』。」於是門釘肉餅就這樣誕生了。寶島李每次都覺得這種典故過於誇大，面對有辦法讓你掉腦袋的老闆，怎麼可能不先想好老闆要問的問題，哪來那麼多靈機一動！

惠豐門釘肉餅前身是百年老店合義齋，但是寶島李看菜單，諸如門釘肉餅、滷煮火燒、炸灌腸等都還在，基本上還是承襲了合義齋的精髓。

這裡的食物跟護國寺小吃大致雷同，頗有搶生意的味道。招牌菜是門釘肉餅，吃的時候要特別小心，不然爆漿會噴得你一身啊！

1明亮的空間，老北京小吃也有大餐廳的風貌 2門釘肉餅因狀似門釘得名 3開放式廚房，甚至還有公播的監視器，製作過程看得到 4吃剛煎出的門釘肉餅，切記注意別被「爆漿」的肉汁燙傷

特色美食

必吃燉肉刀削麵

杏園餐廳

MAP P.169/B3
C出口
步行約4分鐘

DATA

✉北京市西城區西四北大街24號(平安里十字路口東南)
☎(010)6616-8417 ⏲06:00～21:00 $約¥49/人均

杏園餐廳位在平安里南面，這家1950年代創建的老字號山西館子，果不其然又是聚德華天集團的餐廳。據說是由一位來自山西的李師傅所開，他的削麵絕技出神入化，削麵時「一葉落鍋一葉飄，一葉離麵又出刀，銀魚落水翻白浪，柳葉乘風下樹梢」，想想這個畫面多美啊！

杏園餐廳招牌菜是燉肉刀削麵，刀削麵的「澆頭」，也就是麵上淋的燉肉，味道濃郁厚重，嘗得到豬皮的膠質，風味絕佳，再加一點蒜汁，那就是最高的享受了！吃完麵別忘了配一碗麵湯，麵湯是煮麵水，是免費供應的，杏園裡幾乎可以看到人人手捧一碗燉肉麵，就一碗麵湯吃！這裡的乾炸丸子也是北京城中非常出名的，寶島李每次來都必點的喔！

杏園餐厅

1杏園的燉肉麵是招牌中的招牌 2杏園是山西刀削麵老字號，即使到了晚上8、9點，還是非常多人 3吃完麵記得來碗原湯化原食的麵湯 4杏園的乾炸丸子也是北京城中少有的美味

特色美食

朝鮮冷麵老店

華天延吉餐廳

MAP P.169/B3
C出口
步行約13分鐘

DATA

✉北京市西城區西四北大街181號(近府右街)
☎(010)6616-3293 ⏲10:00～21:00 $約¥41/人均

二戰後，大批留在中國東北的朝鮮人歸化成為中國的朝鮮族，他們大多聚居在靠近北韓的延吉一帶，故我們經常看到的韓式冷麵，大陸稱為延吉冷麵。延吉冷麵酸爽甘甜，麵條是蕎麥麵，Q彈有勁，麵和湯都是咖啡色，吃的時候再擱一勺辣椒醬，那才是正確吃法。涼涼的一碗上桌，北京溽暑的時候吃，吃得人通體舒暢啊！

朝鮮冷麵的傳統吃法中，有一種會在冷麵上放狗肉片！雖然這家老店夠傳統，也有販賣狗肉的牌照，不過你不要擔心，狗肉可貴了，你不用想著老闆會對你那麼好！如果你沒特別要求，他們家放的都是牛肉片啦！

華天延吉冷麵有多家分店，西四是總店，老字號總有些脾氣，可不要認為是服務不好喔！

12華天延吉冷麵是北京的老字號朝鮮族麵館 3麵和湯都是咖啡色，據說是很正宗的顏色 4湯麵上再擱一勺辣醬，鮮爽夠勁

1

4號線

Beijing Subway Line 4

古今動物天文歷史一站盡覽

2

動物園站

Beijing Zoo

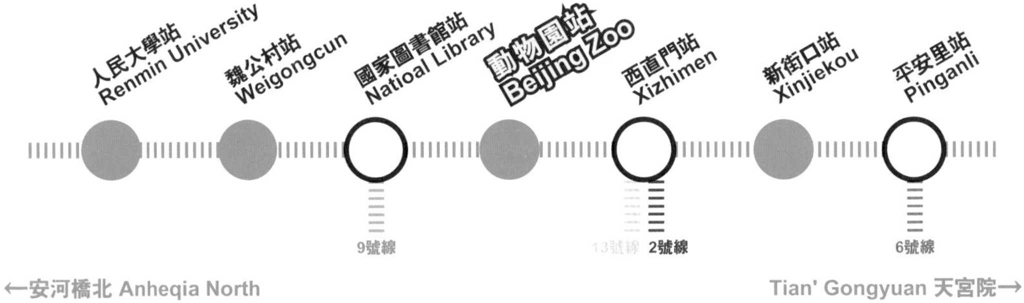
人民大學站 Renmin University
魏公村站 Weigongcun
國家圖書館站 Natioal Library
動物園站 Beijing Zoo
西直門站 Xizhimen
新街口站 Xinjiekou
平安里站 Pinganli
9號線
13號線 2號線
6號線
←安河橋北 Anheqia North
Tian' Gongyuan 天宮院→

動物園站周邊街道圖
A
B
C
D
1
2
3
南長河
皇家御河遊
動物園路
北京展覽館
北展西馬路
北展東馬路
莫斯科餐廳
北京動物園
動物園站
Beijing Zoo
西直門外大街
中國古動物館
北京天文館
西直門外南路
展覽館路
榆樹館胡同
新苑街
文興街
三里河路
文興西街
文興東街
二里溝中街
車公庄西站
Chegongzhuang West
北
車公庄西路
車公庄大街
6號線

如果你以為動物園站就只有動物園可以逛，那可是大錯特錯了，這裡有許多值得走一走的地方，除了清朝就有的動物園外，還有現代與古典兼具的天文館、館藏豐富的古代動物博物館，以及縈繞俄羅斯氛圍、充滿藝術氣息的北京展覽館建築群。另外，如果你不是冬天來北京，Carrie更建議您來上一趟「皇家御河遊」！

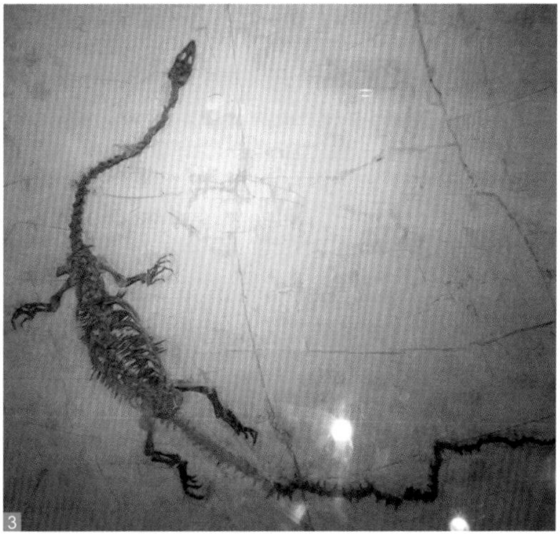

1動物園內的暢觀樓是清朝建物，是北京市唯一保存完整的皇家夏日行宮 2建於五○年代的北京天文館A館，有歐洲博物館的典雅 3中國古動物博物館裡一個保存很完整的化石，細細的脖子和尾巴，讓人忍不住欣賞它的美麗

北京達人 Beijing 3大推薦地

作者最愛
北京動物園

北京動物園前身是清朝「農事實驗場」的附設動物園，是中國歷史上最早的公共動物園，來此當然還是看百年古蹟，看動物還是去木柵動物園吧。(見P.179)

焦點必訪
皇家御河遊

在北京旅遊通常得走個不停，走得兩腳痠痛無力是常有的事，建議不妨排個搭船遊河行程，既可瀏覽沿途景色，又可省點腳力，一舉兩得。(見P.181)

在地人推薦
莫斯科餐廳

提到俄羅斯菜，只要在北京，地不分東西南北、人不分男女老幼，都會跟你說要去這家莫斯科餐廳，吃的不只是味道，還是一種紅色革命的懷念。(見P.181)

遊賞去處

第一個大型綜合性展覽館

北京展覽館

MAP P.177／D1

C2出口 步行約10分鐘

DATA

www.bjexpo.com 北京市西城區西直門外大街135號 (010)5796-0055 開放時間依展覽而定

位於動物園旁的北京展覽館，早期是為了增進中蘇兩國的關係而成立的「蘇聯展覽館」，當時附設劇場、餐廳、電影館，甚至還鋪設了專用的鐵路支線。這樣全面的娛樂場所，對那時的老百姓來說，可是非常頂級的享受，所以也讓當時的北京人，以能在這裡的餐廳吃上頓飯為驕傲。

現在的北京展覽館，除了內設展覽大廳外，還有北展劇場、北展賓館、莫斯科餐廳、中國愛樂樂團、伏爾加餐廳、潮陽舫餐廳、皇帝船碼頭等。整個建築群還保有當時的豪華氣派，雖然已年近半百，但其俄羅斯特有的建築風格，仍讓Carrie為之傾倒，即使只在館區裡遊走，也甘之如飴。

1整個北展館的建築群，充滿了俄羅斯風味 2北展館和廣場，有那麼點軍事味道

百年歷史的動物園區

北京動物園

MAP P.177/C2
C2出口
步行約5分鐘

DATA

北京海洋館www.bj-sea.com 北京市西城區西直門外大街137號 (010)6839-0274 北京海洋館09:00～17:30(旺季)，10:00～16:30(淡季) 見下表，一般門票加上熊貓館門票即為聯票；身高120cm以下兒童、軍人、殘疾人士免費入園，學生、老人憑證可享優惠價

旺季	一般門票	優惠票	聯票
動物園	￥15	￥7.5	￥19
海洋館	￥175	￥85	
淡季	一般門票	優惠票	聯票
動物園	￥10	￥5	￥14
海洋館	￥175	￥85	

北京動物園創建於清光緒32年(1906年)，當時還是清朝「農事實驗場」的附設動物園，至今已有百年歷史。在古代，動物園都是皇家或貴族的私人收藏，北京動物園則是中國歷史上第一所向民眾開放的現代公共動物園。

曾經因為戰亂，園內只剩下13隻猴子跟1隻鳥，現今已有5,000多頭動物，占地約90公頃(約木柵動物園的一半)。如同台北老圓山動物園，百年歷史的北京動物園也是北京人的共同回憶，好比猴山、熊山、獅虎山，都是老北京人的兒時記憶，而水禽湖的鳥類離人都很近，甚至可以見到他們從水面起飛的倩影。

除了看動物，園內的古蹟更不可錯過，如百年歷史的龍紋雕花西式大門，為慈禧太后打造的暢觀樓行宮，姿態生動的銅獅銅吼、宋教仁紀念塔、牡丹廳以及各色清代園林建築等，穿梭在歷史建物之間，讓動物園更加饒富趣味。

1「北京動物園」5個字體，是從毛澤東不同文章中所拼湊成 2牡丹廳是一清代環形長廊，環繞百花，甚為少見 3猴山是園區最老的館舍，猴山上還可見到不同年代修建的標記 4看動物、看古蹟，還能乘快艇 5小小的動物園，動物跟人之間的距離也特別近

遊賞去處

亞洲最大古動物館

中國古動物館

MAP P.177/B2

D出口
步行約5分鐘

DATA

http www.paleozoo.cn ✉北京市西城區西直門外大街142號 ☎(010)8836-9210 ⏰09:00～16:30(16:00停止售票) 休週一 $成人¥20，120公分以上兒童、學生、老人、軍人¥10；身高120以下兒童、軍人、殘疾人士免費入園；「小達爾文俱樂部」成員在會員有效期內參觀可免門票，陪同的1名家長也免門票

走進1樓的古脊椎動物館，映入眼簾的便是數層樓高的恐龍化石，雖然這幾隻只是模型，但巨大的身軀還是讓人感到無比震撼。除此之外，你還可以看到被稱「活化石」的拉蒂邁魚、亞洲最大的馬門溪龍、世界首枚翼龍胚胎、能吃恐龍的哺乳動物……等等也都在展品之中。不論是收藏或展廳，都可算是目前亞洲最大的古動物博物館。館裡還針對中小學生創辦了「小達爾文俱樂部」，定期舉辦講座和戶外教學，是很受小朋友喜愛的課外活動。

想進一步先了解，別忘上官網裡的全景展廳，這裡提供360度的模擬展覽，讓你先睹為快！

国科学院古脊椎动物与古人类研究所

1中國古動物博物館後方，還可以看到中國科學院古脊椎動物與古人類研究所的字樣 2展示在1樓的恐龍模型，有數層樓高，非常地逼真生動

遊賞去處

活動豐富的天文觀測站

北京天文館

MAP P.177/B2

D出口
步行約3分鐘

DATA

http www.bjp.org.cn/misc/index.htm ✉北京市西城區西直門外大街138號 ☎(010)5158-3311 ⏰(2/1～2/24)09:30～16:30，(2/25～12/31)週一、二閉館，週三～六09:30～15:30，週日09:30～16:30 $AB展廳門票¥10，優惠票¥5 ℹ患有心臟病、高血壓、心血管疾病的老年人及殘疾人，100公分以下的兒童謝絕觀看3D、4D劇場

北京天文館有A、B兩館，其中的A館落成於五○年代，整座展館從外面看有點像歐洲的博物館，古典的外型，處處流露著那個年代的優雅，可以說館體本身就是一件美麗的藝術品。館內約有2,000多坪，包括了天象廳、展覽廳、影視報告廳和大眾天文台。2004年新的B館落成，整座建築和旁邊的A館完全不同，流線造型的玻璃建築，展現的是超現代的科技感。6,000坪的室內面積，除了一些互動的天文設施外，還有數字化宇宙劇場、3D動感天文演示劇場、4D動感影院、天文展廳、太陽觀測台……等。

1造型流線的B館，有超越時空的科技感 2外型可愛，色彩繽紛的互動天文設施

遊賞去處

賞花觀柳御河遊

皇家御河遊

MAP P.177／D1
C2出口
步行約20分鐘

DATA

http www.jcsy.com/default.html ✉登船地點：北京展覽館後面 ☎(010)8836-3577 ⏰4/1～10/31，10:00～16:00，每整點發船 $成人單程¥50，往返¥100。120公分以下兒童免費

皇帝船码头

1頤和園碼頭，繁忙的遊船不斷進出
2皇帝船碼頭

這條河歷史悠久，是當年乾隆前往萬壽寺為母親祈福祝壽，還有要從皇宮到頤和園時專用的河道。如果你是春秋時節到北京，Carrie會建議來體驗一下遊船，因為這兩個季節的氣候特別好，春天可以看花，秋天可以看落葉，不冷不熱，非常舒服。

遊船的起點是北京展覽館後面的「皇帝船碼頭」，沿長河到頤和園，途經北京動物園、五塔寺、紫竹院公園，然後在紫禦灣碼頭換乘龍船，繼續前行萬壽寺、長河灣，最後到達終點：頤和園的「南如意碼頭」。由於可以在北京動物園或紫竹院公園上下船，如果你沒有到過動物園和紫竹院，可以進園去遊覽，等到整點時再到碼頭登船繼續到下一站。

可上網找找有無便宜的團購票可買，也可以考慮一日遊的套裝行程，包含2地的門票和遊船，價格可是相差很多喔！

特色美食

經典俄羅斯菜肴

莫斯科餐廳

MAP P.177／D1
C2出口
步行約9分鐘

DATA

http www.bjmskct.com ✉北京市西城區西直門外大街135號(北京展覽館，近北京動物園) ☎(010)6831-6758 ⏰午餐11:00～14:00，晚餐17:00～21:00 $約¥315/人均

1莫斯科餐廳門面恢弘 2紅菜湯，在上海得名羅宋湯又再到了台灣 3基輔式黃油雞捲，外酥內嫩，層次非常豐富 4罐燜牛肉，味道就像寶島李小時候吃的羅宋湯一樣，好懷舊啊 5來這吃飯，吃的不僅僅是一頓飯，還是一種情懷

莫斯科餐廳是北京人的共同回憶，大概就像台北波麗路西餐廳或是明星咖啡廳。內飾將近兩層樓的落地大紅窗簾、雕飾大花柱、水晶大吊燈，力求恢復當年紅色革命時代的風貌，而最令寶島李喜愛的，是當現場樂隊唱起俄國歌曲，一些上年紀的客人們，也會放聲唱著他們年輕時的歌，好熱血！

來老莫可以點一些經典的俄羅斯菜，如紅菜湯(也就是羅宋湯)跟牛肉罐，特別要說的是，罐燜牛肉吃起來才是台灣吃到的羅宋湯味道，而真的羅宋湯卻一點都不羅宋湯喔！另外老莫的酸菜更是每個人吃過都說讚，非常推！

4號線

Beijing Subway Line 4

中國教育文化重鎮

北京大學東門站

East Gate of Peking University

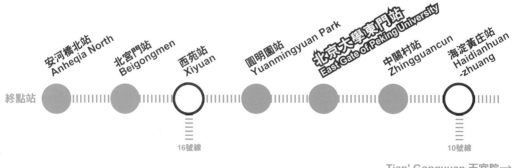

終點站

安河橋北站 Anheqia North

北宮門站 Beigongmen

西苑站 Xiyuan

16號線

圓明園站 Yuanmingyuan Park

北京大學東門站 East Gate of Peking University

中關村站 Zhingguancun

海淀黃庄站 Haidianhuan-zhuang

10號線

Tian' Gongyuan 天宮院→

北京大學東門站周邊街道圖
清華園
中關村北大街
近春路
清華西路
清華路
清華大學西門
清華大學
圓明園站
Yuanmingyuan Park
直隸會館
清華南路
熙春路
鏡春路
未名湖
博雅塔
北京大學
臨湖路
萬聖書園
北京大學東門站
East Gate of Peking University
食寶街
成府路
北

4號線是北京於2009年9月開通的一條地鐵，其中北京大學東門站是距離北大最近的地鐵站。北大、清華校園相鄰，周圍腹地延伸至13號線的五道口地鐵站，是北京著名的大學城區域。4號線地鐵是貫穿北京西城區南北的重要線路，4號線的北端，行經著名的北大清華大學城及昔日皇家園林區，南端則行經不少胡同舊城區，南北兩端各有特色。全線共設24站，與1號線、2號線、13號線、10號線均有換乘站。

品語服飾

1 4號線北京大學東門站 2 從北大、清華至五道口區域為大學城，有許多書店

中國第一學府

北京大學

MAP P.183／B3
A出口
步行約3分鐘

DATA

www.pku.edu.cn 北京市海淀區頤和園路5號
(010)6275-2114

北京大學的重要性，在於它是中國第一學府，也是中國第一所國立綜合性大學。北大創立於1898年，初名京師大學堂，1912年改為北京大學。校址最初在景山東街和沙灘(故宮的東北邊)、紅樓(今五四大街29號)等處，1952年與燕京大學合併，才遷到離圓明園不遠的現址。

北大校區廣闊，東、西、南、北各有出入口，其中西門是主校門，採用傳統的朱漆宮門，門口有兩尊昂然而立的石獅，還有毛澤東親題的牌匾，是北大很具代表性的一景。距離地鐵出口最近的則是東門。從這裡進入校區，需在門口登記證件，記得攜帶台胞證。東門進入後，循指標指示步行右轉，可到達北大著名地標：未名湖及博雅塔。

未名湖是人工湖，清朝時，這裡曾是圓明園附屬的景區，後來被北京大學的前身「燕京大學」納入校區，由國學大師錢穆命名為未名湖。百年來，多少莘莘學子在湖畔思索吟哦，埋首書頁；或是三五好友相邀對坐，高談闊論，澄淨的湖水隨著歲月悠悠地流淌，送走了多少青年才俊踏出校園，又迎來了多少懷抱理想的靈魂，宛如是學子們的精神依靠。這也是為何，未名湖不見得有多麼了不起的美景，卻始終是北大校園裡一則最動人的傳說篇章。

4

未名湖畔還有一座高聳的密簷寶塔，倒映在碧綠湖水中，增添了未名湖的神祕縹緲氣息。有趣的是，青年學子將這座塔及未名湖、圖書館這3個北大著名景點，戲稱為「一塔湖圖」！其實這座充滿古代建築特色的寶塔，只是個水塔，建於1924年燕京大學時期。這座塔以捐資建造者的名字，命名為「博雅塔」，塔的外型則是仿造北京市通州區一座清朝時期的燃燈塔。

1古典的北大西門，也是主校門 2北大校園內的老建築 3博雅塔倒映在湖水中的美景 4未名湖畔，學生們三兩成群聚會聊天

1

2

3

清代熙春園的前身

清華大學

遊賞去處

MAP P.183/C1
A出口
步行約10分鐘

DATA

www.tsinghua.edu.cn 北京市海淀區清華大學
(010)6278-5001

出地鐵站後，沿中關村北大街往北步行約10～15分鐘即可抵達清華大學的西門。步入校區後，可見到出租自行車處。由於清華比北大還要廣闊，面積要大上約兩倍，因此，建議租輛單車才能盡情展開暢快的校園之旅。否則，校園內也有固定班次的遊覽專車。

清華的景點主要在西側的老校區，包括機械工程館、化學館、大禮堂、圖書館、科學館、清華學堂等老建築，大多帶有西洋風格的磚石結構，磚牆上布滿著爬山虎顯露出歲月的風霜。這裡還有一座刻著「清華園」的牌樓，由白玉石砌成的三拱石門，左右各有兩根西洋羅馬柱，看來典雅又莊重，這牌樓又稱為「二校門」，是清華最早的大門，不過原牌樓毀於文革，如今的牌樓是後來校友集資重建的。

「清華園」前身是清朝康熙年間建立的熙春園，當時也是圓明園的附屬園林。道光年間分為熙春園和近春園兩部分，咸豐年間熙春園又改名為清華園。老校區這裡有座建於清朝年間的「工字廳」，因前後兩個大殿，中間以短廊相接，俯視就像一個工字而得名。不過目前作為辦公場所，並不開放。

工字廳後方則是「水木清華」，這4個字已經成為清華的代名詞，出自晉朝謝琨詩：「惠風蕩繁囿，白雲屯曾阿。景昃鳴禽集，水木湛清華。」題字據說是出自乾隆御筆。這裡有一汪荷花池，池畔還有作家朱自清的塑像，不過他著名的文章「荷塘月色」，吟詠的地點其實是另一處「近春園」裡的荷花池。

遊畢清華，若選擇從西門出校園，再往西走一段路就是圓明園南門，可作為下一站行程。

1

2

3

4

5

1清華大學西門 2 4老校區內有許多西洋風格的老建築 3同方部是清華園裡最早的建築，也是清華第一個禮堂，曾作為祭祀孔子之處 5清華園的荷塘，一眼望去皆是綠意盎然

購物血拼

北京民營書局的先驅

萬聖書園

MAP P.183／D3

B出口
步行約10分鐘

DATA

http www.allsagesbooks.com ✉北京市海淀區成府路59-1號 ☎(010)6276-8748 ⏰10:00～22:00 ➜或搭13號線至五道口站

在學術氣息濃厚的北大、清華周邊，自然也是書店聚集處，萬聖書園是其中的佼佼者。有別於西單圖書大廈、王府井書店等宛如大賣場般的氣息，萬聖書園樸實無華的裝潢，以書為主體的規畫，嗅得到傳統文人書店的氣味。

萬聖書園是北京民營書店的先驅，以文史哲等學術性書籍為主，老闆選書很有原則，不會因為作者名氣大就進書，有自己的看法和主見，這種對書籍品質的堅持，也是萬聖書園之所以能在北京學術文化圈享有一定盛名的原因。書店還附設醒客咖啡，可供愛書人在此小坐歇息。

万圣书园

1萬聖書園外觀很不起眼 2走上2樓，一屋子的書香

特色美食

北京版士林夜市

食寶街

MAP P.183／B3

D出口
步行約23分鐘

DATA

✉北京市海淀區中關村大街15號(e世界財富中心對面) ☎(010)5848-1166 ⏰10:00～22:00 ➜D出口往南步行，全程約23分鐘；或從中關村地鐵站C3出口步行可達

海澱區的五道口因為生活方便加上大學集中，有世界各地的學生往來，被暱稱為「宇宙中心」，不過「宇宙中心」最近有點位移，因為海澱區的中關村開了一家食寶街。

食寶街是「中關村時代廣場」的一部分，建築面積達4萬平方公尺，入駐餐飲企業達150餘家，味美價廉，走的是觀光夜市的消費，吃的是大觀園的驚奇。每家賣的東西都不太重複，裡面包含大陸各省以及國外的美食，許多是出了當地就很難見到的吃食，例如湖北的炸串、山西陝西的石頭饃等。經過許多網紅奔相走告，這裡吸引許多追求美食的饕客前來。面對熙熙攘攘，人手一吃的遊客，寶島李頓時有種來到士林夜市的感覺。如果你跟寶島李一樣都是天生就有選擇困難症的天秤座，那麼最好事先計畫一下品嘗清單，否則猶豫不決之時便會被人潮擠過來擠過去了！

食寶街

TIGER SUGAR
TIGER SUGAR

1食寶街是北京最近新興的熱門網紅美食街 2不只有大陸各地著名美食，亦有各種國外小吃，就連台灣品牌也找得到喔 3不只地方大，人更是多，進去前要有心理準備

特色美食

道地的河北官府菜

直隸會館

MAP P.183／B2
A出口
步行約10分鐘

DATA

http www.zhilihuiguan.com ✉北京市海澱區中關村北大街127-1號 ☎(010)8266-7777 ⏰午餐10:00～14:00，晚餐17:00～21:00 $約￥268／人均

這家店開在北京大學與清華大學之間，離圓明園也不遠，地點的優勢加上大氣的名字，從大門、玄關及包廂的裝修都極其精緻。業者把俗稱官府菜的菜系當學問來做，特意營造出學術氛圍，也被推崇為國家級非物質文化遺產，環顧四周的賓客們及服務員的態度可親，都流露著一股濃濃的文化氣息！

這裡的菜譜每本都很大很厚重，每道菜都有典故及來歷，色相誘人，只是在價格處都標著「免費」，問了服務員才匆忙拿出另外一套有標價的菜譜，所以介意價格的顧客千萬要注意，問清楚價位後再點菜。像是一道有來頭有故事的官府六道骨要價￥498，李鴻章燴菜￥298，除了有來頭的名菜保留下來外，每季都會推出100多道新菜哦！

菜系是屬於河北菜系，用料及烹調技術都沒話說的道地，相對於南方菜系來說，北方菜不喜加糖，也因此南方人也許會覺得有點偏鹹，但整體而言口味水準之上。

直隸會館

直隸會館
能吃的博物館

1 石碑式的路標 2 大堂石柱物非質文化遺產的海報設計 3 玉米豬手 4 高湯燉白菜 5 菌菇湯 6 玄關處的布置(以上照片提供／吳麗玲)

直隸會館

4號線

Beijing Subway Line 4

憑弔大清王朝的歷史遺跡

圓明園站

Yuanmingyuan Park

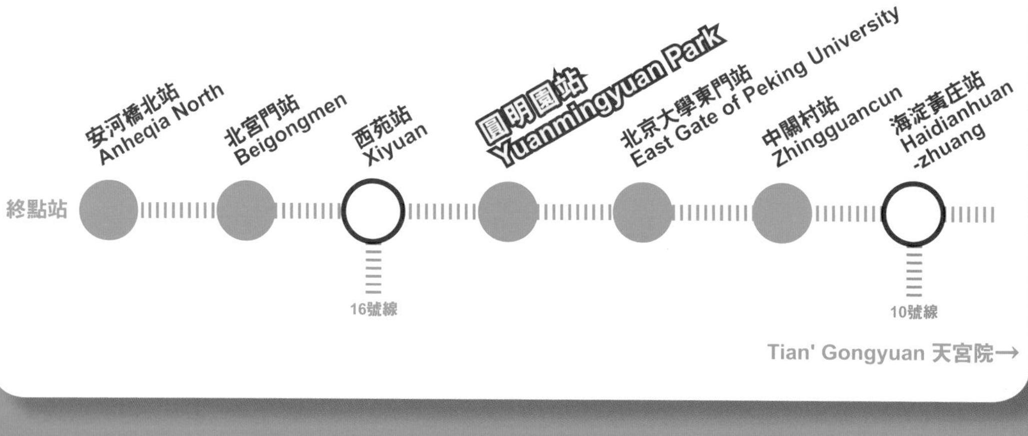

終點站
安河橋北站
Anheqia North
北宮門站
Beigongmen
西苑站
Xiyuan
16號線
圓明園站
Yuanmingyuan Park
北京大學東門站
East Gate of Peking University
中關村站
Zhingguancun
海淀黃庄站
Haidianhuan
-zhuang
10號線
Tian' Gongyuan 天宮院→

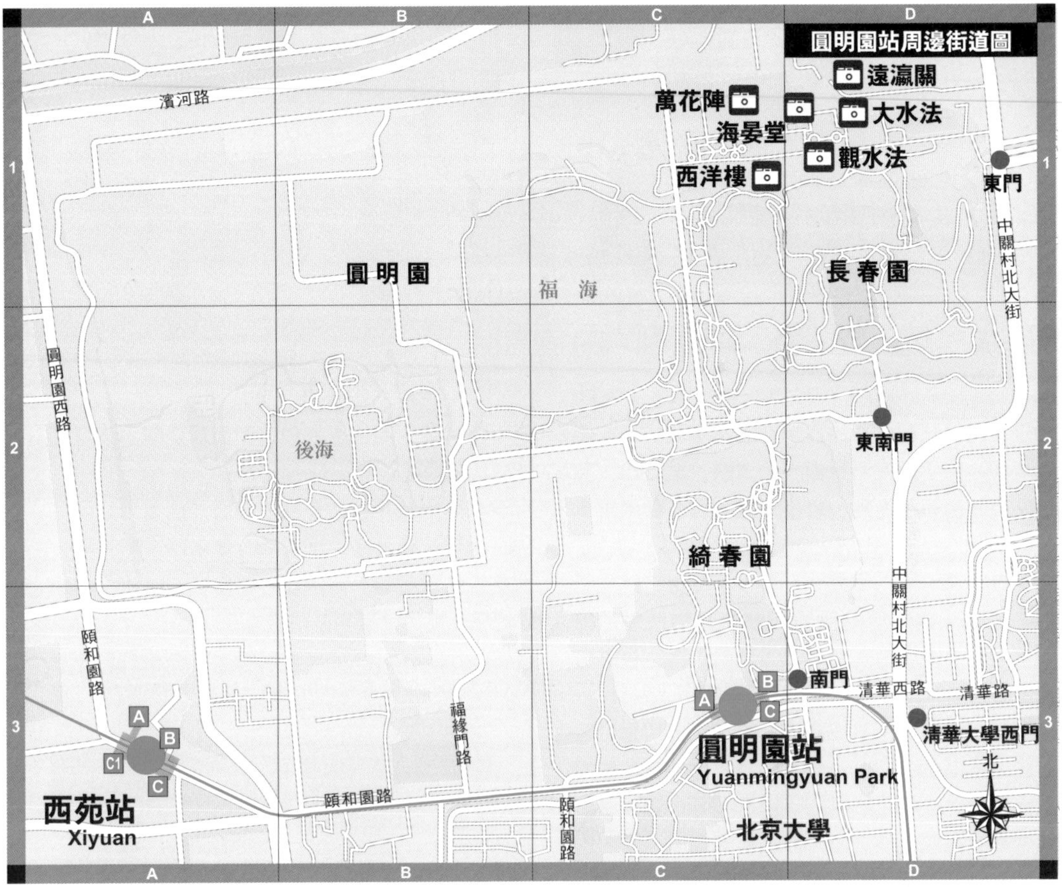
圓明園站周邊街道圖
遠瀛關
萬花陣
大水法
海晏堂
觀水法
西洋樓
東門
濱河路
圓明園
福海
長春園
中關村北大街
圓明園西路
後海
東南門
綺春園
頤和園路
南門
清華西路
清華路
清華大學西門
福緣門路
圓明園站
Yuanmingyuan Park
北
西苑站
Xiyuan
北京大學

圓明園在歷史上是一頁滄桑史，它曾經是「萬園之園」，如今卻僅餘亂石殘堆，而中國政府的追討圓明園文物的行動還在持續進行中。要參觀圓明園，可搭地鐵前往，不過要注意的是，地鐵站出口離圓明園南門(即綺春園宮門)較近，圓明園的主要遺跡景點則在東門(即長春園東門)附近。

遊賞去處

萬園之園的文化遺址

圓明園

MAP P.189

A、B、C出口皆可達

DATA

www.yuanmingyuanpark.cn 北京市海淀區清華西路28號 (010)6262-8501 (10/16～3/15)07:00～19:30，(3/16～4/30、9/1～10/15)07:00～20:00，(5/1～8/31)07:00～21:00 ￥10、西洋樓遺址景區(含大水法、展覽館、迷宮)￥15

圓明園和頤和園常被拿來相互比較，很多人會說，圓明園裡面沒什麼，頤和園比較值得去。這話某種程度上雖然沒錯，不過「沒什麼」的圓明園，正足以印證歷史上那場英法聯軍所掀起的掠奪毀壞有多慘烈，若非親眼所見，很難想像面積

幾乎等同於頤和園和故宮加起來那麼大的一座園林，如今除了幾處刻意復原的遺跡、亂石堆，和一望無際的荷花池外，幾乎沒能給遊客帶來更多驚喜。

走在這樣一處「景點」，內心浮現起的就是不斷地感慨，對戰爭的無情和歷史文物佚失的感慨。如今要還原這座昔日的「萬園之園」，唯有靠零星殘破的碎片和盡其可能的想像。

圓明園始建於康熙46年(1707年)，最初是康熙賜給兒子雍正的花園，歷經康、雍、乾3代的增建整修，規模越來越大，在長達150多年的建設中，清朝幾乎是傾全國之力，召來各省傑出工匠，竭盡所能地打造山水庭園，種植奇花異木，甚至大費周章在這裡複製了洋人的建築。極盛時園內有著名的40景，大型建築物145處，收藏的藝術珍品和珍貴文物更是難以計數。

圓明園不僅是清朝宮廷休憩賞玩的花園而已，從雍正起，清帝也開始在這裡居住、辦公，包括會見大臣、接待外國使節、處理政務等，紫禁城反而成了象徵意義上的宮殿，圓明園對清朝的重要性可見一般。

也正因如此，咸豐10年(1806年)英法聯軍直衝著圓明園而來，不僅搶奪了大批珍貴文物，並放火燒掉了大清百餘年來的精心布局建設，圓明園至此已經奄奄一息，衰敗凋蔽。1900年八國聯軍攻入北京，再一次掠奪毀壞，再加上之後無人看管，連軍閥也把這裡當建築材料場，取走各種石料、木材等，圓明園終於落到面目全非，幾無可能修復的命運。

現在園內較完整的景點就是西洋樓遺址景區，由諧奇趣、線法橋、萬花陣、養雀籠、方外觀、海晏堂、遠瀛觀、大水法、觀水法、繞法山和線法牆等十餘座建築和庭園組成。

1如今的西洋樓景區，仍舊予人殘破不堪的印象 2海晏堂 3大水法 4遠瀛關 5觀水法 6萬花陣 7諧奇趣的遺跡：噴水池

3

4

大水法

MAP P.189/D1

「水法」就是人工噴泉，上網查一下復原圖，你會驚訝於當年清朝確實是將歐洲宮廷花園裡壯麗宏偉、極盡雕琢裝飾之能事的噴泉移植到北京了。再對照目前散落一地的石塊、殘缺斷裂的石柱，不禁令人感慨陷入塵埃中的巴洛克風格建築，何其蕭瑟淒涼。

遠瀛關

MAP P.189/D1

遠瀛關就在大水法後方，想像一下，如今還矗立在藍天白雲下的這幾根散落的高大石柱，原本是一座建築在高台上的西洋鐘樓式大殿，大殿主體均為優質漢白玉打造而成，巨柱上還可見到精細的葡萄花刻紋，整體設計有如歐式皇宮般豪華，乾隆和香妃都曾在此居住。

海晏堂

MAP P.189/D1

佳士得拍賣公司曾經因為拍賣圓明園12生肖獸首中的鼠、兔銅雕，引起中國抗議，這批引起全球關注的獸首，最早就是放置在圓明園的海晏堂前。海晏堂是西洋樓景區內最大的一組歐式園林景觀，主體建物宛如歐式城堡，門前台階由高而低，漸層式地緩降，環繞著一組大型噴泉。噴水池左右呈「八」字形，排列著12生肖人身獸頭銅像。每天12個時辰，由12生肖依次輪流噴水，正午時同時噴發，場面十分壯觀。

觀水法

MAP P.189/D1

顧名思義，觀水法是特地設置給皇帝觀賞大水法噴泉的地方。原本放置了皇帝寶座，背後還有5件刻有西洋軍旗、甲冑、刀劍、槍砲等精緻花紋的石雕並列而成的大型屏風，看來氣勢十足，如今僅餘幾件岌岌可危的石雕殘片，彷彿嗟嘆著昔日的繁華殞落。

萬花陣

MAP P.189/C1

萬花陣是清乾隆年間所建造的歐式迷宮，原跡已毀，現存建築是1989年重建的。Sindia覺得萬花陣是圓明園內最有趣的地方，迷宮以石牆砌成，高約1.2公尺，整個範圍不大，從入口到中心亭的直徑距離也不過約30公尺，看起來並不難，不過此陣有易進難出的特點，要走到中心亭的位置也不是太輕易，常會走入死胡同。來到這裡，不妨重拾童心，和遊伴們一起比賽誰先找到出口。清朝時萬花陣就像皇帝與宮女們的遊樂場，每年中秋夜，宮女們手持黃色彩綢紮成的蓮花燈魚貫走入萬花陣中，比賽誰先找到出口抵達中心亭，皇帝就坐在中心亭高處，看著蓮花燈東流西竄，光影綽綽，成為中秋的一大樂事。

4號線

Beijing Subway Line 4

觀覽壯麗山水與園林美景

北宮門站

Beigongmen

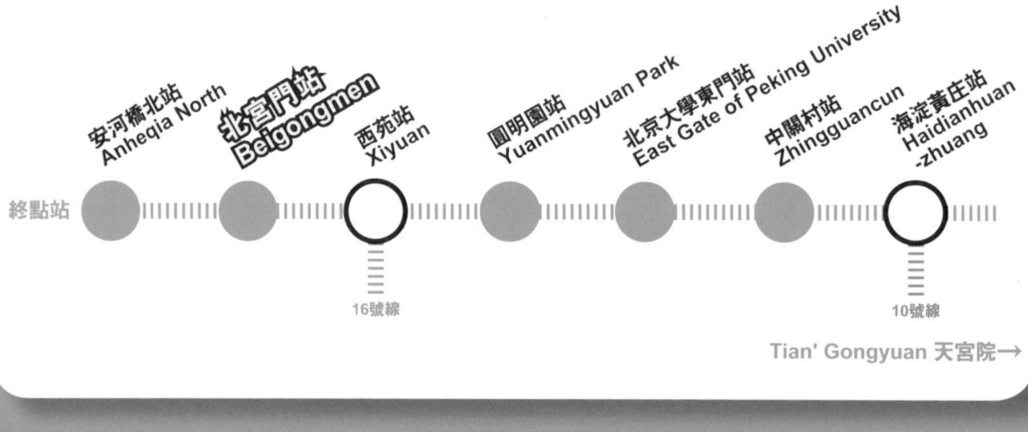

終點站
安河橋北站
Anheqia North
北宮門站
Beigongmen
西苑站
Xiyuan
16號線
圓明園站
Yuanmingyuan Park
北京大學東門站
East Gate of Peking University
中關村站
Zhingguancun
海淀黃庄站
Haidianhuan
-zhuang
10號線
Tian' Gongyuan 天宮院→

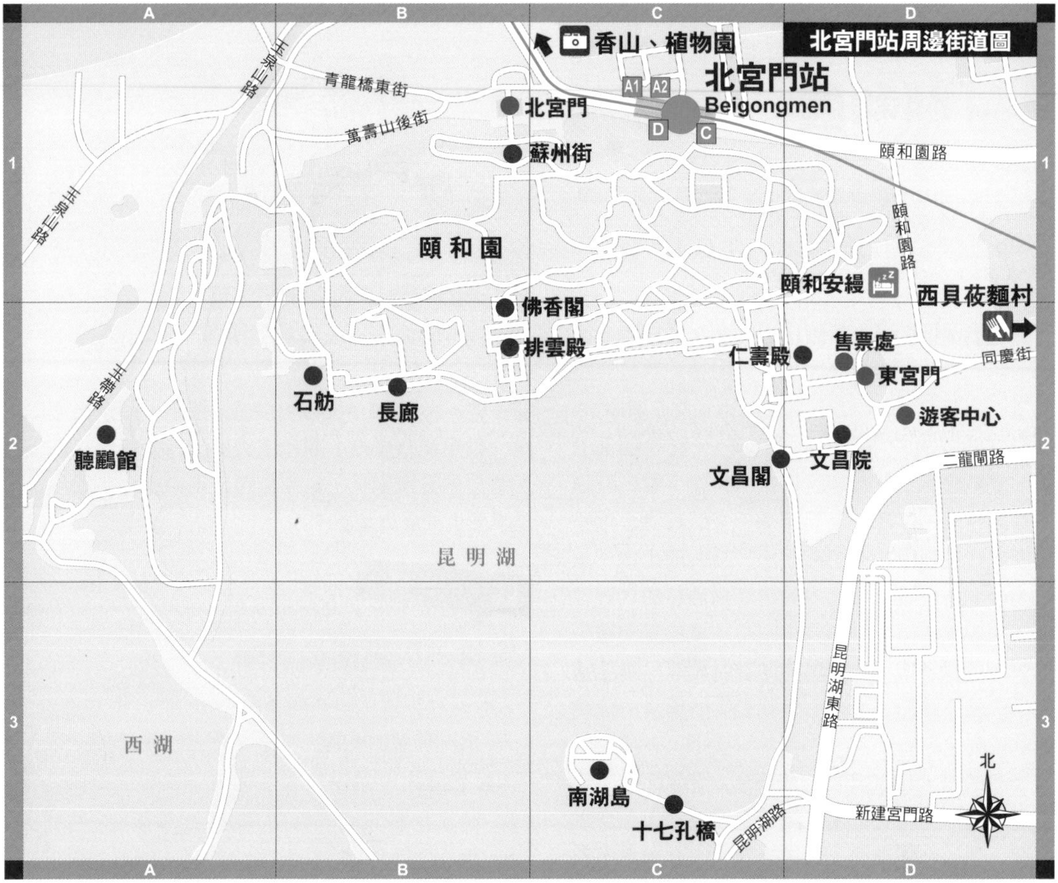
北宮門站周邊街道圖
北宮門站
Beigongmen
A1
A2
D
C
香山、植物園
青龍橋東街
萬壽山後街
玉泉山路
頤和園路
北宮門
蘇州街
頤和園
頤和安縵
西貝莜麵村
佛香閣
排雲殿
仁壽殿
售票處
東宮門
同慶街
遊客中心
石舫
長廊
玉帶路
聽鸝館
文昌院
文昌閣
二龍閘路
昆明湖
昆明湖東路
西湖
南湖島
十七孔橋
昆明湖路
新建宮門路
北
A
B
C
D
1
2
3

以往要去頤和園，得轉乘好幾趟車，自從4號線地鐵開通後，方便許多。不過北京的園林都非常大，又有多個入口，去之前得先搞清楚方位，否則會走不少冤枉路。4號線地鐵的北宮門站及其前一站西苑站，均可抵達頤和園。北宮門站離頤和園的「北宮門」入口較近，若選擇搭至西苑站，則需步行約8～10分鐘，才會到頤和園的「東宮門」。一般而言東宮門是頤和園的正門，想從正門入園者，可選擇在西苑站下車，由東宮門進，北宮門出。

地铁北宫门站

遊賞去處

現存最完整的皇家園林

頤和園

MAP P.193／B1
D出口
步行約3分鐘

DATA

http www.summerpalace-china.com ✉北京市海淀區新建宮門路19號 ☎(010)6288-1144 ⏲06:30～18:00(旺季4～10月)、07:00～17:00(淡季11～3月) $淡季門票¥20、聯票¥50；旺季門票¥30、聯票¥60

比起圓明園的殘破不堪，也曾遭逢英法聯軍蹂躪的頤和園，因光緒年間修復過，是北京最完整的清代皇家園林，1998年被列入世界文化遺產。

頤和園建於乾隆15年(1750年)，當時稱清漪園，是乾隆為了給母親祝壽送的大禮。當時乾隆下令拓挖西湖，改名為昆明湖，並將挖湖土堆築於湖北岸的甕山，改稱萬壽山。又大興土木，以杭州西湖為藍本，在園內興建江南園林的代表性建築和山水名勝，例如有仿造岳陽樓的景明樓，仿太湖的鳳凰墩，仿黃鶴樓的望蟾閣等，甚至還闢了一條蘇州街，費盡心思就是要將優美的江南園林搬到北京來。

不幸的是，1860年英法聯軍攻入北京，也焚燬了清漪園。光緒10年時，清朝為了慈禧太后予以重建，並改名頤和園，慈禧晚年常來此避暑、遊覽、過壽，也常在此處理政務。只不過頤和園命運多舛，於1900年再度毀於八國聯軍，不久後慈禧又動用鉅款修復，頤和園因而成為北京保存狀況最佳的皇家園林，並完整體現了中國古典園林造景藝術的最高境界。

1

1頤和園內的昆明湖風光 **2**蓮葉何田田，說的就是這種意境吧

貼心小提醒！

安排一天遊園較悠閒

若要仔細遊覽頤和園各處景點，可以花上一天，重要景點走馬看花也要半天，肚子餓的話，在頤和園內各景點設有販售簡單快餐的販賣部，也有比較正式的餐廳，如聽鸝館飯莊。在東宮門外步行一小段的距離，則有一家頗具規模的西貝莜麵村，販售西北風味的麵食。

頤和園精華TOP 8

TOP 01 P.193／D2

仁壽殿

從東宮門入園，首先會到達此一景點。這裡是慈禧和光緒帝接見大臣和使節之地，可說是政治中心，殿內還安裝有中國最早的電燈。殿前有一只外型奇特的麒麟，有著鹿角、龍頭、獅尾和牛蹄，全身披有鱗甲，坐鎮門前，氣勢昂揚，也有祥瑞的象徵意義。另有一對銅龍、銅鳳，這不光是裝飾品，而是香爐，腹中點燃檀香時，香煙會從龍鳳口中飄散出來。原本龍代表皇帝，鳳為皇后，龍大於鳳，但慈禧為凸顯自己的地位，將龍鳳位置顛倒，變成鳳上龍下。

TOP 02 P.193／D2

文昌閣、文昌院

文昌閣是一座城關式建築，也是頤和園裡6座城關最大的一座。主閣有兩層，供奉銅鑄的文昌帝君塑像。一旁的文昌院是新建的文物陳列館，內有書齋、瓷器、玉器、青銅器等專題展館，皆為當年在皇家陳設的藝術品及生活用品。

12作為香爐之用的銅龍和銅鳳 3仁壽殿：慈禧和皇帝接見大臣和使者之處 4文昌閣

TOP 03 MAP P.193／C3

南湖島、十七孔橋

整座頤和園中，昆明湖水域就占了3／4，諸多景點圍繞在湖岸四周，襯著波光瀲灩，隨意一瞥都像幅畫，從湖上或岸上欣賞，各有姿態。在昆明湖的東側就有一座南湖島，以十七孔橋和昆明湖東岸相連接。島上有一座龍王廟，據說慈禧太后會搭船到此燒香祈雨。

十七孔橋宛如一道長虹橫跨於湖上，橋長150公尺，寬8公尺，17個橋洞由小漸大，再逐漸縮小，使橋面呈現優雅的拱形，橋上還有544隻神態各異的石獅，精雕細琢，巧奪天工，讓這裡成為頤和園一處不可錯過的浪漫景色。

此景點靠近頤和園另一個入口「新建宮門」，這裡還有遊船碼頭，可搭船至北岸的石舫。

1連接南湖島的十七孔橋，造型優美，遠望像道弧線 2昆明湖上的大型遊船，搭船可至昆明湖北岸的石舫

TOP 04 MAP P.193／B2

石舫(清宴舫)

這是一座船身以青白石雕刻而成的雙層石舫，船艙原本是中式木製艙樓，遭焚燬後，改建成西洋形式。雖說年代久遠，船艙歷經風吹日曬有些斑駁，不過仔細看，船艙上還有精美的雕刻和彩繪，可以想見當年極盛時期的華麗。據說慈禧會在石舫內用早點、吃宵夜。

華麗的雙層石舫

TOP 05 MAP P.193／A2

聽鸝館

古人時常以黃鸝鳥的叫聲比喻為聲音的優美動聽，聽鸝館原是乾隆為母親看戲所建，是座兩層樓的戲台，慈禧也常在此看戲。如今外觀仍保有古戲台的樣貌，內部已改為餐廳，提供具宮廷特色的中式菜肴。

古時的戲台，如今是餐廳

TOP 06 MAP P.193／B2

排雲殿、佛香閣

排雲殿和後方位於萬壽山的佛香閣，是頤和園中軸線上最主要的景區。排雲殿是專為慈禧太后過壽時接受祝賀而蓋的大殿，建在一座高台之上。佛香閣位居山邊，居高臨下，需爬數十層階梯才能抵達。在昆明湖沿岸往北遠眺，幾乎都可見到這座有著8面(八角形)、4重簷、3層樓閣的建築，屋頂覆蓋有黃綠琉璃瓦，有時繚繞在雲霧之中，更顯出某種神性的光輝。

佛香閣建於乾隆時期，原本是要蓋9層高的延壽塔，蓋到第八層時突然改變心意，下令拆毀，改建為佛香閣。一層供奉有一尊5米高的鎏金千手觀世音菩薩，為明代萬曆年間鑄造，神聖莊嚴。

1頤和園裡最高的建築佛香閣 2排雲門前的太湖石 3位於排雲殿前的排雲門 4蘇州街是新建的仿古建築

TOP 07 MAP P.193／B2

長廊

長廊內每幅彩繪都不同，有時間的話可以仔細瞧瞧

在昆明湖的北岸、萬壽山腳下，沿著湖岸興建了可遮雨遮陽的長廊，總長728公尺，串起了石舫、聽鸝館、排雲殿、樂壽堂等景點。長廊除實用功能外，因彩繪華麗、牌匾眾多，本身也成為景點，光是廊簷下的彩畫就多達1萬4千餘幅，且題材從中國民間故事到山水花鳥，取材多樣，幅幅不同，讓人驚嘆。

TOP 08 MAP P.193／B1

蘇州街

若從北宮門入園，最先抵達的景點即是倚著小河而建的蘇州街景區。此處是乾隆下江南到蘇州遊歷後，因心儀江南美景，返京後下令在頤和園內仿造興建的「買賣街」，裡面原本設有各式店鋪，但後來毀於英法聯軍，就未再重建。如今的蘇州街是九〇年代後重建的新建築，需單獨購票或購聯票才能進入街區，遊客不多時有些蕭條，也不見店鋪人潮熱鬧景象。

古代皇家避暑勝地

香山

遊賞去處

MAP P.193／C1

A2出口轉搭出租車前往

DATA

www.xiangshanpark.com.cn 北京市海淀區買賣街40號 (010)6259-9886 春秋季(4/1～6/30，9/1～11/15)06:00～18:30，夏季(7/1～8/31)06:00～19:00，冬季(11/16～3/31)06:00～18:00 淡季(11/16～3/31)：成人¥5，半價¥2.5；旺季(4/1～11/15)：¥10，半價¥5。碧雲寺每位¥5，索道平日單程每人¥50，週休日及法定節假日單程每人¥60；兒童(2米以下)單程每人¥20 導遊路線／**南線(1.5h)：**勤政殿—靜翠湖—翠微亭—雙清別墅—歡喜園—香山寺。**北線(1.5h)：**勤政殿—知松園—昭廟—見心齋—眼鏡湖—索道—碧雲寺。

Carrie對香山最深刻的印象就是滿山滿谷的人，因為香山最著名的就是賞紅葉，所以每年只要一到賞楓季節，便是滿滿的人潮、車潮。原為皇家園林的香山公園，已經有近900年的歷史了，早在元、明、清時，這裡就是皇家的離宮別院，也是皇帝打獵避暑的地方，曾獲乾隆皇帝賜名靜宜園，在京西著名的「三山五園」中，香山公園可就占有一山(香山)一園(靜宜園)。

由於香山非常大，每個人的時間和體力也不盡相同，所以可依照個人的狀況，來選擇適合自己的路線。目前園區規畫有凌空飽覽、輕鬆省力、古道生態和環遊香山等4條路線。其中的凌空飽覽路線，可以直接乘坐索道上下山，這裡的索道和台灣的纜車不一樣，有點像滑雪的登山座椅，腳就架在前方一個鐵桿上，可以說就屁股坐實了，上下左右、四面八方只有一個「空」字可以形容，好處是沒有車廂的遮擋，風景一覽無遺，但是有懼高症的朋友就不推薦了，尤其要搭17分鐘才能上到香爐峰，要是害怕可是不能半途折返的。所以不怕高的朋友，Carrie建議上下山時選一趟來試試，因為這可是非常難得的經驗喔！

香山公園為4A級景區，喜歡爬山或是自然風景的朋友，不妨到此一遊。

1

1這裡的索道，就是張簡單的椅子，如果心臟不夠強，可千萬不要輕易嘗試喔 2香山碧雲寺內一景 3 4從碧雲寺最高點往下眺望，滿眼綠意，一覽無遺

2

3

4

遊賞去處

一覽草木與名人故居

植物園

MAP P.193 / C1
A1或A2出口
轉搭公車前往

DATA

www.beijingbg.com 北京市香山臥佛寺 (010)8259-8771 夏季06:00～19:00，冬季07:00～17:00 套票￥50，另有分區計費票價，可上網查詢 4號線北宮門站A1或A2出口出來，再轉乘634、696公車；或轉搭出租車，約￥20

北京有南北兩個植物園：一個是香山南麓的南園，一個是香山臥佛寺兩側的北園，Carrie這裡介紹的是北園，分為植物展覽、科研、名勝古蹟和自然保護等4區。除了有眾多的植物可供觀賞外，園裡還有許多景點也很適合遊覽，像臥佛寺、曹雪芹紀念館、櫻桃溝等等，Carrie喜歡在春天到這裡賞花，也喜歡在秋天來賞黃葉，喜歡臥佛寺附近日式廟宇的感覺，也喜歡櫻桃溝的山水楓紅，這裡的寧靜與舒適，可是一點都不輸香山喔！

1臥佛寺前的大鐘，傳達了遊客的心願 2園裡的烏龜，悠哉的嬉戲著，隱隱約約透露出這裡的慢生活 34寧靜舒適的植物園，不用擔心人擠人的麻煩

特色美食

超人氣西北菜色

西貝莜麵村

MAP P.193 / D2
C出口
步行約20分鐘

DATA

北京市海淀區頤和園路龍湖星悅薈 (010)6250-1556 午餐11:00～14:00，晚餐17:00～21:00 約￥80 北宮門站C出口，沿頤和園路步行約20分鐘；或從4號線的西苑站下C2出口出即是

到頤和園遊玩，用餐是一定要注意的問題，因為雖然頤和園內有吃的，但是貴，也不好吃。位於頤和園東宮門出口外的西貝莜麵村，正好讓遊客可以從北宮門進、東宮門出，不走回頭路，加上離頤和園只有地鐵一站距離，非常適合作為遊完頤和園之後的正餐。

西貝賣的是西北菜，曾經上過「舌尖上的中國」、人氣爆棚的西北空心掛麵，在西貝便可以吃到，掛麵淋上番茄湯汁，口感綿軟、味道柔和，很開胃。另外他們家富有西北特色的黃饃饃也非常值得一試喔！

1餐廳內用餐環境寬敞舒適 2沾著醬吃的莜麵窩窩

祈年殿

5號線：貫穿北京東城區，縱覽新舊北京混搭風貌

1

5號線

Beijing Subway Line 5

一探世界文化瑰寶的所在

2

天壇東門站

Tiantandongmen

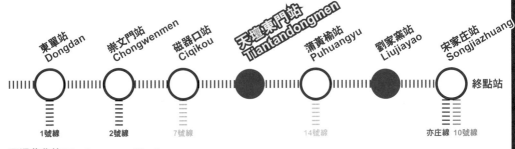

東單站 Dongdan（1號線）

崇文門站 Chongwenmen（2號線）

磁器口站 Ciqikou（7號線）

天壇東門站 Tiantandongmen

蒲黃榆站 Puhuangyu（14號線）

劉家窯站 Liujiayao

宋家庄站 Songjiazhuang（亦庄線 10號線）終點站

←天通苑北站 Tiantongyuan North

天壇東門站周邊街道圖
A
B
C
D
1
2
3
前門大街
金魚池街
祈年大街
老磁器口豆汁店
天壇路
天壇北門
永安路
法華寺街
天橋南大街
北天門
黃乾殿
長廊
北緯街
自然博物館
雙環萬壽亭
天壇東門
A2
A1
B
體育館路
祈年殿
七星石
福長街
新農街
百花亭
月季園
餐廳
天壇東門站
Tiantandongmen
C
南緯街
天壇西一門
龍壇路
丹陛橋
齋宮
成貞門
天壇東路
復康南里
九龍柏
皇穹宇
回音壁
東天門
永定門內大街
永定門內大街
圜丘
泰元門
天壇南門
宏源南門涮肉
北
永定門
永定門東街
永定門東濱河路

這一站的開通，幾乎就是為了讓遊客更便捷地前往天壇，欣賞被列入世界遺產的祈年殿建築。不過整個天壇公園極為廣闊，共有東、西、南、北門，從東門進入園內，欣賞完各景點後，若欲搭地鐵還是得走回東門；從其他出口的話，則需轉搭出租車到下一站。

1祈年殿到圜丘之間的丹陛橋 2天壇的回音壁 3天壇公園的祈年殿

遊賞去處

歷代統治者的祭天場所

天壇公園

MAP P.203/D2

A2出口
步行約3分鐘

DATA

http www.tiantanpark.com ✉北京市崇文區天壇內東里7號 ☎(010)6702-8866 ⏲旺季06:00～21:00，淡季06:30～21:000 $旺季(4/1～10/31)聯票￥35、單購入園門票￥15；淡季(11/1～3/31)聯票￥30、入園門票￥10

中國自古以來就有祭天的習俗，皇帝曾「封禪天地」，其後歷代統治者也都舉行過祭天大典，天壇就是明清時期帝王祭天之處。每到吉日，祭天活動浩浩蕩蕩舉行，禮儀繁縟，過程冗長，耗費巨大。而中國最後一次祭天，你猜是誰？竟然是逼退國民黨人當上大總統，最後稱帝的袁世凱，他主持的祭天典禮在1914年12月23日於天壇圜丘舉行。

整座天壇公園占地遼闊，分內壇及外壇，主要景點集中在內壇的祈穀壇和圜丘。「祈穀壇」就是指最顯眼的那棟藍色琉璃瓦圓頂建築祈年殿，及其周邊附屬建築。它隔著一條360公尺長的丹陛橋，與圜丘遙遙相望。

祈穀壇是方形的，圜丘是圓形的，布局上是取古代「天圓地方」之意。

祈年殿旁的配殿

天壇精華 TOP 5

TOP 01 圜丘

MAP P.203/C3

圜丘是皇帝冬至祭天的場所，共有3層露天圓台，周圍欄杆都是漢白玉雕成。為了表達對天的敬意，圜丘的壇面、台階、欄杆的組成數量，都取9或9的倍數，不相信的話可以一一數數看。在壇面正中央有一塊圓形石板，叫天心石，站在這裡說話，聲音會特別渾厚宏亮。

1

2

TOP 02 MAP P.203／C2

皇穹宇、回音壁

皇穹宇形式類似祈年殿的縮小版，只有一層藍色琉璃瓦。它是放置皇天上帝和皇帝歷代祖宗牌位的地方。圍繞著皇穹宇的一圈圍牆，被稱為「回音壁」，據說若兩人分站東、西牆根，其中一人對著牆壁說話，另一人可以清楚聽到。因此，常可看到遊客在這裡對著牆壁猛喊話，想要測試一下回音壁的效果，不過因為人多吵雜，很難真的體驗到。如果造訪的時機恰巧人不多，不妨測試看看。

3

4

5

1遊客腳下的石板就是天心石 2圍繞在圜丘旁的矮牆及欞星門 3矮牆上的龍頭裝飾 4皇穹宇就像縮小的祈年殿 5每個遊客都會忍不住測試一下回音效果 6祈年殿簷下有繁複華麗的斗拱，簡直鬼斧神工 7天壇祈年殿的3層藍色琉璃瓦建築，已成為北京的代表

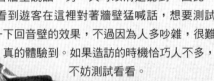

TOP 03 MAP P.203／C2

祈年殿

6

有著3層琉璃藍圓頂的天壇祈年殿，經常成為古都北京的代表性圖像。事實上，這座建築的雄偉壯觀，確實有著令人屏息讚嘆的完美結構，如此鬼斧神工的建築藝術，當然值得造訪一趟。

祈年殿建於明永樂18年(1420年)，初名大祈殿，當時是矩形大殿，用於合祀天、地。後來嘉靖24年(1545年)才改為如今的3重檐圓殿，當時殿頂覆蓋的琉璃瓦為上青、中黃、下綠3色，到乾隆16年才改為統一的藍瓦金頂，定名祈年殿，是正月祈穀的專用建築。

祈年殿高38.2公尺，直徑24.2公尺，內部的設計配合天理運行，有其意義。從門口往內看，裡面有4根粗壯的龍井柱，象徵四季：12根金柱象徵12個月，12根檐柱象徵12個時辰。檐柱、金柱合併計算共24，象徵24個節氣，再加上4根龍柱共28，則代表28星宿。28再加上8根童柱，就是36天罡。這種建築與宇宙律動相合的作法，正是中國建築裡所謂「明堂式建築」的典型特徵，而天壇也是古代此類建築中僅存的一例。

7

TOP 04 MAP P.203／C2

九龍柏

天壇除了巍峨的建築，也儼然是座小森林，這裡有各種樹木，數量多達6萬多株，其中，樹齡超過數百年的古松柏、古槐，就有3千5百多棵。而位在皇穹宇西北角的九龍柏，就是種植於明朝嘉靖年間的老柏樹，它的樹幹有縱向褶皺，將樹身分成9股，好似9條龍身纏繞在樹上一般，所以被稱為九龍柏。

1九龍柏的樹身滿布摺皺 2有500多年歷史的九龍柏

TOP 05 MAP P.203／C1

長廊

長廊是從天壇東門進入公園，前往祈年殿的必經之處。長廊長達350公尺，明、清皇帝要祭天時，牲禮、供品就是經由長廊送往祭壇，如今這裡就像「老人活動中心」，可看到許多老人社團在此晨練、跳土風舞、拉胡琴、踢毽子等，從事各種休閒活動。你會發現北京老人們很會自己安排生活，而且個個活力十足，多才多藝。

12民眾都是自發性地在此聚會表演，非常有意思 3天壇的長廊宛如當地人的活動中心，許多人在此展現才藝

公認最夠味的豆汁名店

老磁器口豆汁店

特色美食

MAP P.203/C1
A2出口
步行約20分鐘

DATA

北京市東城區天壇路與新年大街口(天壇北門對面)
(010)6702-8907 06:00～20:00 約￥18/人均

這個「北京人口中的寶貝，外地人口中的餿水」，寶島李說它是「老奶奶忘了洗的裹腳布」的豆汁初體驗，便是在這名聞遐邇的老磁器口豆汁店發生！不過當時並不是寶島李聞香而來，而是誤打誤撞。人家就開在天壇北門，很容易就撞進來啊！

寶島李後來習得了喝豆汁的方法，就不再覺得豆汁難喝了，有時候還嫌味道太稀太淡呢！而老磁器口豆汁店的豆汁那真不是蓋的，真的是聞一聞便神清氣爽，喝一喝便口齒留香啊！

北京老磁器口豆
老磁器口豆汁店

1老磁器口豆汁店的豆汁尤其香濃 2請搭配焦圈跟鹹菜，不然會發生慘案 3隨時隨地都在排隊的豆汁名店

平價美味涮羊肉

宏源南門涮肉

特色美食

MAP P.203/C3
C出口
步行約20分鐘

DATA

北京市崇文區永內東街東裡13號樓1-2號(天壇南門旁)
(010)6701-7030、6703-2141 11:00～22:00 約￥90/人均

這家店很好找，就在天壇南門出口旁。北京城的涮羊肉名店很多，這家店的名氣雖不比東來順，但價格平實又好吃，是不少北京人的首選。這裡的火鍋是銅鍋，不過為了安全和空氣品質起見，是以煤氣加熱而非木炭。涮羊肉用的是清湯鍋底，加入一些紅棗、枸杞、香菇等配料。

羊肉有冷凍和現切兩種，現切的鮮羊肉非常鮮嫩，只要下鍋涮個幾秒，再沾上店家特調的麻醬，滿口都是羊肉的鮮甜和麻醬的香氣。再與店家送上的整顆的糖蒜、醃蘿蔔混搭著吃，一整盤羊肉吃下來，也不會膩。若你是早上來逛天壇，最後從南門出的話，可安排在此午餐。

宏源南门涮肉

1絕佳地理位置，就在天壇南門旁 2用餐時間高朋滿座 3羊肉堆得像座小山，引人垂涎 4下鍋涮到羊肉變色，就可以吃了

5號線

Beijing Subway Line 5

瞻仰故居與宅邸的悠遠歷史

張自忠路站

Zhangzizhonglu

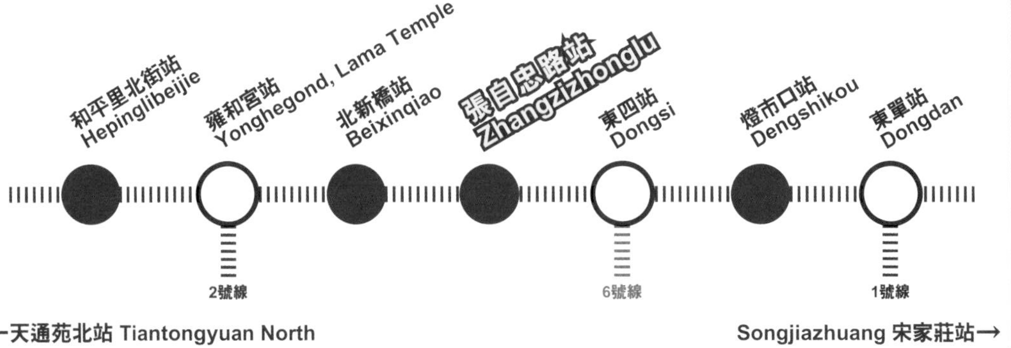
和平里北街站 Hepinglibeijie
雍和宮站 Yonghegond, Lama Temple
北新橋站 Beixinqiao
張自忠路站 Zhangzizhonglu
東四站 Dongsi
燈市口站 Dengshikou
東單站 Dongdan
2號線
6號線
1號線
←天通苑北站 Tiantongyuan North
Songjiazhuang 宋家莊站→

張自忠路站周邊街道圖
A
B
C
D
1
2
3
4
文丞相祠
文丞相胡同
北剪子巷
北新橋滷煮
蝎王府
府學胡同
東棉花胡同
交道口南大街
板廠胡同
炒豆胡同
中剪子巷
東四北大街
東四十二條
東四十一條
段祺瑞執政府舊址
和敬公主府
張自忠路站
Zhangzizhonglu
東四十條
地安門東大街
張自忠路
利薄營胡同
協作胡同
東四九條
山老胡同
南剪子巷
汪芝麻胡同
東四八條
魏家胡同
東四七條
西揚威胡同
南吉祥胡同
美術館後街
剛察胡同
餡老滿・京素
東四六條
大取燈胡同
什錦花園胡同
大佛寺東街
南陽胡同
月牙胡同
小取燈胡同
育群胡同
東四五條胡同
東四五條
錢糧胡同
人民市場西巷
錢糧南巷
鮑師傅
東四四條
亮果廠胡同
美術館東街
連豐胡同
輛子胡同
北

張自忠路原名為鐵獅子胡同，1947年為紀念抗日英雄張自忠而改名，胡同也拓寬為10～12公尺的大街，成為北京人口中俗稱「平安大街」中的一段。這條路上曾發生過若干重要歷史事件，沿街建築也頗有來歷，雖不是太出名的景點，反而能靜靜感受歷史的悠遠和塵煙。從此站往西直行，可邊欣賞古蹟，一路步行到著名的南鑼鼓巷，是Sindia很推薦的散步路線喔！

張自忠將軍像

北京達人 *Beijing* 3大推薦地

作者最愛
北新橋滷煮

北京滷煮名店，這裡的滷煮味道比較淡一些，一般遊客比較容易接受，若想嘗試看看正宗老北京的味道，不妨來此體驗。(見P.213)

焦點必訪
段祺瑞政府遺址

嚴格來說，這裡只能「路過」，因為尚未開放。但若走在張自忠路上，很難不被這矗立路口的龐大古蹟群所吸引。(見P.211)

在地人推薦
鮑師傅

鮑師傅分店很多，招牌的牛肉鬆蛋糕無敵的誘惑，會讓你隨時都想吃，到處都有剛好可以隨時補充！(見P.212)

遊賞去處

文天祥的紀念祠堂

文丞相祠

MAP P.209／B1
A出口
步行約15分鐘

DATA

北京市東城區府學胡同63號 (010)6401-4968
09:00～17:00

文丞相祠是紀念南宋民族英雄文天祥的地方，文天祥身為南宋名臣，對抗入侵的蒙古軍隊失敗遭擄，後來被押到北京囚禁起來。儘管元朝忽必烈一再招降，但文天祥不肯就範，在囚禁處寫下大量的詩文明志，包括「人生自古誰無死，留取丹心照汗青」這句千古傳誦的詩句。

明太祖洪武九年時有官員提議為這位始終不肯叛國而從容就義的文天祥興建祠堂以茲紀念，地點就選在他被囚禁的府學胡同，就是如今的文丞相祠。這一帶非常幽靜，一般觀光客很少到這裡來，整個院落面積不大，展示一些史料及生平事蹟。院內的棗樹據說也是當年文丞相所植。

1 文丞相祠地處幽靜的胡同內
2 文丞相祠內的棗樹，據說是文天祥當年所植

遊賞去處

舊北洋軍閥所在地

段祺瑞執政府舊址

MAP P.209/C2
A出口
步行約3分鐘

DATA

北京市東城區張自忠路3號

在張自忠路與東四北大街交叉口，也就是張自忠路地鐵站A出口旁，從圍牆邊隱約可看到一座充滿滄桑刻痕的西洋風格建築，那便是段祺瑞執政府舊址。這裡也是袁世凱於1912年就任中華民國臨時大總統時的總統府和國務院所在，袁世凱被逼下台後，1924年，換成時任北洋軍閥皖系首領的段祺瑞在此執政。清朝時這裡其實是兩座王府，但清末時慈禧動用海軍經費重新建造了一批帶有西洋建築元素的樓群，當時作為陸軍部和海軍部之用。如今，這處保有原始古蹟風貌的深宅大院，部分是中國人民大學宿舍及辦公室，部分是行政機關，並未作景點開放。不過若警衛未多加阻攔，仍可低調進入一窺究竟。

另外，在舊址門前，北京政府立了一個三一八慘案發生地的紀念碑，原來，1926年3月18日，在中國共產黨人李大釗等人發起下，北京各界群眾為反對日本帝國主義侵犯中國展開示威遊行，遊行此地時突然遭到警衛隊槍擊，死難47人，受傷約200人，稱為三一八慘案。

1 舊址遺跡訴說著多少滄桑歷史 2 三一八慘案紀念碑 3 圍牆內帶有西洋文藝復興風格的建築，矗立在街頭引人想一探究竟

遊賞去處

昔日公主的住所

和敬公主府

MAP P.209/C2
A出口
步行約10分鐘

DATA

北京市東城區張自忠路7號

公主府內的院落

歐陽予倩故居旁就是和敬公主府。和敬公主是乾隆皇帝和孝賢純皇后所生，是乾隆的三女兒，出嫁後獲得此賜第。據說這裡是北京至今仍保存的兩處公主府之一，但內部看起來並未妥善維護整理，目前也未作為景點開放。

不過這裡有和敬賓館和證券公司在此營業，所以可以走進去，看看昔日公主府的大致模樣。

特色美食

號稱北京最好吃的餃子

餡老滿·京素

MAP P.209/D3
C出口
步行約5分鐘

DATA

北京市東城區東四北大街316號 (010)8402-5779、(010)8408-4126 11:00～22:00 約¥51/人均 C出口，沿東四北大街向南直行，總步行約5分鐘

如果讓北京人從北京城中挑一家餃子店，「餡老滿」應該是對餃子很挑剔的北京人的最大公約數，餡老滿成立於2003年，第一家店開在安定門內大街上，目前有多家分店，台灣在2012年也開了分店。

台灣雖然也有餡老滿，但畢竟北京才是餡老滿的發源地，更何況，北京人隨時隨地都要吃餃子，過年吃餃子，元宵吃餃子，生日吃餃子，送客吃餃子，餃子是北京人一生中的最愛啊！

好不好吃，寶島李不敢跟你打包票，畢竟青菜蘿蔔各有所好，但是64種口味的餃子，可不是台灣都有的，總有一款會對你的口味吧！

Vegetarian and dumpling
京素

1餡老滿有多家分店，東四這家店還賣素菜，所以叫京素店 2這裡也可以吃到許多北京小吃 3還有老北京燙飯，也是北京人過去常吃的家常菜 4餡老滿的水餃，各個渾圓厚實，更有64種口味，要注意的是餃子是論兩賣，通常1兩大約4～5顆左右，每家略有不同

特色美食

非一般的肉鬆蛋糕

鮑師傅

MAP P.209/D4
C出口
步行約11分鐘

DATA

北京市東城區東四北大街440號
08:00～22:00 約¥30/人均

鮑師傅肉鬆蛋糕，雖然不是北京的傳統小吃，卻是北京的著名小吃，而且絕對是你在北京必須買的甜點！不論何時，鮑師傅門口都是這樣子大排長龍，不只店外面熱鬧，裡面也是忙得熱火朝天的，整個店忙進忙出都在做這家店最重要的明星商品，肉鬆蛋糕！

肉鬆蛋糕有分豬肉鬆跟牛肉鬆，牛肉鬆的味道要比豬肉鬆更輕盈，更好吃，味道就像台灣市面上的肉鬆麵包，鹹鹹甜甜的，但是跟小時候常吃的肉鬆麵包相比，鮑師傅的牛肉鬆蛋糕，用的美奶滋醬更清爽，讓味道更爽口，只要稍一不留神，手上的小蛋糕就會瞬間消失。

鮑師傅糕点

1鮑師傅展店迅速，很多地鐵站出口附近都有店 2永遠都看得到鮑師傅的員工們辛勤地補貨 3牛肉鬆蛋糕是鎮店之寶，有機會可以多買，莫名其妙就會消失的

北京人愛不釋口的庶民小吃

特色美食

北新橋滷煮

MAP P.209／C1
A出口
步行約7分鐘

DATA

北京市東城區東四北大街141號 (010)8401-5365 10:30～02:00 約¥39/人均 A出口，沿張自忠路往東走，左轉東四北大街直行，總步行約7分鐘

如果說到老北京的味道，一般人可能會說是豆汁，但其實豆汁現在大多是觀光客喝的，一般北京年輕人都不喝，所以北京人自己笑話說：「要不是有觀光客，北京的豆汁店都要倒光了。」但是滷煮可就不一樣了，滷煮在北京人心中的地位，相當於夏天的西瓜、冬天的棉被，幾天不吃就會想得發慌的心頭好。

滷煮是一種將豬雜跟火燒一起用老湯熬煮的北京料理，裡面有豬肺、豬肝、豬腸等等，帶有一種濃濃的內臟臭味，即便愛吃內臟如寶島李，也會覺得味道過重，做得再好，寶島李也只是「能夠接受」的程度，不過有些人就愛這股濃濃的味道。

北新橋滷煮是北京滷煮名店，因為這裡往東走，就是北京的夜生活王國，三里屯跟工體，夜裡玩完盡興的人們，常到簋街這裡吃宵夜、吃碗滷煮，也因此這家北新橋滷煮營業到非常「早」。這裡的滷煮味道相對較淡，台灣鄉親應該會比較容易接受。

1

2

3

4

1外表其貌不揚，卻是一家北京名店，這樣的店在北京特別多 2滿滿的腸，不敢吃內臟的人恐怕無福消受，但是喜歡內臟的人就笑開懷了 3師傅拿起菜刀切腸切肉，動作俐落，看得特別療癒 4時間還不晚，人就很多了，這裡越晚人還會越多

北京版藥燉排骨──羊蠍子

特色美食

蝎王府

MAP P.209／C1
B出口
步行約8分鐘

DATA

www.xiewangfu.net 北京市東城區東四北大街26號 (010)5623-2977 11:00～22:00 約¥90/人均 B出口往北步行約8分鐘

「羊蠍子」因採用整塊羊肋骨與脊骨，直到尾巴，整副骨架形狀像隻蠍子，因此得名，據說這是宋代蘇東坡所發明，又一說是清康熙年間一位蒙古王爺的家廚發明的。不過，據人考究，羊蠍子其實是北京近20多年才有的料理。

鍋中的羊肉分好幾種，有羊蠍子(腔骨)、羊尾巴跟羊肘子。羊蠍子吃的是排骨肉，有點像是吃藥燉排骨的那種帶骨肉，要花力氣「蹭」。羊肘子主要是帶皮的肉，肉很少，吃的時候可以吸骨頭內的骨髓。羊尾巴則是一長條，順著肌理把肉撕下來，也會撕下長長一條．羊肉肥而軟嫩，且略帶咬勁，寶島李最愛的就是羊尾巴，又肥又嫩，肉還多！

羊蠍子靠湯提味，好跟不好的差別就在這湯，吃到最後，還可以點烙餅來蘸湯吃喔！

1

3

1蝎王府是北京著名的吃羊蠍子的店之一 2看起來像北京版的藥燉排骨，但是口感比排骨要嫩得多

apper Curtains:
00 / Short ¥500

让

6號線：通過北京東西，串聯火紅觀光景點的重要路線

北平咖啡
Peking Yout
咖啡 酒吧
Restaurant Cafe Bar
Peking Cafe
北平咖啡
Restaurant
Cafe
Bar
Private Roof Garden Now Open!
Espresso
Flavour Waffles ¥45
Spaghetti
Thai Green curry & Rice
TERIYAKI Chicken

STELL

1

6號線

Beijing Subway Line 6

北京購物商場一級戰區

藍島大廈

2

東大橋站

Dongdaqiao

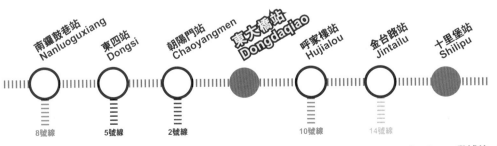

南鑼鼓巷站 Nanluoguxiang (8號線) — 東四站 Dongsi (5號線) — 朝陽門站 Chaoyangmen (2號線) — **東大橋站 Dongdaqiao** — 呼家樓站 Hujialou (10號線) — 金台路站 Jintailu (14號線) — 十里堡站 Shilipu

←海淀五路居站 Haidian Wuluju

Lucheng 潞城站→

東大橋站周邊街道圖
A
B
C
D
1
2
3
朝陽門外大街
工人體育場東路
朝陽北路
關東店北街
坤泰商城
滿福樓涮肉
東大橋站
Dondaqiao
A
B
D1
D2
朝陽北路
朝外南街
神路街
芳草地西街
化家胡同
南營房胡同
芳草地北巷
芳草地西巷
新元素
Element Fresh
金匯路
東大橋路
日壇國際酒店
僑福當代美術館
新疆丸子湯
僑福芳草地購物中心
景華北街
金匯路
金桐西路
福樓咖啡
OPERA BOMBANA
小大董
日壇北路
SOHO尙都
日壇東一街
日壇東街
秀水東街
景華街
日壇公園
世貿天階
北

地鐵東大橋站位於朝陽門外大街上，它的出口附近有新開的僑福芳草地購物中心，還有全北京最長、最大的LED螢幕，俗稱「全北京向上看」的世貿天階MALL，還有3C玩家喜歡的百腦匯電腦大賣場，主要經營內地品牌的藍島大廈商城也在這附近。這裡也臨近日壇公園，有建外第一使館區，例如朝鮮大使館、埃及、印度、蒙古大使館、英國大使館等。如果你突然也很想唱個歌，錢櫃KTV也在東大橋站的下一站朝陽門站那兒，走個10分鐘就可以，鄰近也有豐聯廣場和悠唐廣場可以逛逛。

地铁东大桥站
DONGDAQIAO Station
OSCAR
KTV

1新穎的僑福芳草地購物中心 2東大橋站內 3東大橋站外觀 3

北京達人 Beijing 3大推薦地

作者最愛

世貿天階

雖然比世貿天階更新穎的百貨如雨後春筍，不過這裡有橫跨天際的電子屏幕，加上「全北京向上看」的噱頭，仍極具特色。(見P.218)

GUESS

焦點必訪

僑福芳草地購物中心

與其說這裡是百貨公司，不如說是結合文創的新穎展場，處處有驚喜，採購衣飾反而不是這裡的重點了。(見P.220)

在地人推薦

OPERA BOMBANA

米其林三星名廚Bombana在北京開設的義大利餐廳，美食饕客千萬不能錯過。(見P.221)

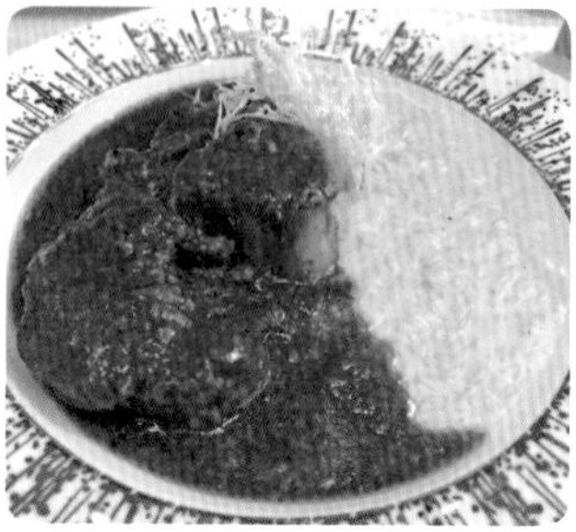

遊賞去處

北京時尚新地標

世貿天階

MAP P.217/C3

D2出口
步行約13分鐘

DATA

http www.theplace.cn ✉北京市朝陽區光華路9號 ⏲10:00～22:00

這座百貨商場最大的噱頭就是中庭廣場上，升起了一座橫跨天際，長達250公尺的電子屏幕，放送著各種絢麗的科技影像，聲光效果十足，經常吸引民眾駐足觀看。因為大家都抬著頭看，商場開幕時順勢打出「全北京向上看」的口號，短時間內就讓這裡成了北京的新地標。當然要欣賞這個天幕的聲光科技秀，一定要晚上來囉！

1

商場分為南街和北街兩部分，很受大家歡迎的西班牙品

牌ZARA位於南街，一共有3層樓，貨品齊全，是這裡最具人氣的專櫃。另外推薦南街地下1樓的Song Club，是一家結合音樂與餐點的空間，裝潢設計很新潮。北街2樓有家以F1賽車為主題的咖啡廳，還有一家專賣各類設計、藝術書籍的「時尚廊」書店，兼營咖啡館和設計商品，是北京少見的專業書店，頗有些誠品書店的味道喔！

1 這個長250公尺的電子屏幕，影像多變，夜裡看起來很炫
2 來到這裡，自然就會「向上看」了

遊賞去處

僑福芳草地的祕密花園與美術館

僑福當代美術館

MAP P.217/B2
A出口
步行約5分鐘

DATA

www.parkviewgreenmuseum.com 北京市朝陽區東大橋路9號僑福芳草地D座10層 (010)5662-8568 10:00～22:00 免費 A出口，沿東大橋路往南步行約5分鐘

The Parkview Museum

僑福當代美術館位於橋福芳草地的10樓，成立於2012年，為僑福集團執行長黃建華先生創辦的非營利性私立美術館，占地4,000餘平方公尺。

這裡的展覽經常更換，除了有藝術家的作品輪展，更有黃執行長的私人收藏，而且所有的展出都不收費，就是為了普及藝術與生活美感，以及提供新進創作藝術家展示作品的空間。

戶外中庭還有間咖啡廳，不僅提供非常美味的咖啡，還能鳥瞰整個僑福方草地，景致特別。而且這裡地點極為隱密，人潮又不多，非常適合來這裡走走。

NEW
TIMES
FOR
OTHER
IDEAS

1 當代美術館位於10樓，位置隱密，即使在附近上班的人也不見得知曉 2 3 藏品豐富，而且經常依照不同展出主題更換 4 5 還附設可鳥瞰僑福芳草地的飲冰室咖啡廳

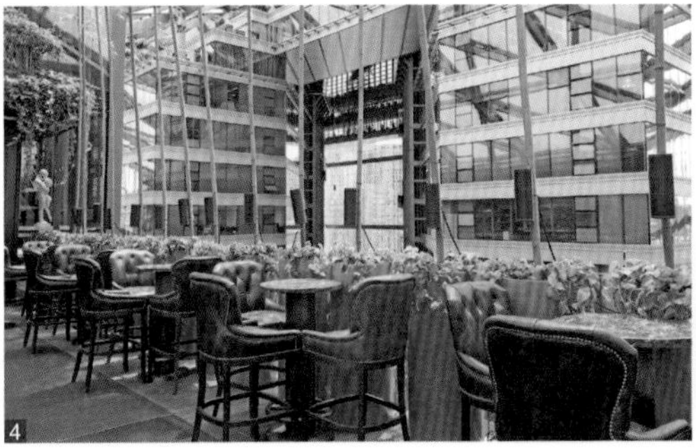

購物血拼

感受大師的建築工藝

SOHO尚都

MAP P.217／C3

D2出口
步行約8分鐘

DATA

北京市朝陽區東大橋路8號(在世貿天階的北邊旁)
10:00～21:00

主建築只有5層樓高，外表是玻璃帷幕的表層上，呈現不規則的幾何線條。裡頭的店家面積都是小小的，大都是開放式的格局，很像香港銅鑼灣的商鋪，雖然人潮不似芳草地和世貿天階，不過時間允許的話，可以來這裡感受一下澳大利亞前衛設計師──彼得．大衛森(Peter Davidson)在中國的第一個建築作品，即是SOHO尚都。

1 2 尚都的建築外觀是不規則的幾何線條，行經此處總引人多看兩眼

購物血拼

結合藝術的購物商場

僑福芳草地購物中心

MAP P.217／B2

A出口
步行約5分鐘

DATA

www.parkviewgreen.com/cn 北京市朝陽區東大橋路9號
(010)5690-7000 10:00～22:00

這是一家新近開幕的購物中心，從外觀透明金字塔形建築，到裡面隨處可見的藝術展品陳設，一進去會以為到了藝術展覽館。設計師的設計讓整個空間完全可以透過陽光穿透整個玻璃帷幕。每走三五步就有大型雕塑或藝術品，吸引人停駐欣賞，沉浸其中。這裡還有長達236公尺，亞洲最長的室內吊橋，也就是說站在上面，可以完全俯瞰整個購物中心，看著面前騰空的現代藝術品，果真是名副其實的美術長廊。

這裡約有一半的品牌是第一次到北京設點的進口品牌，如COS內地首家形象店，Chopard中國旗艦店，American Apparel全球最大旗艦店等。購物之餘還有多樣的餐飲讓遊客選擇，來這裡逛一整天都還會意猶未盡呢！

1 僑福芳草地購物中心 2 4 購物中心內處處有大型裝置藝術，充滿創意巧思 3 這裡有長達236公尺，亞洲最長的室內吊橋

僑福芳草地走走逛逛

特色美食

吃得健康，看得健康，活得健康

新元素

MAP P.217／B2
A出口
步行約5分鐘

DATA

http www.elementfresh.com ✉ 北京市朝陽區東大橋路9號僑福芳草地LG2層 ☎ (010)8561-0378 ⊙ 11:00～22:00 $ 約¥138／人均 ➡ A出口，沿東大橋路往南步行約5分鐘

element fresh
新元素

新元素(Element Fresh)應該是寶島李2003年來大陸後，最愛的一家餐廳，從一開始在上海南京西路上的第一家店，到現在已經有40多家分店，遍及全中國重要城市。

新元素的餐點符合現代人希望美味與健康兼具的需求，如雞肉沙拉、螺旋藻汁等，另外還有一個特點，從第一家店面(位於上海南京西路)，到最新的店面，都一定有室外座位和大片落地窗，坐擁極好的城市風景。僑福芳草地的新元素外面就是一大片草坪，而且還有大型戶外裝置藝術，不妨挑個戶外或窗邊的座位，好好享受北京的都市美景吧！

1新元素是寶島李最愛的餐廳 2哪怕是青菜沙拉，也不會給你吃「草」的感覺 3台灣較少見的鷹嘴豆泥(Hummus)

特色美食

米其林3星名廚來北京

OPERA BOMBANA

MAP P.217／B2
A出口
步行約5分鐘

DATA

http www.operabombana.com/zh-hant/_bombana ✉ 北京市朝陽區東大橋路9號僑福芳草地購物中心LG2層 ☎ (010)5690-7177 ⊙ 12:00～14:30，18:00～22:30 $ 約¥1,176／人均

OPERA BOMBANA是米其林的3星主廚Umberto Bombana繼香港8½ Otto e Mezzo BOMBANA、上海8½ Otto e Mezzo BOMBANA Shanghai接連取得傲人成績後，在北京推出的第一個作品。Bombana有「白松露之王」之稱，在OPERA中也提供白松露套餐，並由義大利行政主廚親自在桌邊服務。姑且不論吃得懂不懂，儀式感強烈，外行人看了也覺得值了。

寶島李覺得OPERA的甜點比主餐來得更精采，不妨來此點個簡單的義大利麵，再好好的點個甜點來吃，那就很享受了。另外，來吃過OPERA的人都會對他們的麵包豎起大拇指。雖然在OPERA用餐所費不貲，但除了在店內吃，芳草地中庭偶爾也有他們的臨時麵包櫃，可以買來品嘗看看。

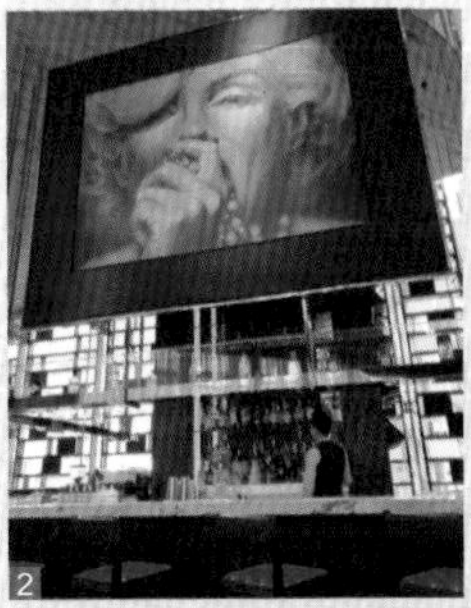

1舒芙蕾，滋味峰迴路轉，每嘗一口都吃得到驚喜，表現出3星餐廳的水準 2有著米其林血統的義大利餐廳，裝潢就是要高大上(高端、大器、上檔次) 3前菜的開胃牛肉嫩且有彈性，令人激賞 4義大利傳統燉小牛腿肉配藏紅花燉飯，藏紅花味道濃郁，燉飯外潤內硬，非常有水準，燉肉也是入口即化 5最後主廚贈送的OPERA甜點可是寶島李的最愛了，有巧克力也有餅乾，各個味道都出奇

特色美食

高貴不貴的法國咖啡廳

福樓咖啡

MAP P.217／B2
A出口
步行約5分鐘

DATA

✉北京市朝陽區東大橋路9號僑福芳草地購物中心2樓
☎(010)5626-9779 ⏰09:00～21:30 $約¥169／人均

福樓始於1901年的巴黎，經過不斷地發展，如今的福樓集團已成為法國最大的本土餐飲集團，從畢卡索、海明威等藝文大師到法國總統等政要，都是坐上賓。

福樓餐廳進入中國後，將餐廳開在離開市中心一段距離的宵雲路8號，而另外將咖啡廳開在芳草地。有別於福樓餐廳的高檔，福樓咖啡走平價路線，餐飲卻仍由福樓餐廳的米其林大廚負責打造。也就是說，福樓咖啡一樣可以吃得到福樓餐廳的牡蠣、蝸牛，也嘗得到福樓餐廳經典的威靈頓牛肉，當然也包括相對親民的法國甜點、咖啡與麵包。我的天啊！這真是佛心來的。

1百年公司出品的福樓咖啡燈光美氣氛佳，而且還高貴不貴喔 2招牌的威靈頓牛排，是由打敗拿破崙的威靈頓公爵所命名的美食 3威靈頓牛排不是只有一塊牛排，配菜也同樣令人眼花撩亂 4名廚打造的甜點、咖啡、麵包，味道掛保證

特色美食

平價版大董烤鴨

小大董

MAP P.217／B2
A出口
步行約5分鐘

DATA

✉北京市朝陽區東大橋路9號僑福芳草地購物中心2樓
☎(010)8563-0016 ⏰11:30～21:30 $約¥146／人均

小大董烤鴨是大董烤鴨的平價版，寶島李對大董的評價不好不壞，好的是鴨皮口感還不錯；壞的是鴨味去得很乾淨，一點也不知道是吃什麼。小大董在鴨味繼承了大董，然而鴨皮口感比起大董烤鴨差了一截，只能說一分錢一分貨。不過小大董在形式感上還是承襲了大董浮誇擺譜的傳統，許多菜色都很創新，如做成像櫻桃一樣的鴨肝，或是看似棉花糖的餐後水果，都極具特色。

小

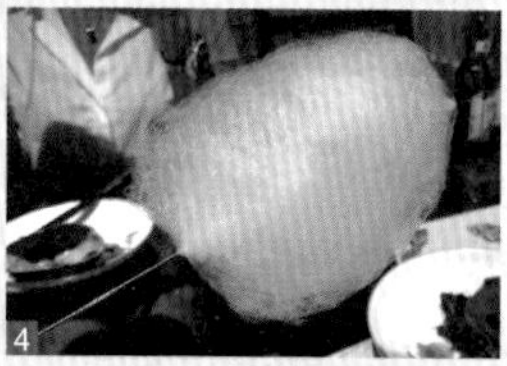

1小大董的招牌反而突顯一個大大的小字 2烤鴨仍然是必點的招牌菜 3烤牛油果，原本就很香滑的牛油果(酪梨)，烤過之後口感更加軟綿 4蒲公英糖葫蘆，連飯後甜品都不忘記令你驚奇一把 5櫻桃鴨肝，把鴨肝泥製成櫻桃大小，再裹上櫻桃醬包裹以去除肥肝的膩，不得不佩服師傅的創意

特色美食

正宗新疆早餐

新疆丸子湯

MAP P.217/D2
D2出口
步行約7分鐘

DATA

✉北京市朝陽區朝外大街乙6號朝外SOHO B座0211號 ☎153-2198-6651 ⏲10:30～21:00 $約¥51/人均 ➲D2出口，沿朝陽門外大街往東南直行，步行約7分鐘

北京新疆菜館很多，寶島李猜測跟北京回民多也有關係，大部分吃新疆菜，都會跑去新疆辦事處，如果不想跑大老遠，通常附近也有許多打著新疆餐廳旗號的小店，像是這家連新疆人都說是非常地道的新疆小館！說到新疆菜，大概第一個會想到的都是大盤雞，或是手抓飯、烤羊肉串，丸子湯就比較少聽到了。

新疆丸子湯用牛骨頭熬湯，湯很清爽，帶些胡椒味。寶島李雖然覺得並非特別，但是許多來這邊的人，尤其新疆人都會點上一碗，據說在新疆當地是當做早餐吃的，可能就像陝西、河南的胡辣湯、台南的牛肉湯一樣，雖說是什麼時候吃都可以，但對在地人來說，只有早上來一碗一天才算開始。

1新疆丸子湯從東四的胡同內搬來建外SOHO新大樓，用餐環境比以前更好了 2新疆特色早餐丸子湯 3貌似四川菜的椒麻雞反而才是新疆昌吉回族的傳統食物 4新疆大盤雞配白皮麵那味道真是一絕

特色美食

末代皇弟教你吃涮肉

滿福樓涮肉

MAP P.217/C1
A出口
步行約2分鐘

DATA

✉北京市朝陽區朝陽門外大街8號號藍島大廈東區6層 ☎(010)6403-0992 ⏲10:30～22:00 $約¥130/人均 ➲A出口，沿東大橋路往南步行約2分鐘

創建於1991年的滿福樓，最初位於景山北面的「將軍樓」裡，這棟獨立的小樓，是北京非常著名的清真涮肉館，2017年搬遷到現址。由「末代皇弟」愛新覺羅溥傑指導，其特點在於，使用清代宮中所用的紫銅小火鍋來涮肉。

裝修很貴氣，金燦燦的，加上有溥傑先生的加持，這裡是北京人請客宴會的地方。飯店內到處都有溥傑先生書寫的墨寶，更顯出這家店的皇族貴氣。招牌菜是磨襠肉，也就是羊屁股肉，這個部位的肉質軟嫩，口感細膩柔軟。

滿福樓
福

1滿福樓從景山搬來此處，金碧輝煌的清宮陳設也照樣搬了過來 2一人一份的招牌紫銅小火鍋 3滿福樓的裝潢富麗堂皇，是許多北京人宴客的地方

地铁南锣鼓巷站
南锣鼓巷站
1

6號線

Beijing Subway Line 6

北京最著名的特色街區

台北芒果冰
Taipei mango ice 甜觅屋 Sweet house
2

南鑼鼓巷站

Nanluoguxiang

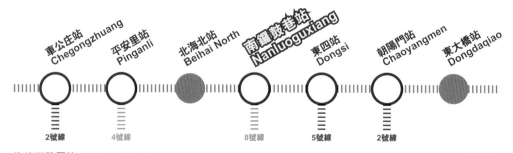

車公庄站 Chegongzhuang (2號線)
平安里站 Pinganli (4號線)
北海北站 Beihai North
南鑼鼓巷站 Nanluoguxiang (8號線)
東四站 Dongsi (5號線)
朝陽門站 Chaoyangmen (2號線)
東大橋站 Dongdaqiao

←海淀五路居站 Haidian Wuluju

Lucheng 潞城站→

南鑼鼓巷站周邊街道圖
A
B
C
D
1
2
3
鼓樓東大街
鼓樓東大街
南鑼鼓巷
小菊兒胡同
古巷二十號
壽比胡同
交道口南大街
地安門外大街
前鼓樓苑胡同
菊兒胡同
文宇奶酪
黑芝麻胡同
後圓恩寺胡同
方磚廠69號炸醬麵
方磚廠胡同
南下洼子胡同
創可貼8
沙井胡同
前圓恩寺胡同
東堂客棧
景陽胡同
什剎海站
Shichahai
興穆
秦老胡同
帽兒胡同
北兵馬司胡同
8號線
南鑼鼓巷
中央戲劇學院
雨兒胡同
東棉花胡同
侶松園賓館
蓑衣胡同
板廠胡同
福祥胡同
炒豆胡同
南鑼鼓巷
E
F
白魁老號飯莊
地安門東大街
地安門東大街
北
A
B
南鑼鼓巷站
Nanluoguxiang

南鑼鼓巷站是北京地鐵6號線和8號線的一座換乘站，由於車站位於北京市保存最完整的四合院區，因此車站的設計，散發出濃郁的四合院建築風格。

這裡常年吸引無數的中外遊客，尤其6號線的開通，更是方便所有的觀光客。胡同裡頭的店家有些是老外早期到北京時就進駐的地方，真是先知先見。更有些四合院，早已變賣為私宅，當時200萬人民幣不到的房子，如今變為2億人民幣以上的天價豪宅。

當你在逛這條目前保存最完整，最富有老北京風情的胡同時，可別忘了，明清時這裡曾是一處大富大貴的風水寶地，京城的達官顯貴、王公貴族都喜歡住在這裡。

全長786公尺的南鑼鼓巷，與元大都同期建成。因其地勢中間高、南北低，好像一個駝背的人，故名羅鍋巷。到了清朝，乾隆15年把它重新改名，稱南鑼鼓巷。

1這個地鐵站建築古色古香 2南鑼鼓巷內的小店林立，有中國風格的星巴克，還有標榜來自台北的芒果冰 38號線地鐵的南鑼鼓巷站 4從南鑼鼓巷換乘8號線地鐵，需走一段長長的通道(照片提供／吳曼榕)

北京達人Beijing 3大推薦地

作者最愛
中央戲劇學院

如果說清華北大是中國學者的搖籃，那中央戲劇學院就是中國明星的搖籃，追星族千萬別漏掉這個明星的誕生地。(見P.226)

焦點必訪
白魁老號飯莊

白魁老號是家200多年的老店，以燒羊肉著稱，過去老北京會買份燒羊肉配麵吃，如果有機會來此，推薦體會一下這飄香兩百多年的味道！(見P.227)

在地人推薦
文宇奶酪

雖說奶酪不是每個人都愛吃，但有機會走到這家店，恰巧又沒有太多人排隊的話，奉勸你不妨嘗試一下，也許你會從此愛上吃奶酪。(見P.229)

遊賞去處

電影明星的搖籃

中央戲劇學院

MAP P.225/C2

E出口
步行約5分鐘

DATA

http www.chntheatre.edu.cn ✉ 北京市東城區棉花胡同39號
☎ (010)6404-1498

每次寶島李經過此處，都會瞪大眼睛瞧，免得錯過未來的大明星

1950年成立的中央戲劇學院(The Central Academy Of Drama)簡稱「中戲」，是中華人民共和國教育部下轄的直屬單位，級別很高，與之比肩的還有「北影」(北京電影學院)跟「上戲」(上海戲劇學院)。姜文、鞏俐、章子怡、湯唯、陳道明等大明星都是中戲出身，是中國出產電影人、明星藝人的搖籃，這裡不乏帥哥美女的在校學生，經過的時候留意一下，下一個章子怡可能正從你面前走過。原則上「中戲」不對外開放，一般人是不能隨便進入參觀，只有校友帶你進去時才能進入校園，但是因為校門是開放的，所以通常不會管，若是進入參觀請保持低調。

遊賞去處

最火紅的觀光胡同

南鑼鼓巷

MAP P.225／C3
E出口
步行約2分鐘

DATA

✉北京市東城區南鑼鼓巷

這是北京知名度最高的「觀光胡同」，也是Sindia認為最難介紹的一條胡同，因為它太紅了，店租翻漲過好幾倍，每漲一次就有一批店家撤退，一批新店家進駐，每隔幾個月來一趟，都可以發現「新面孔」，店家「折損率」之高不難想像。其實，除了逛街，南鑼鼓巷周邊有8條與之垂直的胡同，不那麼嘈雜熱鬧，更適合漫步其間，感受老胡同的懷舊氣息。

南鑼鼓巷全長786公尺，寬8公尺。最早建於元大都時期，當時沿用里坊制，以南鑼鼓巷為軸線，兩側對稱分布著8條平行胡同，呈現魚骨狀，又像是蜈蚣，因此，南鑼鼓巷也稱「蜈蚣巷」。南鑼鼓巷的價值即在於，它是完整保存元代胡同院落肌理的棋盤式傳統民居區。

1燈光亮起，南鑼鼓巷的夜生活即將展開 2清朝時這裡有家萬慶當鋪，如今剩下門楣和店名還在，原來的門已被封死 3這間沙井副食店已經關門許久，卻始終保持原樣，成為南鑼鼓巷的招牌一景

特色美食

北京涮、烤、燒、醬四大家之一

白魁老號飯莊

MAP P.225／D3
F出口
步行約5分鐘

DATA

✉北京市西城區交道口南大街158號 ☎(010)6406-3611 ⏲06:00～20:30 $約￥42/人均 ➜F出口，往東沿地安門東大街步行約5分鐘

白魁老號飯莊原名「東廣順」，創立於清乾隆45年(1780年)，至今約240年的歷史，以燒羊肉享譽北京，與「東來順」涮羊肉、「烤肉季」烤羊肉、「月盛齋」醬羊肉，被稱為涮、烤、燒、醬四大家，是京城最著名的清真飯莊之一。

白魁是東廣順老闆的名字，後來食客叫習慣了，便取代了店名，後流傳至今。過去北京人習慣在白魁點一份燒羊肉，再到隔壁隆盛館點一碗麵就著吃，雖然後來隆盛館關門，但是這個習慣還是被保留下來，白魁老號裡的特色燒羊肉麵就成了來這裡必點的菜肴，這樣吃才地道，非常值得一試。

白魁老号饭庄

1老字號店家打烊時間早，但夏季會延長到晚上10點才休息 2燒羊肉果然名不虛傳，軟嫩有彈性，簡直就像頂級牛肉 3燒羊肉麵的麵條是現點現壓的餄餎麵，口感彈牙 4店內食客年紀偏長，也代表這家店味道非常傳統

南鑼鼓巷走走逛逛

手工筆記本專賣店

興穆

MAP P.225/C2
E出口
步行約10分鐘

DATA

北京市東城區南鑼鼓巷99號 (010)8404-3217
10:00～22:00

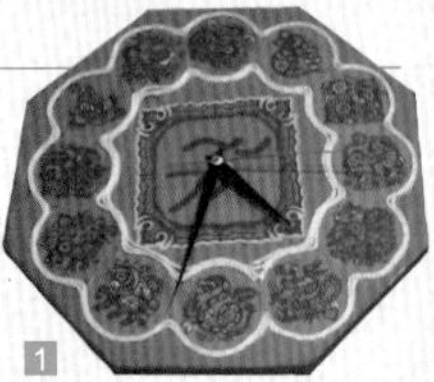

現代人打電腦比動筆寫字的機會多太多，不過走訪一些創意小店，不難發現筆記本仍舊是主力商品，它的價值已從實用功能轉化為藝術收藏性。Sindia就很喜歡紙製品的質感，對於各式各樣的筆記本總是難以抗拒。興穆就是家北京年輕人自己開的手工筆記本專賣店，以牛皮紙為主要素材，裁切成各種尺寸，印上不同的圖案，配合各種特殊的裝禎設計，展現了筆記本的多樣面貌。在這裡你會發現牛皮紙居然可以變身為時鐘及皮夾，簡單的一本便條紙，在印上國劇臉譜後，也能很有個性。

興 穆

1紙製的時鐘 2門面外觀 3各式各樣的牛皮紙筆記本

傳遞北京文化的服飾

創可貼8

MAP P.225/C2
E出口
步行約13分鐘

DATA

北京市東城區南鑼鼓巷61號 (010)6407-8425
09:30～23:00

宫爆鸡丁

創可貼是「OK繃」的大陸說法。這家店及其英國籍老闆的故事，已成為南鑼鼓巷的一則傳奇，媒體報導不計其數。其實這家店只是將一些足以代表北京印象及中國革命歷史的口號、圖騰，印在T恤上，這類商品在北京可以說到處都是，不過創可貼開啟事業的時間較早，圖案及標語的選擇也帶有外國人看中國的新奇觀點，諸如「宮爆雞丁」、「婦女也能當英雄」等標語都躍上了T恤。而老闆本身即是個熱愛北京胡同生活的英國人，說得一口流利中文，這也讓他所創造的品牌背後，增添許多故事性。

創可貼 T-恤
PLASTERED 8
HAPPY NEW YEAR

BEIJING

1一件簡單的T恤印上特殊的圖案或標語就很有型 2這家店知名度很高 3摔不破的搪瓷杯很有復古風

特色美食

名響京城的道地風味

文宇奶酪

MAP P.225/C1
E出口
步行約15分鐘

DATA

✉北京市東城區南鑼鼓巷49號 ☎400-8518200
⏲12:00～售完 $約¥19/人均

不知從何時開始，南鑼鼓巷的假日也會開始排起長長的人龍，十之八九都是衝著這家奶酪店來的。樸實無華的店面，簡單擺上幾張桌椅，卻無損於奶酪美味。年輕的老闆從父親手中承習了好手藝，採用優質鮮奶、白糖、糯米酒製作奶酪，口感十分細滑軟嫩。這裡的雙皮奶最叫座，雙皮奶就是表面有層脆皮，可加上紅豆或燕麥等配料，夏天也會推出芒果雙皮奶。由於生意太好，有時去晚了就賣完了，想吃的人最好早點去。

文宇奶酪店
49

1樸實的店門
2紅豆雙皮奶
3原味雙皮奶

特色美食

北京第二好吃的炸醬麵館

方磚廠69號炸醬麵

MAP P.225/B2
B出口
步行約11分鐘

DATA

✉北京市西城區方磚廠胡同1號 ☎13691150449 ⏲10:30～19:00 $約¥20/人
➡E出口步行約11分鐘；或從什剎海站A1出口步行即達

北京什剎海邊有間爆紅的名店——方磚廠69號北京炸醬麵店，為什麼會爆紅呢？因為謝霆鋒來吃過，所以聲名大噪。才剛到門口，小店就已經被排隊的人龍包圍了兩圈，生意火爆，許多店內的食客大概是看了部落客的介紹，點菜時紛紛有樣學樣，喊著要「鍋挑兒」、「過水」。「過水」是把剛出鍋的熱麵條放到涼水裡過一遍，麵條口感會比較硬；「鍋兒挑」是指將煮過的麵條從鍋中撈出，盛在碗裡，這樣能吃出麵條的原味。

麵很好吃，滑嫩軟彈，吃起來不會很費勁，醬的味道比較淡，鹹中有酸，裡面有大塊豬肉，吃起來倒是很驚喜。好吃嗎？不錯啦！頂多算是北京第二好吃的，因為你問北京人，北京哪家炸醬麵最好吃，他一定回答：「我媽做的炸醬麵最好吃。」

1由於謝霆鋒加持，這家炸醬麵店無時無刻不人山人海 2店內永遠擠滿人，還好只賣炸醬麵，所以食客流動很快 3 4許多人堅持炸醬麵放料有先後順序，不過寶島李覺得沒什麼差別

1

6號線

Beijing Subway Line 6

造訪離市區最近的皇家園林

地铁北海北站
BEIHAI North Station
北海北站

2

北海北站

Beihai North

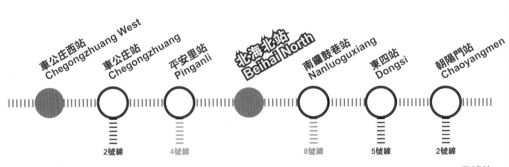

車公庄西站 Chegongzhuang West
車公庄站 Chegongzhuang（2號線）
平安里站 Pinganli（4號線）
北海北站 Beihai North
南鑼鼓巷站 Nanluoguxiang（8號線）
東四站 Dongsi（5號線）
朝陽門站 Chaoyangmen（2號線）

←海淀五路居站 Haidian Wuluju

Lucheng 潞城站→

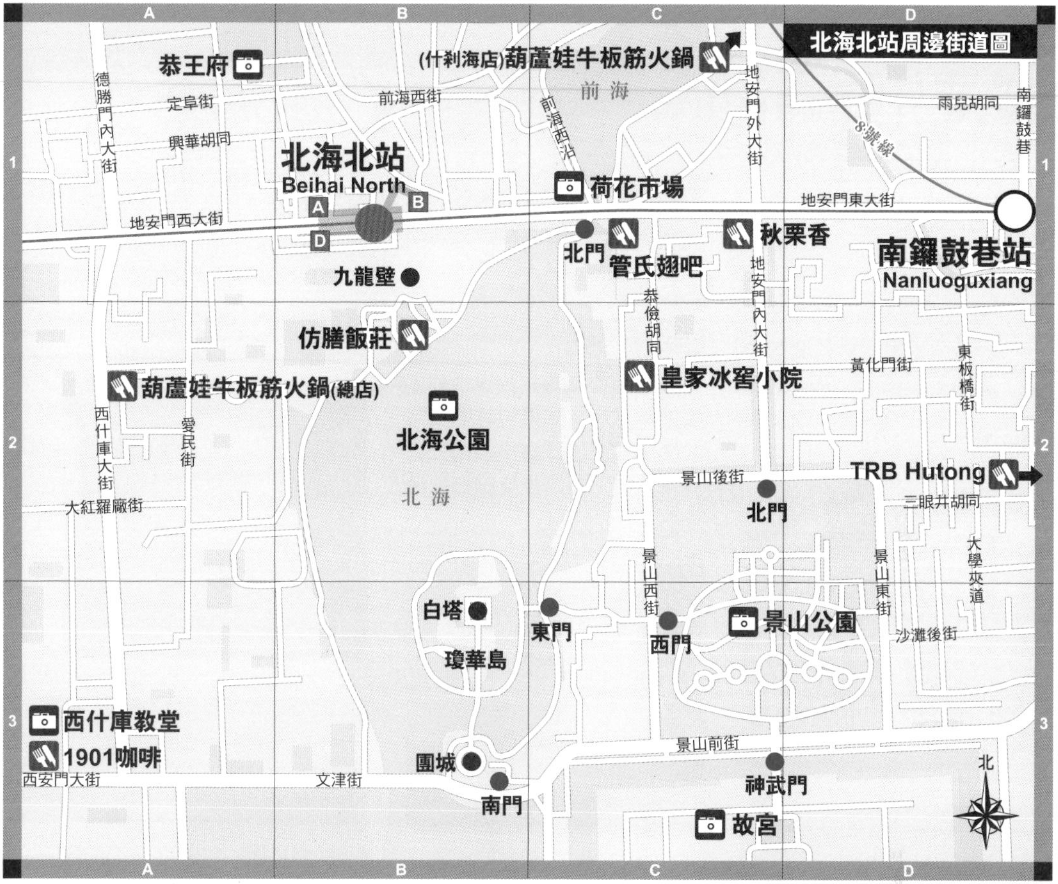
北海北站周邊街道圖
A
B
C
D
恭王府
(什刹海店)葫蘆娃牛板筋火鍋
前海
德勝門內大街
定阜街
前海西街
前海西沿
地安門外大街
雨兒胡同
南鑼鼓巷
8號線
興華胡同
北海北站
Beihai North
荷花市場
地安門東大街
地安門西大街
北門
管氏翅吧
秋栗香
南鑼鼓巷站
Nanluoguxiang
九龍壁
恭儉胡同
地安門內大街
仿膳飯莊
黃化門街
東板橋街
葫蘆娃牛板筋火鍋(總店)
皇家冰窖小院
西什庫大街
愛民街
北海公園
TRB Hutong
景山後街
北海
北門
三眼井胡同
大紅羅廠街
景山西街
景山東街
大學夾道
白塔
東門
西門
景山公園
沙灘後街
瓊華島
西什庫教堂
1901咖啡
景山前街
團城
西安門大街
文津街
南門
神武門
北
故宮

北海北站位於北京市西城區。車站因位於北海公園北側而得名。因此如果你要去往北海公園北門，就在北海北站的西南口下，也就是D出口是最近的地方。若是要到後海、荷花市場、恭王府、郭沫若故居等，也可以在這個站下車，再步行到你計畫要去的景點。

若不趕時間，可以看看車站的裝修風格，其重點採用了個性化的設計，它的頂部裝飾為綠琉璃基調的飛簷，能彰顯皇家園林的顯赫氣勢。北京不少地鐵站有其特色，如南鑼鼓巷站是灰磚的四合院風格，而6號線與5號線交會的東四站，從以前就是北京商業市集區，因此東四站的裝修就以接近原木色的梁柱體系，很有老北京牌樓的感覺。

1北海公園內湖光瀲灩，風景秀麗 2北海北站外觀 3北海北站內部 4出了地鐵站可見到這種旅遊小巴車子

北京達人 Beijing 3大推薦地

作者最愛

秋栗香

一家只賣糖炒栗子和炒花生等乾果，卻經常大排長龍的小店。若是冬天去，熱騰騰的現炒栗子捧在手中，還沒吃就能感受到一股幸福味。(見P.241)

焦點必訪

北海公園

這裡是中國最具代表性的皇家園林之一，如果沒時間去頤和園，那麼造訪離市區較近的北海公園，也可感受到類似的風光。(見P.234)

在地人推薦

1901咖啡

1901咖啡是由西什庫教堂的配樓所改建，建於1901年，是老北京中少見且對外開放的洋樓，在此喝杯咖啡是非常獨特的經驗。(見P.239)

遊賞去處

湖畔咖啡賞荷趣

荷花市場

MAP P.231／C1

B出口
步行約10分鐘

DATA

前海西南側，臨地安門西大街

荷花市場在前海的西南邊一帶，這片湖上種滿了荷花，夏天時粉嫩的花瓣盛開，娉娉嫋嫋，出淤泥而不染，景致迷人。沿著湖畔，一間又一間的咖啡館、酒吧、餐廳，倚著欄杆布置了上百張露天座椅，可以買杯飲料坐下來，享受荷風送香氣的舒暢。

有趣的是，到了冬天，這裡又是全然不同的景致，當溫度下降到零度以下時，湖面會結冰，北京政府會視結冰的厚度如何，適時開放此處供民眾滑冰，由於有管理員監督，在這裡滑冰的安全性較高。

荷花市場牌樓

崇禎皇帝自縊之地

遊賞去處

景山公園

MAP P.231/C3
B出口
步行約20分鐘

DATA

北京市景山西街44號 (010)6403-8098 11～3月06:30～20:00，4～10月06:30～21:00 ¥2，展覽期間¥10 步出故宮北邊的神武門後，過馬路即是

景山又稱煤山，始建於遼金時期，距今已有千年歷史。景山屬於宮苑園林之一，曾經是皇宮的一部分，最有名的一段歷史莫過於明朝時，李自成率兵攻入紫禁城，崇禎皇帝逃到景山上，最後在一棵槐樹上自縊而亡。原先的那棵槐樹已經不存了，後人重新種了一棵，還立了個碑，成了景山的景點之一。

此外，因景山海拔高94.2公尺，天氣好時，登上景山可眺望故宮全景，層層金黃色的宮殿宛如波浪綿延開來，十分壯闊。春、夏、秋季，景山還會舉辦盛大的牡丹、荷花、秋菊等花卉展，總吸引爆滿的賞花人潮。

景山公園的入口與故宮神武門隔著一條馬路相望，因此，通常會安排在參觀完故宮之後，順便一遊景山公園。不過，這樣的安排是理想狀態，若參觀完故宮已經腳力不濟了，不妨擇日再來。

1景山公園裡相傳明崇禎皇帝自縊之處，被立了個碑標示出來 2從這裡登上景山最高處能俯瞰紫禁城全貌 3從門口遠眺景山最高處的萬春亭

遊賞去處

蓬萊意境的皇家園林

北海公園

MAP P.231/B2

B出口
步行約5分鐘

DATA

http www.beihaipark.com.cn ✉北京市西城區文津街1號 ☎(010)6403-1102 ⊙園中園及小庭院：4～10月09:00～18:00，11～3月09:00～17:00 $¥10，聯票¥20(包含門票、瓊華島、團城)，淡季(11～3月)少¥5。園內搭船需另購票，園內遊船電話：(010)64016935

提及北京城內歷史最悠久的皇家園林，不是頤和園也非圓明園，而是北海。從遼代(西元938年)起就看中此處風景秀麗，在此挖湖堆山，仿造古代傳說蓬萊仙境，闢建為皇帝宮苑。其後金、元、明、清各代陸續有所修建，1925年闢為公園對外開放。

北海公園占地廣闊，達69萬平方公尺，光是水域就占了一半的面積，景點多達2、30處。園內的布局規畫源於古代東海上有3座仙山的傳說。

以北海公園來說，整片北海就是太液池，瓊華島、團城、犀山台分別象徵著蓬萊、瀛洲和方丈仙山。有了神話傳說當背景，漫步在廣袤如海的平靜湖邊，垂柳依依，波光粼粼，間有畫舫穿梭其中，說不盡的詩情畫意。

「團城」、「瓊華島」離南門較近，其中瓊華島可說是北海公園的核心，島上有座永安寺，山巔處一座藏式喇嘛白塔，居高臨下，造型獨特，是北海公園的標誌性建築。白塔建於清順治8年，塔高35.9公尺，遠遠望去，塔身就像一個倒蓋的缽，其上有尖塔，這種建築形式稱為「覆缽式塔」，是從印度傳入中國西藏，為藏傳佛教的特色。通常塔內會供奉舍利子。

團城有著高大的圍牆，平台上建有承光殿，殿內供奉一尊用整塊白玉細細雕刻而成的釋迦牟尼佛，相傳是光緒年間一名和尚獻給慈禧太后的禮物。殿前的玉瓮亭內，則有座元代時期用整塊墨玉雕成的「瀆山大玉海」，即巨型的盛酒器具，是珍貴古物。

1漫步在北海公園林蔭間，十分愜意 2白塔寺是北海公園標誌性建築 3公園內有許多樓閣

1

2

3

遊賞去處

現存最完整王府

恭王府

MAP P.231/A1
B出口
步行約10分鐘

DATA

http www.pgm.org.cn ✉北京市西城區前海西街17號(前海西側) ☎(010)8328-8149 ⏲4～10月08:00～18:30，11～3月09:00～18:00，週一閉館 $¥40，另有含講解及觀戲、品茗的套票¥70

恭王府是中國現今保存最完整的清朝王府，始建於1776年(乾隆41年)。恭王府之名是因為同治皇帝時的議政王恭親王奕訢曾住在這裡，不過這座宅第最早是乾隆皇帝寵臣和珅蓋給自己住的「豪宅」，他還大膽採用皇宮才能使用的裝飾，如西路的錫晉齋，就仿照紫禁城的寧壽宮，採用金絲楠木裝修出精美的兩層仙樓，完全不合體制。後來和珅遭嘉慶皇帝下令抄家，據說沒收的財富相當於國庫十幾年的收入。

占地達6萬多平方公尺的恭王府，分為府邸和花園兩部分，從一宮門進入後，先看到宅第部分，由多進四合院組成。可依循東路、中路、西路分頭參觀，最後走到「後罩樓」，這座長方形的建築共兩層，東西長約160公尺，共有108間房，但俗稱99間半。相傳這裡是和珅藏匿珍貴寶物的所在地。

後罩樓再往北就是恭王府花園，花園中路滴翠岩下的祕云洞內，有一塊康熙皇帝親筆撰寫的福字碑，吸引許多遊客排隊參觀，要沾沾福氣。

1

2

1花園裡的主要景觀之一湖心亭，亭中有詩畫舫，在這乘涼很舒服 2漢白玉石材質的拱門，是花園的正門，為西洋建築風格 3後罩樓共有99間半房間，是和珅藏寶之所

3

遊賞去處

北京四大教堂之一

西什庫教堂

MAP P.231/A3
D出口步行或轉車前往

DATA

北京市西城區西什庫大街33號 05:00～18:00(特殊節日除外) 免費 D出口，沿地安門西大街直行，左轉西什庫大街，步行約27分鐘；或D出口出，沿地安門西大街直行，左轉西什庫大街，在廣橋路口南站搭乘38路公車到西安門站下車，車程約4分鐘；或直接搭乘出租車約7分鐘，車費約13元

北京的教堂有天主教堂、基督教堂、東正教教堂，其中以天主教來北京的歷史最早，可上溯到元代，中間雖一度斷絕，但300年後天主教再次回到北京傳教，開啟今日北京四大堂的說法。

西什库天主堂

1

明萬曆33年，利瑪竇獲准興建宣武門教堂，俗稱南堂；清順治12年，興建王府井教堂，俗稱東堂；清康熙32年，在西安門內蠶池口建成北堂；清雍正元年，羅馬教廷修建西直門教堂，俗稱西堂。今天的西什庫天主堂，就是據說當年慈禧嫌它鐘聲吵，而搬到西什庫大街的蠶池口北堂。

早期天主教堂在北京的建築為了維持皇城與政治上的和諧，非常本土化，中西合璧的形式處處可見，因此西什庫天主堂主體雖是一座哥德式建築，卻坐落在傳統的中式台基上，台基由漢白玉欄杆環抱，並有中式的石獅子護衛著。堂前兩側各有一座黃頂碑亭，亭內安放跟西什庫天主堂身世有關的兩座石碑。

1900年義和團之亂，幾乎所有北京的教堂都被義和團搗毀，西什庫教堂也成為攻擊的焦點！但是因為西什庫教堂提前接到消息，得到外國駐兵的保護，雖然也受到損毀，但不像其他教堂遭到毀滅性的破壞，是四大堂中唯一的古建物。

2

3

4

5

6

7

12西什庫教堂深處巷弄中，自得一片淨土 34為了融入當地、便於傳教，在外觀上以及聖母聖子像上，都會根據當地文化調整 56教堂內一片紅通通，看似喜慶但是卻異常的安靜，都是虔誠的信徒 7教堂外觀宏偉，仰之令人蒙生敬意，這也是天主教堂多採用哥德式建築的原因

富麗堂皇的宮廷菜肴

仿膳飯莊

MAP P.231／B2
B出口
步行約8分鐘

DATA

北京市西城區文津街1號北海公園 (010)6401-1889 11:00～14:00，17:00～20:00 約¥218/人均

在面積廣闊的北海公園內若想吃頓正式午餐，位於瓊島上的仿膳飯莊是距離最近的選擇。它位在漪瀾堂、道寧齋等一組乾隆年間興建的古建築群中，從門面到內部裝潢，雕梁畫棟、金碧輝煌，充滿宮廷的氣息，服務員還身著清朝宮女服飾，讓食客頗有當皇帝般備受禮遇的感覺。

仿膳的創辦人曾是清朝御膳房的御廚，因此菜單也以宮廷菜肴為主，招牌菜肴包括抓炒魚片、瓊島上(近北海公園東門)抓炒里脊、羅漢大蝦、左宗棠雞等，也有豌豆黃、芸豆捲、小窩頭、肉末燒餅等宮廷小吃。

1仿膳飯莊大門 2仿膳飯莊皇帝納彩宴，台灣應該看不到吧

照片提供／仿膳飯莊

特色美食

御用冰窖裡的皇家菜品

皇家冰窖小院

MAP P.231/C2
B出口
步行約15分鐘

DATA

http bjhyzb.blogbus.com ✉北京市西城區恭儉胡同5巷5號 ☎(010) 6401-1358 ⏰11:00～14:30，17:30～22:00 $約￥153/人均 ➜恭儉胡同南北走向，北口在荷花市場對面，南口在景山後街最西邊

冰窖小院藏身在北海東側的一條恭儉胡同深處，若非事前做功課，行步至此，絕對不會想到在兩扇朱漆大門的背後，竟然隱藏著一座昔日清朝宮廷專屬的冰窖！

這座建於清朝末年的冰窖，原本一直淹沒在民宅間，被當作倉庫使用，直到1995年北京政府文物科人員前來勘查，確認了這是清朝皇家御用冰窖，於是納入文物保護名單中，冰窖的存在才廣為所知。後來北京政府將冰窖委託給民間經營管理，就有了如今的冰窖小院餐廳。

恭儉冰窖有點類似防空洞，位在地下室，低於地面3公尺左右，窖口朝東，共有南北兩座。為了達到密封隔熱的效果，牆體採用堅固的花崗岩鋪底，再以窖磚壘砌而成，身處其中就有股陰涼感。它的寬有7.78公尺，長20.4公尺，高7公尺，牆厚1.4公尺，窖頂為「人」字形脊坡。冰窖與北海，僅隔著一道城牆，當年清廷每到冬季北海結冰，就近將冰塊透過冰窖上的小門運進來，至今窖內仍保存有當初運冰的長條木板，稱為「冰板」。

冰窖小院提供各式中式菜肴，有宮廷等級的養生海參、清宮烤羊腿，也有平民化的炒豆腐腦、香酥鴨、老北京炸醬麵等，都是可吃出廚師功力的功夫菜，吃罷美食到冰窖走一圈，體驗身處天然冰箱的感覺，堪稱到北京旅遊獨一無二的特殊體驗！

1

2

3

4

1 冰窖小院就在這扇門後 2 以往存冰的冰窖內部現在成了餐廳 3 這盤青菜色香味俱全 4 香酥鴨為冰窖小院招牌菜之一

貼心小提醒！

雪池胡同也有一處冰窖

北京還有一處皇家冰窖也被列入保護文物，位於北海東側的雪池胡同10號，稱為雪池冰窖。形式和恭儉冰窖類似，但目前尚未整修開放。

特色美食

百年老洋房的咖啡廳

1901咖啡

MAP P.231/A3
D出口步行或轉車前往

DATA

北京市西城區西安門內大街101號(近西什庫大街) (010) 6616-0335 09:00～24:00 約¥68/人均 D出口，沿地安門西大街直行，左轉西什庫大街，步行約27分鐘；或D出口，沿地安門西大街直行，左轉西什庫大街，在廣橋路口南站搭乘38路公車到西安門站下車，車程約4分鐘；或直接搭乘出租車約7分鐘，車費約13元

在北京待一段時間會發現，北京的老東西很多，像老四合院、寺廟等等，無論怎麼找，卻發現找的全都是清代的中式文物，洋玩意很少，待上一段時間，就會有種審美疲勞。不過，如果細細探訪，會發現北京其實也有大量西式風格的東西，像寶島李在北京就迷上逛教堂，如北京最大、最古老教堂之一的西什庫大教堂。這1901咖啡館，原本便是西什庫教堂的配樓，在外觀上還保留歐洲的洋式建築！現在的經營者將其改成咖啡館後，以這棟建築物的落成年分——1901年命名，遂叫1901咖啡館。

1901咖啡廳裡經常看到在此念書的人，或坐或蜷縮、橫躺於沙發上，怎麼舒服怎麼坐，極其自在！寶島李特別喜愛1901碩大的拱形窗戶，以及透亮的採光，而其咯吱咯吱作響的古老木地板，也為這幢古老建築平添韻味。這裡堪稱是寶島李在北京最喜愛的角落，寶島李經常點一杯咖啡在此待上一天，所以老闆娘每次看到寶島李，都是恨得咬牙切齒，咬到連牙齦都出血了！當然啦，肚子餓的時候，寶島李還是會點一份牛肉三明治或蘸起士肉醬吃的薯條，美味且分量充足，更重要的是，這樣老闆娘才不會一直盯著寶島李看！

1901
CAFE
渤海海
烟酒
Liquor
1

2

3

4

5

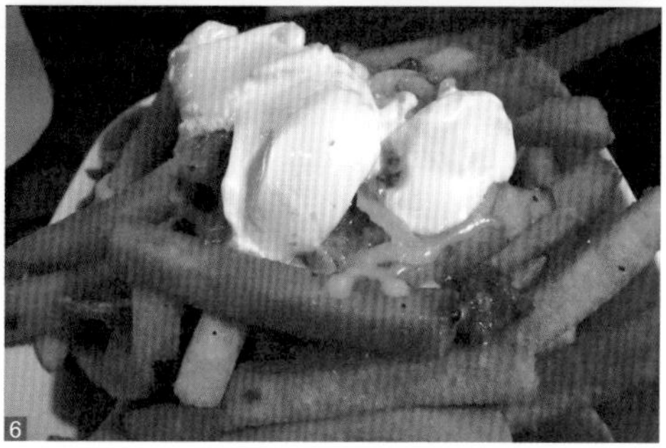
6

7

12 1901年興建的老洋房，挺立至今 345 內部陳設也古色古香，木地板走起來嘎嘎作響，尤其拱形窗特別的難能可貴 67 供應的餐食也在水準之上，寶島李經常在此待上一天

燒烤令人擋不住

管氏翅吧

MAP P.231／C1

B出口
步行約9分鐘

DATA

北京市地安門西大街20號(荷花市場正對面)
15510653329 11:00～24:00 約¥67／人均

北京這個地方特別流行烤肉，過去有老字號的烤肉季、烤肉宛，現在有烤羊肉串、烤魚、烤羊腿、烤雞翅等等，就單單一個烤雞翅還火紅了好一陣子，出了幾家小店大掌櫃，還特別有脾氣，前陣子烤雞翅正流行的時候，不訂位都吃不到，據說連周杰倫臨時想來，都被特別有原則的老闆給拒絕。

如今烤翅店雖然沒這麼熱，但管氏翅吧也不啻是一間吃烤味的好去處。雞翅烤得很透，皮酥肉嫩、辣中還帶點麻。另外可以吃吃看北方特色的

1雖然在大馬路邊，但門面卻不太容易發現 2北京人特別愛吃燒烤，只要是味道好的店，永遠擠滿人 3招牌的烤翅，味道還真不一般 4除了烤翅，也別忘了嘗嘗烤羊肉串、疙瘩湯等

烤饅頭片、疙瘩湯等也不錯。夏天的時候，來份烤翅，來瓶啤酒，燒烤就是讓人無法抵擋啊！

古寺改建頂級法餐廳

TRB Hutong

MAP P.231／D2

B出口步行或
轉搭出租車

DATA

北京市東城區沙灘北街23號(近五四大街) (010)8400-2232 11:30～14:30，17:30～22:00 約¥887／人均 B出口步行約35分鐘；或南鑼鼓巷站B出口，步行約20分鐘；直接打車約10分鐘、13元

TRB餐廳在清代是修建給蒙古活佛作為駐地的嵩祝寺及智珠寺，其歷史應該有300年左右。嵩祝寺及智珠寺後來不斷遭到兵災與人為的破壞，直到近年才在商業運作下修復。嵩祝寺及智珠寺在修舊如舊的理念下，恢復古樸的樣貌，並結合餐飲、藝術、酒店對外營業。不過寶島李去時，酒店目前似乎暫停營業。

TRB在北京非常有名，最主要還是因為樹大招風，被投訴「將古蹟作為特定人才能去的私人會所」，鬧得滿城皆知有個古寺被改成了法餐廳，甚至一度停業，還好最後還TRB清白。這裡供應

1它是一座有著300年歷史的古寺 2它還是藝術展示中心，現場有許多裝置藝術，而寺廟本身就是件活文物 34它也是一家法國餐廳，可以在古廟的環境中用餐，非常混搭

全套法國大餐與創意菜肴，尤其在如此混搭的氛圍中，用餐儀式感很強，許多人會來此過生日或宴請重要客人，現在只要你有錢，大可放心去這個丹麥女王、比利時王后都曾來過的地方用餐。

特色美食

遠近馳名的糖炒栗子

秋栗香

MAP P.231／C1
B出口
步行約15分鐘

DATA

北京市西城區地安門西大街2號(近後海荷花市場)
(010)6401-6838 08:30～20:30 約¥20／500g

秋天的時候到北京，滿街都是糖炒栗子的香味。其中最有名的店家，就屬秋栗香。要找這家店，只要看到門外大排長龍的隊伍，那就是了。店內有4、5個大鐵桶，不斷地翻攪著栗子，香氣四溢，遠遠就能聞到，但炒的速度永遠跟不上排隊的人潮。為了吃到栗子，往往得排隊等上40分鐘到1小時，秋、冬季節甚至要等更久。

不過等待是值得的，這裡的栗子均勻飽滿，黃色的果肉鬆軟香甜，會讓人忍不住一顆接一顆。店家還提醒，即使一下子吃不完放涼了，也可以放入微波爐稍微加熱，就能回復原來熱騰騰出爐的美味！

1秋栗香在地安門西大街上 2店裡有好幾簍新鮮的栗子

特色美食

連同行餐廳老闆都喜歡

葫蘆娃牛板筋火鍋

MAP P.231／C1
P.251／D3
B出口
步行約20分鐘

DATA

北京市方磚廠胡同83號 (010)6445-7137 10:30～23:00 約¥56／人均
B出口步行約20分鐘；或從什剎海站C東南口步行即達

葫蘆娃牛板筋店也是最近爆紅的老店，雖經營許久，但是屬於悶聲發大財的那種，以物美價廉著稱，廣受餐飲同業的老闆喜愛，在被一個美食網紅節目＜由餐廳老闆推薦的餐廳＞介紹之後，客人便川流不息，於是開了分店。總店永遠在排隊，因此推薦的是什剎海分店。

寶島李以前覺得牛板筋太過有嚼勁，啃不動，也吃不出樂趣來，這次受「連餐飲同行也喜歡吃」的話題吸引，特來品嘗，沒想到一吃便驚為天人，原來牛板筋那麼好吃，牛板筋熬煮入味，口感又Q又軟，不誇張地說，吃起來就像鮑魚一樣，真不愧是連餐廳老闆都喜愛的味道！

12什剎海店位在胡同內，頗有大口吃肉、大口喝酒的氣氛 3其實就是牛雜鍋，簡單，但是味道特別好 4一定要搭配店家特製的醋醬汁，解膩又提鮮

60
党叫我干啥我干啥

8 號線：奧運支線，前往奧運館場鳥巢、水立方的地鐵專線

西
烟袋斜街
YAN DAI XIE JIE

8號線

Beijing Subway Line 8

欣賞驚豔世界的建築工藝

国家全民健身示范基地

奧林匹克公園站

Olympic Green

永泰庄站 Yongtaizhuang

林萃橋站 Lincuiqiao

森林公園南門站 South Gate of Forest Park

奧林匹克公園站 Olymoic Green

奧體中心站 Olympic Sports Center

北土城站 Beitucheng

安華橋站 Anhuaqiao

15號線

10號線

←朱辛莊站 Zhaxinzhuang

Nanluoguxiang 南鑼鼓巷站→

奧林匹克公園站周邊街道圖
奧林匹克公園站
Olympic Green
A1
A2
B
C
D
E
小吊梨湯
大屯路
北辰西路
天辰西路
天辰東路
湖景東路
北辰東路
安立路
科學園南里東街
國家體育場北路
慧忠北路
國家體育館
數字北京大廈
名人國際大酒店
安翔北路
慧忠路
北辰購物中心
水立方
鳥巢
盤古大觀
國家體育場南路
北四環中路
中華民族園
奧體中心站
Olympic Sports Center
B1
B2
F
安定路
北

2008年無疑是北京最風光的一年，承辦了第29屆奧運會，成功吸引了全球的目光，而又稱為奧運支線的8號線地鐵，也正是為了通往諸多奧運新建場館而開闢的地鐵。如今已經廣為人知的鳥巢、水立方，在奧運過後的風采依舊不減，大膽而創新的建築設計成為經典地標，不斷吸引各界遊客到此「朝聖」。奧運後，鳥巢也不僅是體育場地，經常舉辦各項大型活動，如果造訪時機湊巧，還可以到鳥巢裡面看表演。

1 鳥巢的鋼架結構清晰地倒映在湖水裡，景致迷人 2 奧林匹克公園站周邊景觀

現代感強烈的通訊設施

數字北京大廈

MAP P.245／A2
E出口
步行約10分鐘

DATA

✉水立方北側

這座大廈在北京奧運期間，負責所有通訊、電腦資訊等系統，是重要的通信設備所在地，除了功能性強外，它特殊的外型也頗引人注意。整座大廈基本上並無窗戶，鉛灰色的巨大外牆看來極為黯淡，說是大廈，比較像是幾塊大型水泥板的集合體，與鄰近的水立方、鳥巢一對照，無疑是極大對比。其實它是中國知名建築師的作品，因為這建築基本上不是給人住，而是給「機器」住的，所以設計起來也比較大膽。而設計師也試圖藉由宛如電腦電路板的冷硬外型，表達時下社會因為電腦引發的巨大改變。

遠眺「龍」型建築

盤古大觀

MAP P.245／A3
E出口
步行約20分鐘

DATA

✉北京市朝陽區北四環中路27號 ☎(010)5978-1888 ➡或8號線奧體中心站下車

在鳥巢、水立方附近，很難不注意到有一排白色高大的建築矗立在路邊，這棟建築與奧運場館一樣受到關注，因為它的位置絕佳，站在高樓層就能俯瞰鳥巢和水立方，且特殊搶眼的外型也讓建物落成後立刻成為北京新地標。其實這也是設計台北101的台灣建築師李祖原在北京的作品。

這組建築共5棟大樓，領頭的大樓最高，頂樓設計成少見的曲線，遠觀就像龍頭的變形，「龍頭」後面則是4棟大樓連成的「身體」。整座建築稱為盤古大觀，中間3棟則是豪宅，龍頭是辦公大樓，龍尾則是7星級的盤古7星酒店。

酒店裡面最引人矚目的是「空中四合院」的設計。業者在酒店的23樓，打造了一處極盡富麗堂皇的老北京四合院，還有專用電梯、屋頂花園、游泳池和可以自動伸縮的玻璃屋頂，在此住一晚號稱是最尊貴的享受，價值是令人瞠目結舌的一百萬人民幣！至於一般的房間，入住房價依房型不同，每晚在¥2,000～3,000左右。

1

2

1由4棟水泥牆組成的數字北京大廈 2大樓表面的線條，就像電腦複雜的電路結構 3盤古大觀

3

中國建築工藝的高度表現

鳥巢(國家體育場)

MAP P.245/B2
D出口
步行約10分鐘

DATA

www.n-s.cn 北京市朝陽區國家體育場南路1號 (010)8437-3008
淡季(11～3月)09:00～17:30；旺季(4～10月)09:00～20:30(具體開放時間調整請關注公告) ¥50

看過奧運開幕式的人，應該對沿著鳥巢連續一週發射的壯麗煙火畫面還記憶猶新吧！這裡是北京奧運比賽時的重點場地，奧運結束後，也開放給各項大型活動申請做為場地，包括演唱會、賽車場，甚至滑雪場等。不過人們最感興趣的還是它大膽而粗獷的外型。近觀鳥巢，它裸露的鋼筋結構，就像巨大的樹幹一般從地底冒出，彼此交錯縱橫，形成了迷宮般的水泥叢林。

若要看它溫柔的一面，則得走到場館D、E入口處，那裡有一汪清澈的人工湖，鳥巢的身影清晰地倒映在湖水中，脈絡分明，既寫實又魔幻。晚上如果有打燈，更有一番迷離醉人的情調。

鳥巢是由中國和瑞士籍建築師共同設計，除了大量使用鋼架，在鳥巢頂部也用了與水立方外層同一種材質的ETFE膜，這種膜結構看似透明，卻很堅固，可遮陽、防水、防火，不過卻怕「鳥爪」，所以其周遭還設置了驅鳥裝置呢！

1外露的鋼架結構交錯縱橫 2奧運期間鳥巢湧入上萬人觀看比賽 3鳥巢內部的座椅刻意選用紅色，代表「中國紅」

1

2

3

湛藍的珍珠寶盒

遊賞去處

水立方(國家游泳中心)

MAP P.245/B2
E出口
步行約10分鐘

DATA

www.water-cube.com (010)8437-8966、嬉水樂園(010)8437-0112 09:00～18:00。嬉水樂園4/30～6/15，10:00～18:00；6/16～8/31日場10:00～22:00，夜場16:30～22:00；9/1～10/7、11/7～3/10，10:00～18:00 參觀票¥30，游泳票¥60，嬉水樂園¥260

晴空下，藍色的水立方與天空連成一氣

水立方的外型就像一塊藍色的水匣子，是中國和澳洲建築師合作的成果。當初設計成方形，一來是為了和橢圓形的鳥巢區隔，二來是認為方形與北京城的方正格局呼應，而且方形也帶出了中國傳統「天圓地方」之說的智慧。

水立方的外表是由一塊塊大小不一的ETFE膜拼接而成，宛如蜂窩結構，因為透光性非常強，隨著天空顏色和周圍景觀的不同，會有不一樣的光彩。如果天氣不好，水立方看起來就顯得黯淡，一旦陽光普照，站在向陽的那一面看水立方，ETFE膜會因為反射陽光，散發出耀眼光芒，宛如晶瑩剔透的藍色珍珠。

到了晚上，水立方四周裝設的LED燈開啟，則是一場華麗的燈光秀，藍、橙、紅、黃、綠等各色LED燈輪番亮起，讓水立方在夜幕籠罩下像熠熠生光的寶石，令人陶醉。目前除了游泳館外，還有嬉水樂園和水滴劇場。嬉水樂園是個超大型的水上樂園，有各式各樣的水上設施，如台灣常見的漩渦、漂流、海浪、按摩池和溜滑道，其中的魔方城堡更像一個卡通裡的城堡，非常可愛有趣，適合親子一同遊玩。每到暑假，嬉水樂園便是人山人海，加上園區內占地很廣，帶小朋友來的爸媽，千萬要看好自己的小孩，以免在嬉戲中走失。

水滴劇場除了播放免費的奧運傳奇外，還有收費的3D影片。此外，水立方還會不定期的推出像水中芭蕾秀等活動，參觀鳥巢、水立方時，不妨也考慮附加的娛樂設施。

中華民族大熔爐

遊賞去處

中華民族園

MAP P.245/B3
E出口
步行約30分鐘

DATA

北京市朝陽區民族園路1號 (010)6206-3646 (3/15～11/15)08:00～19:00，(11/16～3/14)08:30～18:00 ¥90 或8號線奧體中心站下車，出口旁即是

中華民族園是北京政府興建的觀光景點，1994年落成開放，將中國56個民族的文化特色，集中在一個園區內展示，有點類似台灣南投的「九族文化村」，但規模要大上數倍。為了凸顯各民族特色，園區內每個民族都有自己的分館，並且以精確的比例複製了足以代表該民族所在省分的經典建築，例如西藏拉薩的布達拉宮、大昭寺，雲南的大里三塔等。每個分館也會安排民俗表演活動。台灣的「高山族」也被納入園區裡，只是看起來並未維護得很好。

在中華民族園可見到中國各省少數民族的代表建築

特色美食

廉宜物美的官府菜

小吊梨湯

MAP P.245／B1
D出口
步行約3分鐘

DATA

北京市湖景東路9號(新奧購物中心B1) (010)8443-7260 11:00～21:30 約¥85／人均

老北京人秋冬時必喝的「小吊梨湯」。入秋時節，因為空氣變得乾爽，會容易咳嗽，因此老北京人在這時候，就會熬煮梨湯來喝，而小吊則是過去老北京盛梨湯的器具，同時也是度量梨湯分量的單位，因此普遍都叫小吊梨湯。

在過去北京的大街小巷，酒家餐館都有賣這小吊梨湯，不過現在比較少見了。只有在北京氣候這麼分明、對人影響這麼明顯的地方，才有對不同季節的吃食這麼講究的人，什麼「冬吃蘿蔔，夏吃薑，不勞醫生開藥方」，入秋要喝秋梨湯，清咽潤喉、化痰潤肺，滋陰降燥等等，嘖嘖嘖，規矩真的很多啊！

小吊梨湯賣的是官府菜，從擺設到菜品，都跟同一集團、同樣標榜官府菜的「那家小館」有點類似，只是更為平價，也沒那麼擁擠。來小吊梨湯除了梨湯必喝，還可以點份小吊梨湯燴飯(也就是那家小館的皇罈子)，味道也很好！

1

2

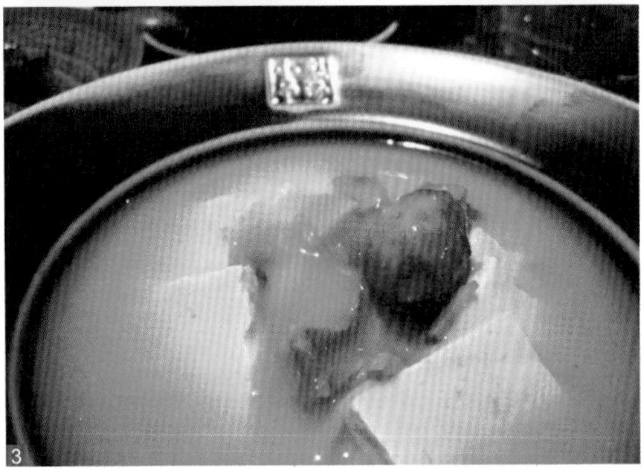
3

1 2 老北京傳統的茶湯──小吊梨湯 3 吊梨湯燴飯，與那家小館同款「皇壇子」，味道差不多，但價格親切許多 4 菊花山藥，北京人特別注重食補，山藥滋陰潤肺，也是適合在變乾燥的秋天吃的養身食材 5 紅酒香梨，用紅酒煮梨子，香香甜甜，好看又好吃 6 小吊梨湯，古色古香

除了此處，小吊梨湯還有好幾家店，可查查離自己最近的店，都很方便前往。

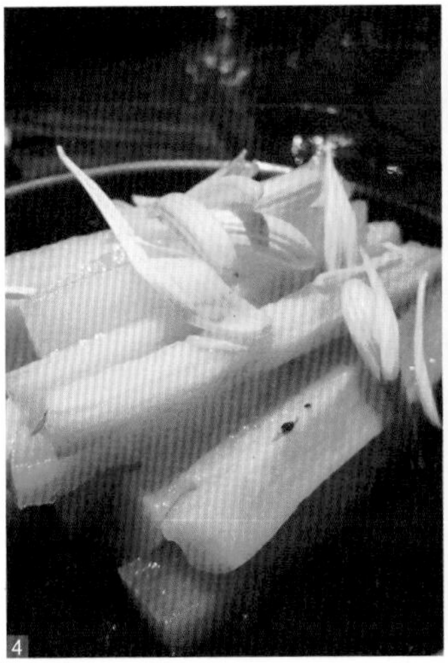
4

5

小吊梨湯
6

1

8號線

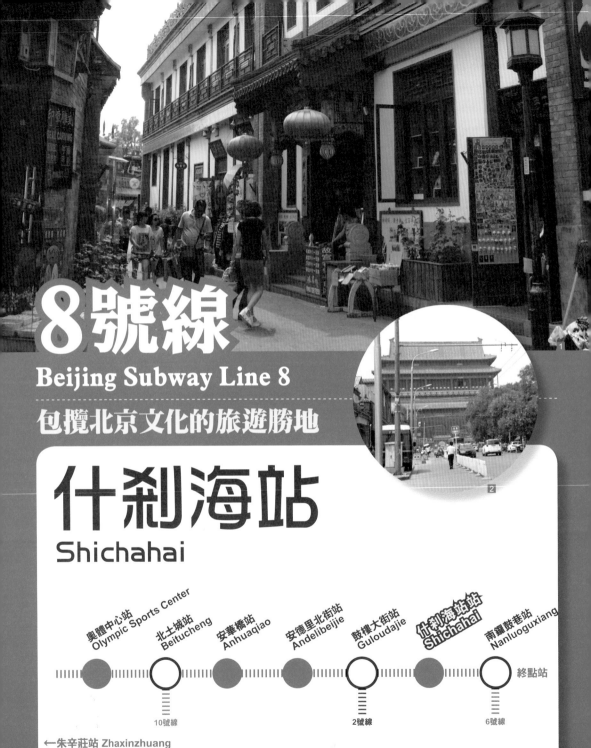

Beijing Subway Line 8

包攬北京文化的旅遊勝地

2

什剎海站

Shichahai

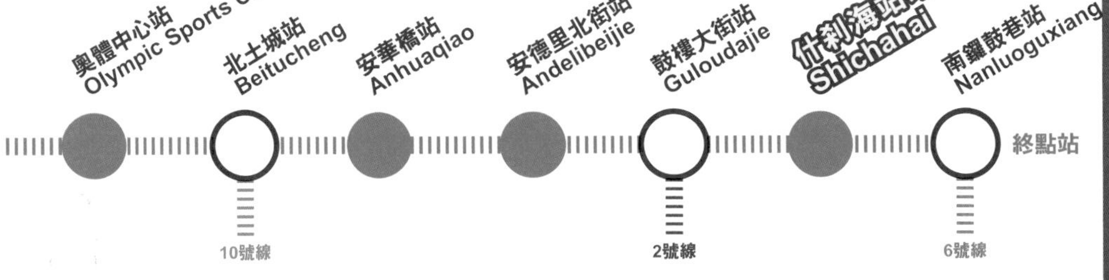

奧體中心站 Olympic Sports Center
北土城站 Beitucheng
安華橋站 Anhuaqiao
安德里北街站 Andelibeijie
鼓樓大街站 Guloudajie
什剎海站站 Shichahai
南鑼鼓巷站 Nanluoguxiang
終點站
10號線
2號線
6號線

←朱辛莊站 Zhaxinzhuang

什剎海站周邊街道圖
前馬廠胡同
鑄鐘胡同
舊鼓樓大街
鼓樓西大街
鐘樓
草廠北巷
寶鈔胡同
鐘樓灣胡同
鴉兒胡同
草廠胡同
宋慶齡故居
姚記炒肝
鼓樓饅頭店
鼓樓
鼓樓東大街
後海北沿
後海
鴉兒胡同
慶雲樓 NUAGE
地安門外大街
後海南沿
孔乙己酒樓
鴉兒李記醬肉爆肚(火燒)
菸袋斜街
聚德華天烤肉季
北官房胡同
辛安里
小廠胡同
南下洼子胡同
大清郵政信櫃
葫蘆娃牛板筋火鍋
前景胡同
方磚廠胡同
大金絲胡同
南官房胡同
前海東沿
什刹海站 Shichahai
豆角胡同
前海北沿
通惠河玉河遺址
帽兒胡同
前海
北

什剎海是北京著名的景點，包括後海、前海、西海這一大片水域，湖光瀲灩景色旖旎，素來是造訪北京必到的景點，此站開通後，對前往上述景點帶來極大的便利。尤其地鐵站的出口離著名的觀光胡同「菸袋斜街」很近，步行也只要3分鐘。

如果想要好好走遍什剎海一帶，可以安排一天來此，欣賞優美的湖景、逛胡同、走訪名人故居、吃北京小吃、體驗搭乘人力三輪車的感覺……在這一站，都可以體驗的到！

烟袋斜街

1什剎海地鐵站A2出來就是地安門外大街，往左手邊走2分鐘，就是菸袋斜街 2從A2出口出來，不遠處就是鐘樓及鼓樓 3菸袋斜街牌樓

北京達人 Beijing 3大推薦地

作者最愛

後海

後海是寶島李剛到北京時，最愛去的地方，夏有荷花，冬能滑冰，晚上還有酒吧歌手不時傳來的《One Night in Beijing》。(見P.253)

焦點必訪

菸袋斜街

每本觀光指南一定都會提到的景點，可惜整條街都是賣東西的小店，已經看不到太多歷史的遺跡。(見P.254)

在地人推薦

姚記炒肝

這家店專賣北京道地小吃，原本也只是當地人才熟知的老店，但在不斷有名人造訪加持下，名聲大噪，可能要有排隊的心理準備。(見P.257)

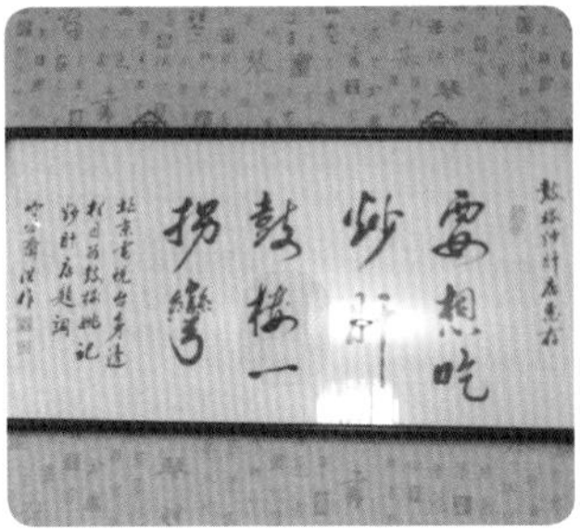
要想吃
炒肝
鼓樓一
拐彎

幽靜嫻雅的園林建築

遊賞去處

宋慶齡故居(醇親王府)

MAP P.251/A1

A2出口
步行約19分鐘

DATA

http www.sql.org.cn ✉北京市西城區後海北沿46號(後海的東北角) ☎(010) 6407-3653 ⏰4/1～10/31 09:00～17:30，11/1～3/30 09:00～16:30 $ ¥20 ➡A2出口，左轉萬年胡同，右轉進入前海東沿，繼續直走接後海北沿即到，步行時間約19分鐘

這裡最早是清朝康熙大學士明珠及其子納蘭成德的宅第，後為乾隆兒子成親王的府邸。光緒14年再賜給醇親王奕環，改為醇親王府，清朝末代皇帝溥儀就出生在此。王府的西部是花園，也是宋慶齡故居所在，東部的府邸則是國家宗教局使用地。宋慶齡在1949年後，未跟著妹妹宋美齡及蔣介石到台灣，留在大陸，後來被授予中華人民共和國名譽主席稱號。她在1963年住進醇親王府，生活了18年，直到1981年過世。生前所住的故居是一座中西合璧的兩層樓房，目前固定展出宋慶齡及孫中山先生的遺物，包括手稿、照片、友人致贈的禮品等。

遊賞去處

湖畔美景一覽無遺

後海

MAP P.251/A2
A2出口
步行約5分鐘

後海這一大片水域其實包含後海、前海及西海(即積水潭)，又稱為什剎海，因這附近過去曾有10間寺廟而得名。後海和前海以短短的「銀錠橋」相隔，水域其實是相通的，這一帶周邊酒吧林立，又有後海酒吧街之稱，是遊客最集中的地區。西海則在西北角，鄰近積水潭地鐵站，遊客相對較少。

後海白天、夜晚各有風情，遊覽湖畔美景之餘，還能穿街走巷，探尋一些仍保有舊時生活氣息的老胡同，以及眾多王府、名人故居風采。

很多人好奇，為什麼北京把湖稱做「海」？據說這是因蒙古語稱水為「海」，名稱就從元朝流傳至今。儘管後海不像大海一樣一望無際，不過也有34公頃，要靠走路繞行一周，外加探訪周遭的景點，光靠走路實在有難度，因此，在後海和前海周邊，有自行車供出租，亦有三輪車遊覽服務，可多加利用。

貼心小提醒！

騎自行車、搭三輪車遊後海

自行車：在後海著名餐廳「烤肉季」前方那條「前海東沿」的路上，有幾家自行車出租業者，租車時需押證件或押金，記得向業者索取收據，還車時領回押金或證件。

三輪車：搭乘三輪車，比較正規的業者是穿戴有「老北京胡同遊」字樣背心的業者，公訂票價雖然是每人¥180，還會發給票根，不過有時也有議價空間。上車後三輪車伕會沿路講解，並帶往幾個重要的景點，如恭王府、宋慶齡故居、梅蘭芳故居等，是否要下車進去參觀，就看遊客自己的意願，但景點門票不包含在車資內。遊覽時間全程約2～3小時。

1停靠在前海的遊湖船 2著名的後海酒吧街 3冬天時後海結冰，為免民眾私自滑冰造成危險，冰上被鑿出一個個窟窿，是另一種冰凍蕭瑟的風景

1

2

3

遊賞去處

擊鼓鳴鐘迎新年

鼓樓、鐘樓

MAP P.251／C1、C2

A2出口
步行約7分鐘

DATA

✉北京市東城區地安門外大街鐘鼓樓灣臨字9號
◷09:00～16:30 $ 鐘鼓樓通票￥30

俗語說「暮鼓晨鐘」，鐘樓、鼓樓是古代的報時工具。北京的鐘、鼓樓最早建於元代，後經多次重建。鼓樓在南、鐘樓在北，兩者一前一後，位於北京中軸線最北端。兩者的建築風格很不一樣，鼓樓三重簷、歇山頂、紅牆藍綠色琉璃瓦；鐘樓則是灰色的磚石結構，上覆黑琉璃瓦綠琉璃剪邊，較為樸素。

鼓樓內現有一面主鼓和24面代表24節氣的群鼓，開放時間每半小時會有擊鼓表演，不過這些鼓是仿製品，真正的舊鼓僅存一面，高2公尺，由整張牛皮製成，鼓面刀痕累累，是當年八國聯軍留下的印記。

1較瘦高的是鐘樓 2站在地安門外大街上遠遠就能看見鼓樓

鐘樓內則懸掛著一口高7公尺，重達63噸的大銅鐘，鑄於明朝永樂年間，平時僅能遠觀，不過，每年元旦及農曆新年，北京會在此舉辦擊鼓鳴鐘迎新年活動，恢復古代的報時作法，讓鐘樓、鼓樓合奏108響，幸運排到隊的民眾，也可親自敲響這口大鐘喔！

遊賞去處

中國文化名街

菸袋斜街

MAP P.251／C2

A2出口
步行約2分鐘

DATA

✉北京市西城區菸袋斜街

北京的胡同大多東西或南北走向，「斜街」少之又少，菸袋斜街又是其中歷史最悠久的。明清時期這裡就是繁榮的商業街，由於販售菸袋、菸草的店鋪多，因而得名。北京奧運前，這裡進行過一次大整修，鋪上新地磚，改造成徒步街，矗立起新牌樓，路旁電線也地下化。於是，胡同變整齊了，這條約300公尺長的小巷也開始聚集了各式小店，名氣越來越大，與另一處知名的觀光胡同——南鑼鼓巷經常相提並論。不過，兩邊的店家有不少是重複的，是比較可惜的地方。除了逛街，菸袋斜街中段有一座道教廟宇「廣福觀」，有500多年歷史，可順道一遊。

1菸袋斜街是條有名的觀光胡同 2菸袋斜街裡胡同的三輪車

nuage

三轮车胡同游
售票处

菸袋斜街走走逛逛

遊賞去處

從清代投遞至今的郵政信箱

大清郵政信櫃

MAP P.251/C2
A2出口
步行約10分鐘

DATA

北京市西城區菸袋斜街53號 (010)6404-1594 冬令10:00～21:00，夏令10:00～22:00

大清郵政信櫃
一定要和郵筒及寄信小童的雕像合影(照片提供／李凱媛)

走在蜿蜒的菸袋斜街，逛了各種特色小店，手拿著老北京小吃，若不是看到遊客排隊照相，一不小心就要錯過這個充滿歷史風味的小地方。清代郵筒和寄信小童的雕像讓每一個遊客都忍不住停下腳步，然而這不只是雕像那麼簡單而已，而是真正可以投遞郵件的郵筒。

大清郵政信櫃是一間小小的郵局，可以購買明信片，書寫之後服務人員會安排寄件，還會替你蓋上大清郵政信櫃紀念戳章，別具紀念價值。郵局內展示著清朝的郵政歷史，以及清代郵務士的衣裝，慈禧太后夜宿榆林驛的故事。郵局的最裡面，布置著清朝時的郵務櫃台，觸摸著仿古的木製櫃台，彷彿可以看見當年新辦郵政繁忙的景象。來到菸袋斜街，除了吃喝拍照，更可藉此把這份旅遊記憶傳遞出去。

遊賞去處

賞元代幽靜古玉河

通惠河玉河遺址

MAP P.251/D3
C出口
步行約7分鐘

DATA

北京市西城區地安門東大街 全天開放 免費 C口向南步行120公尺後左轉即達

七百多年前，元代的水利專家郭守敬在北京開鑿了通惠河，連接京杭大運河，從此杭州的貨物經漕運可以直接抵達今天的後海、什剎海、積水潭，使後海一帶成為當時最熱鬧的區域，河道上船隻穿梭，兩岸商鋪綿延，蔚為奇景，而通惠河靠近皇城這一段，也因此被稱為玉河或御河。不過後來玉河因為水量減少，河道淤積，逐漸失去功用。到了近代，河道被徹底覆蓋，河道上面蓋滿了房子。

2006年北京市政府開啟「北京玉河歷史文化恢復工程」，恢復從什剎海東萬寧橋，到地安門東大街路北的玉河古河道，讓玉河重見天日。遊客可沿著古玉河，賞小河潺潺，發思古之幽情，沿著河更能走到元代最繁榮的什剎海邊上，彷彿穿越回到了元大都！

1

2

3

1 過去這裡是一片平房，拆遷後重新成為通惠河玉河遺址公園 2 古意盎然的石橋與水道，讓人發思古幽情 3 重見天日的水道「曲水通幽」，兩岸也多了許多商家

特殊的「武吃」烤肉

聚德華天烤肉季

MAP P.251／B2
A2出口
步行約10分鐘

DATA

www.bjkaorouji.com 北京市西城區前海東沿14號 (010)6404-2554 06:00～09:00，11:00～22:00 約￥128／人均

這家店的名氣很大，據傳是清咸豐年間，一個叫季德彬的商人率先在後海這一帶賣起烤羊肉，當時的做法是用磚頭架起一個烤肉架，食客可以一腳跨在板凳上，自己動手烤肉。這種稱做「武吃」的方式很特別，讓餐廳聲名大噪，連後海附近的王府高官都指名要吃，餐廳名號也流傳至今。現在到烤肉季點烤羊肉，也有武吃的選擇，不過，一般人通常點廚房已經料理好的，送上來是一盤類似炒羊肉的料理，底下有火爐可以加熱，風味十分特別。

烤肉季

烤肉季

1烤肉季位在後海邊上，十分顯眼 2餐廳的外賣部

北京人齊推的燒餅店

鴉兒李記醬肉爆肚(火燒)

MAP P.251／B2
A2出口
步行約4分鐘

DATA

北京市西城區鼓樓煙袋斜街甲75號 (010)6401-8280
11:00～23:00 約￥86／人均 A2西北口步行250公尺

「李記醬肉爆肚」是北京人極力推薦的一家小店，而且電視也有報導過，非常有名，據說他們家的燒餅是北京最好吃的。記得寶島李剛到北京時，就按照北京朋友的介紹，來到這條後海邊上的小胡同裡找燒餅吃。隔年再來，發現「李記」改名「鴉兒李記」，而且整條街幾乎都是他們的店面了，現在有醬肉、有燒餅、有涮肉。除了在鴉兒胡同外，分店也遍及各地，真是太驚人了！

燒餅很好吃，外酥內軟，咬起來很勁道，而且越嚼越香，越嚼越回甘，切記一定要趁熱吃，走的時候一定要多帶幾塊，不然會後悔。燒餅可以試著夾一塊肥肉，吃起來更香更好吃。

李记酱肉爆肚

1李記生意非常好，好到現在整條街都是他們家的買賣 234除了燒餅，李記的各式醬肉跟北京小吃也都很好吃

特色美食

道地北京傳統小吃

姚記炒肝

MAP P.251／C1
A2出口
步行約7分鐘

DATA

北京市鼓樓東大街311號(鼓樓旁巷內) (010)8401-0570 06:00～22:30 約￥28／人均 或搭2號線至鼓樓大街站，B出口，沿著舊鼓樓大街往南走，遇到鼓樓西大街左轉直行到鼓樓東大街，沒多久就會看到

「要想吃炒肝，鼓樓一拐彎。」店內匾額上的題字，生動地點出炒肝店就在鼓樓旁的胡同巷內。這家以北京傳統小吃「炒肝」聞名的老店已經傳了3代，店內陳設樸實無華，就是一般小店的樣貌，正因為維持著北京小吃該有的本色，口味道地，顧客總是川流不息。

Sindia第一次聽到炒肝這道小吃，以為可能是類似「炒豬肝」的東西，端上來才發現，其實它是煮成黏稠的湯汁狀，裡面有豬肝、肥腸，還有大量的蒜泥。原來這裡的「炒」，並非漢字的意思，而是源自滿族語，所以其實炒肝比較像是「煮肝」。至於味道如何？只能說見仁見智，喜歡的人可能很愛，不喜歡的，還是會吃不慣喔！

這裡也有其他北京小吃，諸如滷煮火燒、炸咯吱、灌腸、糖捲果、豌豆黃、焦圈、豆汁、豬肉大蔥包子等，價格平實，想體驗一下北京人的傳統口味，不妨一試。

美國副總統拜登前往大陸訪問時，也曾在此店用餐，當時拜登吃的「炸醬麵套餐」還成了民眾搶著要品嘗的「總統套餐」呢！

姚记炒肝店
包子炒肝 卤煮火烧 京味小吃

1

2

3

1店面就在鼓樓旁 2這家店吃得到各種傳統北京小吃 3炒肝不是炒的，是煮的，還有濃濃的勾芡

特色美食

北京八大樓鼻祖

慶雲樓NUAGE

MAP P.251／B2
A2出口
步行約10分鐘

DATA

北京市什剎海前海東沿22號 (010)6401-9581 11:00～23:00 約￥137/人均

始建於清道光元年(西元1820年)的慶雲樓是北京最早的高級魯菜酒樓，位在菸袋斜街內，視線所及就是燕京八景之一的「銀錠觀山」，是昔日王公貴冑、詩人墨客流連之所。而後慶雲樓一度歇業，由慶雲樓開枝散葉出去的員工，形成了後來的京城八大樓(8家高級餐廳)。

2010年復業後，保留了慶雲樓的老建築，更名為慶雲樓NUAGE，不僅考究資料復原當年慶雲樓的傳統魯菜，亦兼營新潮的越南菜，NUAGE，亦是法文中「雲」的意思。如今1樓是魯菜，2樓是越南菜。

值得一提的是，慶雲樓是哥哥張國榮生前相當喜歡來光顧的餐廳，據說當時張國榮點了香草脆辣魚、鳳梨飯、越南牛肉湯河粉、肉串以及冰薄荷檸檬水，每年到了4月1日的張國榮忌日，就會聚集一堆人來此用餐，追思哥哥張國榮。寶島李特別帶李太太去吃了一次「張國榮套餐」，味道果然很好，難怪張國榮會喜歡！

1 2 魯菜館的1樓賣魯菜，2樓則是越南菜 3 特別叫了哥哥張國榮來此點過的菜

特色美食

與大爺大媽搶饅頭

鼓樓饅頭店

MAP P.251／D1

A2出口
步行約11分鐘

DATA

北京市東城區鼓樓東大街139-1號(南鑼鼓巷斜對面) 13693136574 06:00～19:00 約¥20／人均 A2口出，沿地安門外大街向北直走，右轉鼓樓東大街向東直行，路程約11分鐘

「嗆麵」應該要寫做「戧麵」，可是很多饅頭店都錯寫成「嗆麵」或「熗麵」，雖然嗆、戧、熗3字發音相同，但是「戧」指的是揉麵時，一邊揉一邊加進乾麵粉的做法，因為在揉麵的過程中加入乾麵粉，水分較少，可以放更久，口感也更硬、更有嚼勁，更有麵香。

店裡只賣3樣東西：饅頭、豆沙包、糖三角(三角形的黑糖流沙包)！很多北京大爺大媽每次來都是一手拎一大包饅頭走的，所以如果排隊的時候，你看到剛出爐一大籠饅頭，但是你前面是個大爺或大媽，你可要有心理準備，可能他一人就買走一整籠！這裡也是北京非常出名的排隊名店喔！

山东呛面馒头店

1

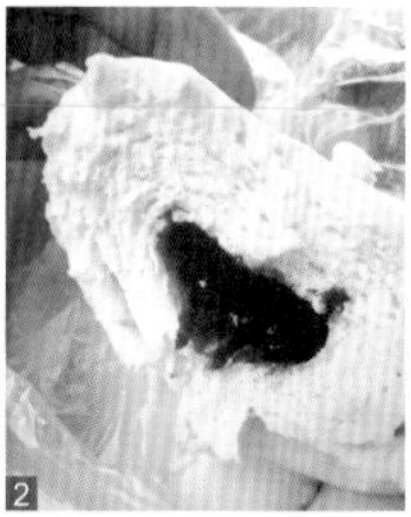

2

3

4

1每次來一定要有跟北京大爺大媽做鬥爭的準備 2糖三角會流沙，吃的時候要小心啊！3這裡的饅頭是台灣越來越少見的山東老麵饅頭，越嚼越香 4當地的大爺大媽們，都是一車一車的買

特色美食

庭園裡的紹興飯館

孔乙己酒樓

MAP P.251／A2

A2出口
步行約20分鐘

DATA

www.kyjjl.com 北京市西城區德勝門內大街東明胡同甲2號 (010)6618-4917 午餐11:00～14:00，晚餐17:00～21:00 約¥304／人均 A2口出，左轉萬年胡同，右轉進入前海東沿，過銀錠橋，右轉後海南沿，沿著後海邊走即到，步行時間約20分鐘

這家餐廳的店名靈感來自於中國近代作家魯迅筆下的短篇小說「孔乙己」，小說裡的主人翁孔乙己最愛去店裡叫盤「茴香豆」配上紹興黃酒，因此這些在餐廳裡當然也吃得到。老闆與魯迅一樣都是浙江紹興人，因此餐廳也主打紹興風味菜，包括東坡肘子、油炸臭豆腐、爆醃大黃魚、油條炒牛肉等都是招牌菜。餐廳分店眾多，後海這家直營店地處幽靜隱密的庭園裡，環境清幽，用餐氣氛很好。

中国特色名菜

1

2

3

4

1小說的作者，是備受大陸人推崇的近代作家魯迅 2孔乙己後海分店 3孔乙己最愛的茴香豆要配紹興酒，大陸的紹興酒非常好喝，特別推薦 4小說主人公孔乙己最愛吃的茴香豆，是道下酒小菜

Republic of Fritz Hansen
B°Original
Fight the Copies

10 號線：行經朝陽區重要商圈，吃喝玩樂的潮流地標全線通包

天津钜献
南京路白金地段

miffy x 2%
miffy x 2%
5.1
劳动节
LABOR DAY
50%
OFF

1

10號線

Beijing Subway Line 10

深入北京潮流新焦點

wagas

2

團結湖站

Tuanjiehu

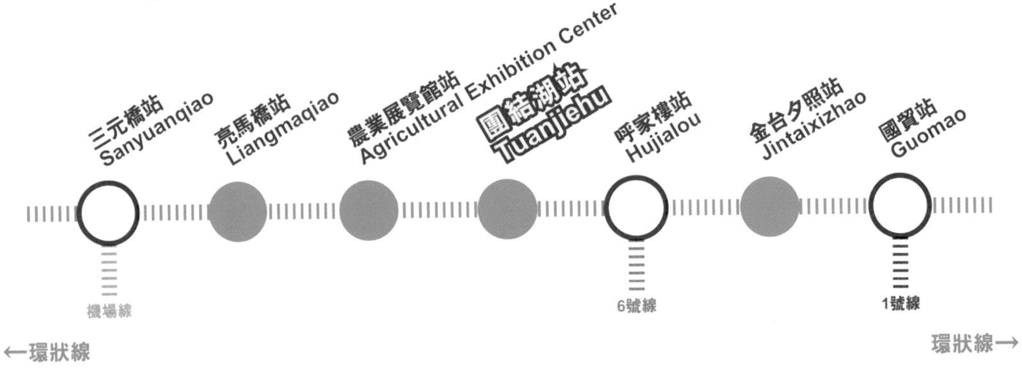
三元橋站
Sanyuanqiao
亮馬橋站
Liangmaqiao
農業展覽館站
Agricultural Exhibition Center
團結湖站
Tuanjiehu
呼家樓站
Hujialou
金台夕照站
Jintaixizhao
國貿站
Guomao
機場線
6號線
1號線
←環狀線
環狀線→

團結湖站周邊街道圖
A
B
C
D
1
2
3
東直門外大街
東直門外大街
三里屯路
新東路
三里屯東五街銀杏大道
三里屯中街
東三環北路
幸福三村五巷
三里屯東四街
小山特攝動漫主題日本料理
館中路
幸福二村四巷
幸福二村二巷
三里屯東三街
幸福三村四巷
Village Cafe
瑜舍酒店
幸福三村一巷
Moonshine山丘
三里屯東二街
幸福村中路
那裡花園
幸福一村四巷
幸福一村三巷
新東路
三里屯路
JAZZ YA
三里屯東一街
三里屯太古里
團結湖站
Tuanjiehu
工人體育場北路
農展館南路
工人體育場東路
南三里屯路
通盈中心
兆龍飯店
老書蟲
本壘漢堡
沃夫岡牛排館
東三環北路
北
牛角村
Croissant Village
The Rug

這一站可通往北京最繁華的商圈之一，三里屯。原本這裡以燈紅酒綠的酒吧街聞名，不過香港商在此蓋了一座新穎的購物商場三里屯太古里及高檔酒店瑜舍後，連帶促進了周邊的休閒娛樂發展，三里屯已成為時尚地標，是穿著時髦的年輕男女最愛駐足流連的地方。

3

1 2 三里屯有許多潮牌聚集 3 三里屯冬日街景

北京達人Beijing 3大推薦地

作者最愛

三里屯東五街銀杏大道

喜歡這裡只有一個原因，深秋時節的黃色銀杏葉大道。如果不是深秋時節來此，就可略過這一站了。(見P.265)

焦點必訪

三里屯太古里

這裡可以說是北京最「潮」的商場，國際名牌齊聚於此，穿著光鮮亮麗的型男美女穿梭其間，加上各種異國美食名店，讓你見識到比台北還時髦的北京。(見P.266)

在地人推薦

通盈中心

通盈中心是北京人現在最in的潮流聚集地，逐漸撼動三里屯的地位。 (見P.265)

如詩如畫的金黃風景

遊賞去處

三里屯東五街銀杏大道

MAP P.263／D1
A出口
步行約20分鐘

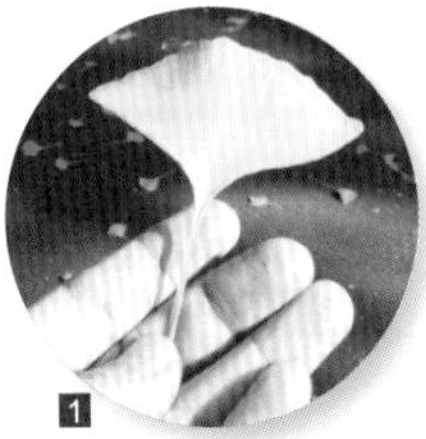

1

DATA

➲此處離10號線地鐵「農業展覽館站」較近，亦可從團結湖站下車，沿東三環北路或三里屯路往北走一段路；或10號線農業展覽館站，步行約5分鐘

從三里屯路往東直門外大街方向走，感覺到商場的喧囂在背後逐漸消失時，就進入了使館區。其實使館區的幽靜，以及筆直濃密的行道樹形成的風景，是三里屯另一個迷人的面貌，沒有車子經過的時候，這裡安靜地能聽到樹葉隨風旋落的聲音，不做什麼，光是散散步就很舒服。這裡有條路，叫三里屯東五街，兩旁種滿了高大的銀杏樹，如果幸運地在北京的深秋時

三里屯东五街
SANLITUN DONGWUJIE

2

節來到此地，能看到這裡的天空像是被油漆染黃了似地，滿眼的金金燦燦，像是走入如夢似幻的圖畫裡。那種美到極致的體驗，相信你會一輩子難忘。

1銀杏葉像不像一把小扇子 2三里屯東五街在三里屯使館區，離農業展覽館地鐵站也很近 3456眼前這片金黃燦爛，實在夢幻極了

3

4

5

6

撼動三里屯江湖地位的新中心

通盈中心

購物血拼

MAP P.263／B3

A出口
步行約13分鐘

DATA

北京市朝陽區南三里屯路1號 13:00～22:00 A出口，往南走至工人體育場北路，向西至三里屯路左轉直行，共約13分鐘

北京通盈中心應該是目前北京最新、最in的潮流勝地，雖然目前仍然難以撼動三里屯的江湖老大地位，但不可否認，通盈中心的出現，讓一路之隔的三里屯黯然失色不少。這裡聚集了許多時尚精品店、潮流飾品店，加上有許多美食餐廳、進口生鮮超市，同時還有通盈中心洲際酒店與頂級健身中心，使北京的潮男潮女們紛紛湧向此地，甚至有人開始稱呼它為三里屯的新中心了！

TOPWIN CENTER
1

LOVE GRAINS
2

3

1開幕不久，立刻收到北京潮男潮女的高度好評 2精品名店精緻且集中，而且不重複，是許多人喜歡來通盈中心的原因 3有不少台灣風味餐廳或店家

購物血拼

北京時尚新指標

三里屯太古里

MAP P.263／B3
A出口
步行約5分鐘

DATA

www.taikoolisanlitun.com 北京市朝陽區三里屯北街11號
(010)6417-6110 11:00～22:00

「師傅！咱們去三里屯！」

坦白說全北京沒有一個出租車師傅不知道三里屯的！但他們不一定知道這個2008年的時尚地標三里屯Village，在2013年已改為「三里屯太古里」了！這裡有全北京唯一一家24小時的星巴克STARBUCKS，以及大型蘋果電腦旗艦店，還有多家時尚經典品牌進駐，及眾多異國美食餐廳，常常在這裡走著走著，就覺得好像在國外一樣。

這個地方是由日本知名建築師隈研吾設計，大膽採用動態用色和不規則的立體線條創意完成，你在裡頭逛街的感覺，就像在逛現代胡同一樣，轉了個圈，還有商店。而且在香港太古地產接手後，更把三里屯規畫為南區和北區。南區是綜合性商鋪，圖中的三里屯太古里照片就是南區，北區則是連著設計感十足的都會風尚酒店——瑜舍，及高端品牌旗艦店，感覺更加時尚前沿。

STAYREAL

MONT BLANC

UNIQLO

1 三里屯太古里是年輕人最愛流連的潮流時尚區 2 台灣天團五月天創立的潮牌也在這裡設立了旗艦店 3 三里屯太古里是北京人休閒新去處 4 店家在周邊設置的大型公仔常吸引兒童目光 5 三里屯太古里是個適合逛街、吃飯、約會的熱鬧商圈 6 許多品牌旗艦店選擇在這裡落戶

購物血拼

地中海風格的小商場

那裡花園

MAP P.263／B2
A出口
步行約10分鐘

DATA

北京市朝陽區三里屯北街81號 (010)64177946
24小時

從工體北路轉進三里屯路(即酒吧一條街)沒多久，可看到一片白牆藍窗，宛如地中海風格的建築，臨著馬路有間販售設計家具的Crossover家居店，從它旁邊一個不怎麼起眼的拱形入口進入，裡面別有洞天。這裡叫做「那裡花園」，是一處集合了若干服飾小店及餐廳的小商場。

1樓以餐廳為主，天氣好時可以坐在中庭花園的露天咖啡座，氣氛悠閒迷人，宛如度假。2樓以上則是一間間小店鋪，以服飾及飾品為主，有些是設計師自創作品，有些則標榜是從國外帶回的服飾、配件、小玩意等，有時間的話可在此尋寶。

1商場外型有地中海風格 2商場外側也有露天咖啡座 3小巧的中庭花園，充滿歐式風情

特色美食

風靡北京的網紅可頌

牛角村

MAP P.263／B3
D出口
步行約13分鐘

DATA

www.croissant-village.com/crolssant/index.html 北京市朝陽區南三里屯路通盈中心1層 (010)5780-9034 08:00～23:30 約￥44／人均 D出口，沿工人體育場北路，向西至三里屯路左轉直行，共約13分鐘

牛角村(Croissant Village)是北京網紅可頌店，不同於一般網紅店，起起落落，牛角村的可頌可說是有口皆碑，而且持續在展店，目前在全中國各地都有分店，位於通盈中心的牛角村，更是北京烘焙中心，如果要外賣可口的可頌，全都是從這家店配送。可頌上面覆蓋著一層厚厚的菠蘿酥皮，一口咬下，又酥又脆又厚實，層次豐富，味道迷人，這麼好吃的可頌，是法國藍帶學院首位第一名畢業的台灣人——任全濰所研發監製的，是不是想去給鄉親捧場一下了呢！

牛角村
CROISSANT V

1牛角村販售各式各樣不同風味的可頌 2寶島李對他們家的可頌毫無招架能力，每次都要點好幾個才能滿足 3通盈中心店設有烘焙中心，可頌新鮮現做看得到

特色美食

儼然動漫館的日料店

小山特攝動漫主題日本料理

MAP P.263／B1
A出口
步行約15分鐘

DATA

http www.koyama.cn ✉北京市朝陽區三里屯路19號Village北區B1N-LG16-17B號 ☎(010)6417-5952 ⏲週一～五11:30～14:30，17:30～23:00；週六、日11:30～23:00 $約¥277/人均

寶島李在北京一般不吃日本料理，畢竟北京是個內陸城市，要吃新鮮的生魚片在台灣吃就好啦！不過，寶島李看到小山日本料理，還是會腦波弱地走進來，因為這裡有好多寶島李小時候的回憶啊！有《哆啦A夢》、《魯邦三世》、《黃金戰士》、《筋肉人》、《鬼太郎》、《機動戰士》、《聖鬥士星矢》等等，這裡不光是吃日料的地方，還是個動漫博物館，而且收集相當的全面，絕對是佛心來的，樣樣不重複，每個坐位都有不同的展示品。日本料理雖然不如在台灣吃得好，但是大陸很流行的加州捲倒是可以嘗一嘗。就算你不想吃日料，進去點個飯團晃一圈，也是很值得的！

1

2

3

1 2 小山雖是一家動漫主題的日本料理店，但在餐飲上也不打折
3 客人身旁都有不同主題的動漫人物展示

特色美食

北京人氣早午餐

The Rug

MAP P.263／C3
D出口
步行約11分鐘

DATA

✉北京市朝陽區工體北路4號(機電研究院內) ☎(010)6507-2342 ⏲10:00～22:30 $約¥171/人均 ➲A出口，往南走至工人體育場北路，向西至凱富大廈往南，步行共約11分鐘

寶島李有幾位在北京做美食編輯的朋友，經常提供好餐廳給寶島李聞香，其中這家The Rug，應該是北京公認吃brunch最好的地方。千萬記得要預約，否則一定排隊，哪怕是平常日的早晨也是照排不誤。店內氣氛溫暖、輕鬆，再加上從大片落地窗灑進來的陽光，舒服極了，難怪許多人甘願排隊，就是要來吃一份早午餐！寶島李最愛他們家的蛋餅早午餐，鬆軟滑嫩的炒蛋放在酥鬆爽口的法國麵包上，那真是太犯罪了！北京的brunch收費比台灣貴，其實台灣做的brunch就已相當不錯吃，不過要是連著幾天都是豆汁、油餅、豆腐腦，想換換口味的話，不妨來The Rug體驗北京式的brunch吧！

1

2

3

4

1 The Rug永遠給人舒適陽光的感覺
2 3 4 The Rug的Brunch在吃貨圈非常有名，雖然所費不貲，許多人還是熱衷來此

特色美食

設計酒店中的咖啡館

Village Cafe

MAP P.263／B2
D出口
步行約15分鐘

DATA

✉北京市朝陽區三里屯路11號院1號樓1層 ☎(010)6401-5210 ⏲06:30～22:30 $約￥100／人均

這是位在瑜舍酒店(The Opposite House)1樓的咖啡廳。瑜舍酒店是由日本知名建築師隈研吾主導設計(酒店介紹詳見北京住宿情報)，因大師名氣響亮，建築本身已成為另類景點，若沒機會住宿，也可以進入參觀，或是到一樓咖啡廳小憩一下，感受一下大師的設計手筆。

Village Cafe延續酒店以綠色和原木為基調的設計，天花板則是鮮豔的紅色，讓人精神為之一振，整個空間明亮清爽。平日中午有特惠午間套餐，包含麵包、湯和主菜、點心的組合，還滿划算的喔！

1甜點草莓糖霜 2主菜：火腿包裹著雞胸肉，底下是厚實的南瓜煎蛋 3咖啡廳舒適的用餐環境

特色美食

老外激推美國南方漢堡

本壘漢堡

MAP P.263／C3
D出口
步行約10分鐘

DATA

✉北京市朝陽區工體北路4號(工體北路凱富大廈南門正對面) ☎(010)6585-9200 ⏲週日～四11:00～01:00，週五～六11:00～02:00 $約￥139／人均

他們家的起士漢堡，在北京城內水準算是一等一！空間有美式的寬敞，大型聚會如尾牙、生日、有錢沒地方花、帶二姨太來吃飯包場的都不在話下。除了起士漢堡，他們家還有大絕招——一頭因應包場、Party需求提供訂製的烤全豬！

本壘的老闆應該是個美國南方人，來的也多是熟門熟路的老外，店內菜單上就有The Dixie南方人(迪克西人)漢堡，裡面夾著牛肉跟炸酸黃瓜，炸酸黃瓜據說是美國南方的特色食物喔！

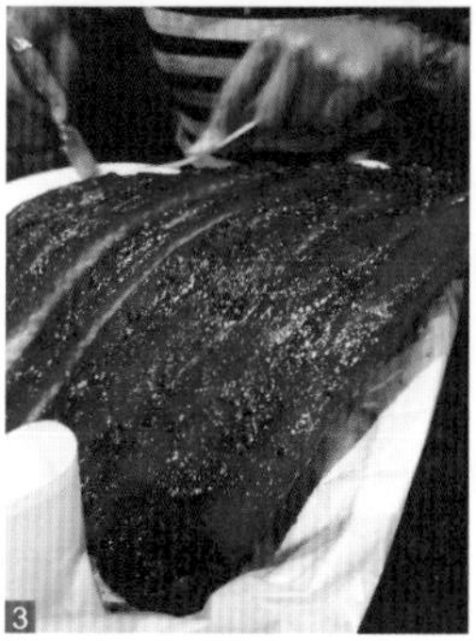

1新店的裝潢要比本店更有美國特色 2人多的時候還可預定烤全豬 3美國南方標誌性的食物——豬肋排 4本壘的漢堡真是北京數一數二的

特色美食

紐約十大必吃牛排名店之一

沃夫岡牛排館

MAP P.263／C3

D出口
步行約6分鐘

DATA

www.wolfgangssteakhouse.net 北京市朝陽區工體北路甲2號(盈科中心西南側捌坊1層) (010)6592-4946 11:30～00:00 約¥948／人均 D出口，沿工人體育場北路，向西至盈科中心，步行共約6分鐘

沃夫岡牛排館(Wolfgang's Steakhouse)是一家全球知名的牛排連鎖店，於2004年創立於美國紐約，被列為紐約必吃的10家牛排館之一，還被評為「美國最佳高端牛排館連鎖餐廳」，更是美國總統川普的愛店之一！終於，2017年，沃夫岡在北京三里屯開幕，遂引起轟動！

一進入牛排館，便被店中胡桃木地板、紅木吧台、白玉石吊燈、溫暖昏黃的燈光所散發的傳統風格所吸引。沃夫岡牛排館的招牌是乾式熟成牛排，肉經過乾式熟成，會少掉30%的重量，肉質也會變得更緊緻，香氣也更足，來沃夫岡牛排館記得一定要點乾式熟成牛排，好好領略何謂紐約必吃的牛排喔！

1

2

3

1來自紐約的沃夫岡，門面已透露出一種高調的氣質 2原木、吊燈塑造的溫暖的用餐環境，是全球統一的形象 3乾式熟成牛排，吃一口就知道為什麼被譽為紐約必吃的牛排

特色美食

日義創意料理

JAZZ YA

MAP P.263／C2

A出口
步行約10分鐘

DATA

北京市朝陽區三里屯酒吧街北路18號 (010)6415-1227
11:00～24:00 約¥137／人均

JAZZ YA餐廳雖然位於三里屯一條很不起眼的巷弄裡，但因料理夠水準，加上氣氛不錯，所以經常高朋滿座，不少媒體傳播圈的人喜歡在此「侃大山」(聊天)。老闆是日本人，還曾經是爵士樂手，所以店裡經常飄散著爵士樂的旋律，晚上來頗有情調。

這裡主打日式及義式的創意食材，熱門的菜色如各種口味的披薩、牛肉咖哩、麻婆豆腐蓋飯、烤金槍魚(鮪魚)麵包等。以往這家餐廳所在的胡同裡還有一個「那裡商場」，但現在商場已沒落，只剩下美甲店和一家專賣鞋子的店鋪，吃飽了也可順便一逛。

1

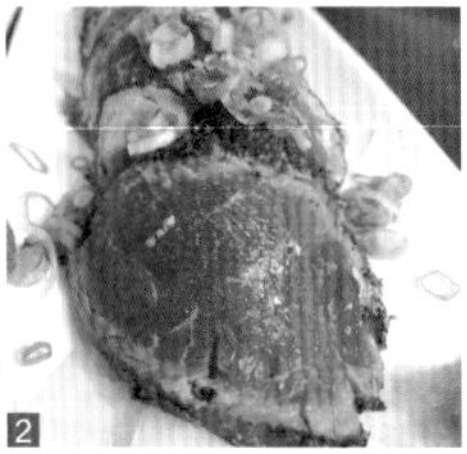
2

3

1餐廳外觀不怎麼起眼，但經常高朋滿座。旁邊還有幾家異國料理餐廳 23這裡提供的簡餐口味都還不錯

特色美食

小型圖書咖啡館

老書蟲

MAP P.263／C3
D出口
步行約10分鐘

DATA

www.beijingbookworm.com 北京市朝陽區南三里屯路4號樓(工體北和三里屯南街交叉口附近，蕉葉餐廳旁) (010)6586-9507 09:00～24:00 約¥58/人均

是書店也是咖啡簡餐店，也可說是圖書館。Sindia第一次來這時，原以為只是個順帶提供書籍閱覽的餐飲空間，一進來才發現書多到可以稱是小型圖書館了。這裡經常坐滿了人，但不吵，進門後右手邊有一區高腳桌椅座位區，很多人帶著自己的筆記型電腦在此上網，其他四處散著看書或聊天的人們。

書架上幾乎都是原文書，來者幾乎都是外國人，原來書蟲是一位旅居中國多年的英國女士開的，很自然地以提供英文書籍為主。不只賣新書，也有舊書供借閱，借書採會員制，入會即可不限次數將書借回家。

相較於一般書店通常只兼營咖啡廳，這裡還可用餐，以義大利麵和三明治、沙拉等輕食為主，很多人把這裡當成自家書房和廚房，待上一整天也不嫌累。

1點杯咖啡，可以在這看上一整天的書 2書蟲藏在這棟樓的2樓 3許多人帶筆記型電腦來上網，把這裡當工作室

休閒娛樂

夜三里屯酒吧名店

Moonshine山丘

MAP P.263／B2
A出口
步行約13分鐘

DATA

北京市朝陽區三里屯北街81號那裡花園3層 19:00～02:00 約¥175/人均 A出口，往南走至工人體育場北路，向西至三里屯路右轉直行，共約13分鐘

位於三里屯的那裡花園，一個鬧中取靜的西班牙風格四合院裡。開業至今深受北京廣告影視圈的飲迷們青睞，許多資深烈酒與雞尾酒迷也常聚於此。店內提供數百款蘇格蘭限量珍藏威士忌，並因其合夥人之一Lawrence是美國烈酒蒸餾協會駐中國大使，有豐富美國威士忌的經驗。雞尾酒方面，每季更換酒單，創意手工雞尾酒和季節性特調，更是從數十款經典雞尾酒汲取靈感而來。室內有私密包廂可供商務交談，整體環境是英倫風格加美式范兒。

1Moonshine山丘的外觀有一股穩重與靜謐之感 2厚重的木頭色讓人感覺沉穩安心，是個聊天交心的好地方 3如果喝不慣烈酒，也有供應調酒

蘭 Lantung 堂

1

10號線

Beijing Subway Line 10

外商雲集的異國生活圈

北京·女人街
Beijing · Lady's Street

2

亮馬橋站

Liangmaqiao

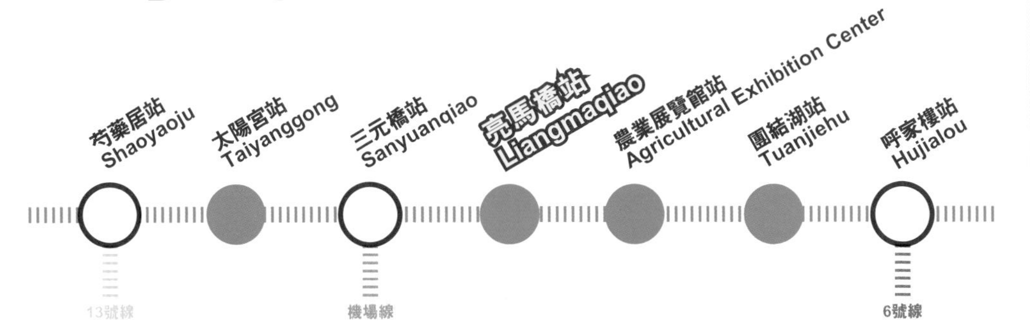
芍藥居站
Shaoyaoju
太陽宮站
Taiyanggong
三元橋站
Sanyuanqiao
亮馬橋站
Liangmaqiao
農業展覽館站
Agricultural Exhibition Center
團結湖站
Tuanjiehu
呼家樓站
Hujialou
13號線
機場線
6號線
←環狀線
環狀線→

亮馬橋站周邊街道圖
萊太花卉商城
女人街
天津路
霄雲路
東方東路
東三環北路
亮馬橋北小街
七彩北路
安家樓路
亮馬橋東街
亮馬橋中街
安家樓路
順源街
東方南路
東方東路
亮馬橋北街
天津路
亮馬橋路
好運街
三源里菜市場
官舍
朝陽公園路
亮馬橋路
麥子店街
亮馬食街
亮馬橋站
Lianmaqiao
凱賓斯基飯店麵包坊
SOLANA藍色港灣
新源南路
亮馬河
東三環北路
麥子店西街
亮馬河
亮馬河南路
寶源餃子屋 川院
北

位於使館區的亮馬橋站，附近一帶可說是高級飯店和外商企業的聚集地，也是許多外籍人士選擇居住的地方，一來離辦公室近，二來要購買自己熟悉的日常用品比較方便，也有比較多同國家的人可以互相照顧，於是這裡形成了一個特有的生活圈。除了環繞四周的5星級大飯店外，還有歐洲小鎮之稱的藍色港灣、餐飲一條街的好運街、平民市集的女人街、花花草草的萊太花市、老外採買的三源里市場，如果你想了解外來人怎麼在北京過生活，這裡絕對是你不能錯過的地方。

1在藍色港灣左岸邊喝咖啡邊欣賞湖面風光，真是人生一大樂事 2北京的女人街如同香港的女人街，以賣服飾雜貨為主 3藍色港灣廣場上的鐘樓，不定時傳出幸福聲響

北京達人Beijing 3大推薦地

作者最愛
三源里菜市場

別以為菜市場怎麼可以成為「景點」？其實到異國旅行時，順道去當地菜市場一遊，可以讓你更了解當地生活面貌。(見P.277)

焦點必訪
SOLANA藍色港灣

這是個規模極大的shopping mall，加上歐風化建築充滿現代感，是北京近年來很夯的新景點。(見P.274)

藍色港灣

在地人推薦
寶源餃子屋川院

北京人對餃子很有情感，寶源餃子的各色餃子不僅好看，更是好吃！(見P.279)

空運來的歐洲小鎮

遊賞去處

SOLANA藍色港灣

MAP P.273／D3

B出口
步行約20分鐘

DATA

www.solana.com.cn 北京市朝陽區公園路6號 (010)5905-6668、5905-6663 10:00～22:00 B出口，沿著亮馬橋路向東，遇到朝陽公園路右轉就是好運街，走到好運街盡頭，即可看到斜對面的藍色港灣，距離約300公尺

藍色港灣是Carrie非常推薦的地方之一，除了喜歡它寬大的設計，優美的建築外，更喜歡它與自然的結合。超大的開放空間就像市民專屬的遊樂園，廣場上時上時下的音樂噴水池，讓小朋友們在酷夏裡玩得不亦樂乎，完全符合當初Lifestyle Shopping Park的設計理念。除了優美的環境外，在北京想吃異國美食，這裡也是除了三里屯之外另一個最佳選擇。

它和三里屯的類似之處就是，在使館區可以吃到道地的各國佳肴，多種

1

娛樂供你挑選，吃喝玩樂一地搞定。你可以和朋友相約吃飯，然後一起血拼，累了，在左岸的咖啡座上喝杯咖啡，望著湖對岸的朝陽公園，享受一下這裡的自然風光，然後再繼續瘋狂的百貨購物行程。

當然你也可以什麼事也不做，悠閒地享受這裡的一草一物，套句大陸網友說的話：「就算什麼都不消費，天氣好的時後過來遛彎兒也挺不錯」。Carrie舉雙手贊成，尤其在夏天的傍晚，沿著左岸漫步，看著湖面上荷花朵朵，涼風陣陣，真是舒服極了。這裡就像一座被空運來的歐洲小鎮，19棟洋溢著歐式風格的建築、古典的歐洲街道和中央廣場，處處都充滿了創新和驚喜，走在這裡，你完全不會覺得這裡是北京。

整個藍色港灣分為SOLANA MALL、兒童城、品牌街、亮馬食街、左岸、中央廣場，共6個區域。多達1,000多個知名品牌，其中有600多家名店，30多家餐飲美食，20多家臨水酒吧，還有傳奇時代影城、全明星滑冰俱樂部和BHG精品超市。獨特的8字型動線設計，幾乎可以經過大多數的店鋪。不會讓你有任何遺憾。藍色港灣兒童城在MALL的最後面，專營兒童品牌等消費用品，還有兒童教室，甚至是小嬰兒的游泳訓練教室，透過窗戶看到小嬰兒浮在一個個小小池子裡，可愛又有趣。

在這裡，時不時的會看到甜蜜的新人拍著婚紗照，廣場上的鐘樓，不定期傳出的幸福聲響，彷彿預見了他們美麗的未來。來北京，別忘了到這來享受一下不同於台灣的特殊風情，Carrie保證你絕對會喜歡上這裡。

2

1連街燈都很歐風 2藍色港灣內處處是歐風建築 3這裡是名牌區，兼具時尚與古典的建築 4這裡不乏各種國際知名品牌在此設櫃

PAOLA FRANI
PF
PF
BRAND STREET
3

DANIEL CREMIEUX
GUESS
4

中日韓服飾淘寶好去處

女人街

MAP P.273／C1
B出口
步行約20分鐘

DATA

www.laitai.com 北京市朝陽區麥子店西路9號甲1號 (010)6462-8558 10:00～20:00 B出口，沿著亮馬橋路向東，遇到天澤路左轉直行約150公尺就是女人街

Carrie剛到北京時，第一個去的服裝市場不是秀水，也不是雅秀，而是女人街。這裡的知名度不如前兩者，所以客群大多以本地人為主，導購(銷售小姐)也不像其他兩家，鎖定觀光客的關係，愛把價錢喊得離譜，不過這裡的款式相對就沒那麼時尚，購物環境也不如前兩者優。1,000多個攤位裡，服裝、飾品店約有600多家、鞋帽店200家、百貨日常用品店200家。

以前的女人街以銷售中低價位或是外銷次品為主，現在為了迎合大眾市場，增加了許多日本和韓國的流行服飾，不論是質料或款式都比以前要好很多，即使如此，品質仍參差不齊，挑選時要格外小心。來這裡，最好有時間可以閒逛，除了上百個攤位會讓你看得眼花撩亂外，很多衣服常常就是疊放著，需要有時間和耐心慢慢淘貨，當然囉！你的付出，也會有相對的回報。

1

2

1女人街這裡的賣場非常大，商品種類也很多，但品質參差不齊，挑選時要各外小心 2女人街內的帽子專賣店 3萊太花卉商城是一個以花卉家飾為主的大型商城

精緻居家裝潢小物

萊太花卉商城

MAP P.273／C1
B出口
步行約20分鐘

DATA

www.laitai.com 北京市朝陽區麥子店西路9號 (010)6463-8558 09:00～18:30 B出口，沿著亮馬橋路向東，遇到天澤路左轉直行約150公尺就是萊太花卉商城

萊太花卉商城
3

和女人街緊挨著的萊太花卉，對居家或是需要添購裝潢小東西的人來說，是一個絕佳的購物天堂。地下1樓，有中國風味的大型陶、瓷器，很適合中式裝潢的室內擺飾。1樓的前方是假花的銷售大廳，走的是高品質路線，有單支也有插好的盆花。後方有各式各樣、大大小小的盆栽，Carrie就常常來這裡買蘭花，基本上從￥15起跳，如果是其他便宜的植物，大約在￥5～10之間。除了盆栽，這一層還有新鮮切花、水族寵物，許多人會趁假日來這逛逛，為家裡的水族箱挑挑新寶貝。2、3樓則是以水晶花、玉雕、根雕和裝飾畫為主。Carrie沒事也愛到這裡閒逛，看看美麗的花花草草，逗逗小鳥、烏龜，在各類精緻的家飾品中遊走，欣賞各式各樣美麗的事物。有興趣的朋友，不妨也來這走走。

各國食材補給站

三源里菜市場

MAP P.273／A2
A出口
步行約10分鐘

DATA

北京市朝陽區朝陽區順源街 (010)6466-7257 09:00～19:00 A出口，沿著亮馬橋路往北走至順源街，再左轉約100公尺。也可改搭出租車前往

三源里菜市場對北京的台媽們來說，可是扮演著不可或缺的腳色，因為在使館區的關係，賣的食材種類不但多，而且非常新鮮，尤其活跳跳的水產品，在不靠海的北京市，可是異常珍貴。攤子上的東西排得整整齊齊，市場內也打掃的很乾淨，頂上的分類招牌有如超市，就算第一次來的人，也能很快找到需要的東西，可說是端得上檯面的傳統市場。愛吃又愛煮泰國菜的Carrie，就常跑這裡買海鮮和香草，一些台灣不容易買到的新鮮香料，這裡到處都有，所以三源里菜市場也是很多餐廳重要的補給站，不論哪一國的，只要你說得出來，很難找不到的喔！

三源里菜市场
Sanyuanli Market

1擁有眾多異國食材的三源里市場，可是很多餐廳重要的補給站 2像超市一樣，從上方牌子可以看出這區是賣什麼東西

商業與藝文結合的百貨

官舍

MAP P.273／B2
B出口
步行約3分鐘

DATA

北京市朝陽區東方東路19號(亮馬橋外交公寓B區源)
(010)8531-0150 10:00～21:00

官舍是位於亮馬橋東北，凱賓斯基酒店對面的一個新開設的綜合商場，裡面擺放各種現代藝術裝置。大概自僑福芳草地Shopping Mall帶起了這波風潮後，近來北京的各大百貨公司與大型賣場，都流行將藝術品與商場空間結合。

官舍的商場面積雖然不是很大，但是有許多市面上少見的商家，如據說有王菲與那英出資的畫間沙龍髮廊、1952年創立的Fatburger等等，甚至在地下室還有農夫市集，可以看到許多老外，帶著自己耕種的農產品，或是自己家裡手工製作的甜點、編織品或手工藝品等在此販售，雖然並不便宜，但是天然又特別。

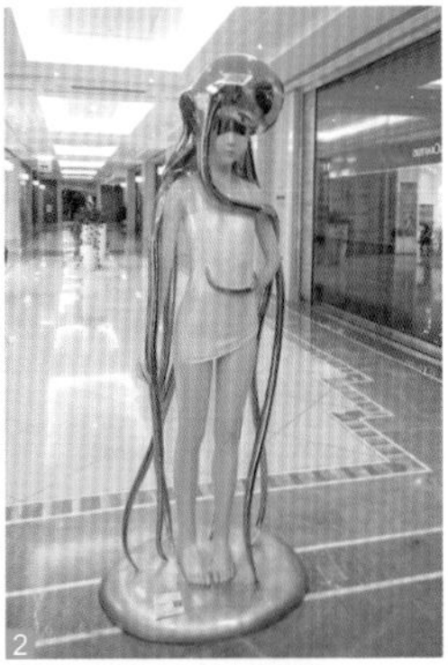

124北京的賣場現在很流行與藝術結合，成為一個開放的藝術陳列空間 3除了知名品牌外，還有農夫市集

特色美食

應有盡有的異國料理街

好運街

MAP P.273／D2
B出口
步行約15分鐘

DATA

✉北京市朝陽區棗營北路西側 ➡B出口，沿著亮馬橋路向東，遇到朝陽公園路右轉就是好運街

Di Napoli
Di Napoli

Bodenseestube

位於亮馬河畔的好運街，其實並不是真的街名，而是業者營造出來的另類美食街，整排鄉村風格的房屋，雖只有短短的300公尺，從街頭走到街尾，大約5分鐘就走完，但是在這短短的距離中，卻有數十家風情各異的美味料理，不論是義大利、日本、印度、韓國、還是德國菜，可說是應有盡有，加上地處使館區，東西的品質有一定水準。

熱愛美食的Carrie，最常跑的地方不是三里屯就是這附近，尤其喜歡江戶前壽司，這是家在日本圈頗具知名度的餐廳，因為價格實惠、口味優，一到中午時刻，附近的上班族便蜂擁而至，想找個位子都不容易，Carrie推薦這裡的生魚拌飯，淋了醋汁的飯上，布滿各式各樣色彩繽紛的生魚丁，夏天裡來上一碗，簡單又清爽。對於常為不知吃什麼而傷腦筋的外食人口來說，這裡是不錯的選擇。

1這裡是名符其實的美食街，一整條街道都是餐廳 2好運街上的德國餐館

特色美食

豐富美味的歐風麵包坊

凱賓斯基飯店麵包坊

MAP P.273／B3
C出口
步行約5分鐘

DATA

http www.kempinski.com/ch/beijing/Pages/Welcome.aspx ✉北京市朝陽區亮馬橋路50號(凱賓斯基飯店1樓美食廊) ☎(010)6465-3388 ⏲07:00～22:00 $約¥93/人均

剛到北京時，就常聽這裡的台灣姊妹們提起凱賓斯基麵包坊，據她們形容是北京最好吃的麵包和蛋糕。後來，有機會來品嘗時，驚訝於它櫃上滿滿的麵包，種類非常多樣，口味上屬於歐式風味，雖然和Carrie喜歡的日式鬆軟不同，但也非常可口。你可以坐下來點杯咖啡，品嘗它的甜點，然後再帶挑選些麵包回去當早餐。

1麵包和蛋糕的種類之多，讓人興奮 2除了賣好吃的西點，也提供烹飪課給程有興趣的人參加(照片提供／凱賓斯基飯店麵包坊)

私房推薦的北京好餃子

特色美食

寶源餃子屋 川院

MAP P.273／C3
C出口轉搭
出租車前往

DATA

北京市麥子店街6號樓北側 (010)6586-4967 11:00～22:00
約￥72／人均

寶源餃子屋的口味非常好，水準在北京可說是數一數二，服務員的態度也很親切，招呼客人像招呼朋友一般。雖然店址不是位在商業鬧區，但由於臨近使館區，很多老外還有喜歡吃餃子的日本人都愛來這兒「練筷子功」，目的就是要大口嘗那一盤盤熱騰騰的餃子。尤其是每年的冬至，寶源都是大排長龍，有時候還要排隊等個半個小時以上。

店裡的招牌水餃是紫甘藍鍋巴水餃、中國年味水餃、太極水餃(餃子皮是一半黑色一半白色，裡頭的餡兒有黑米、玉米、馬蹄、青筍等)。餃子皮還有綠色、橘色、紫色等各式各樣顏色的；這裡的餃子好吃，最大的祕訣就是客人點單後，才進行打餡兒，所以吃起來很Juicy。由於是現做的手工餃子，所以要稍微等一下。除了吃餃子之外，還可以選擇吉利蝦、五彩醬茄、酸菜魚或辣子雞等食客常點的家鄉菜。

宝 源 饺 子 屋
AO YUAN DUMPLING RESTAURANT

1

2

3

12寶源餃子屋內部裝潢走古典味道 34色彩繽紛的餃子，光看就十分可口

4

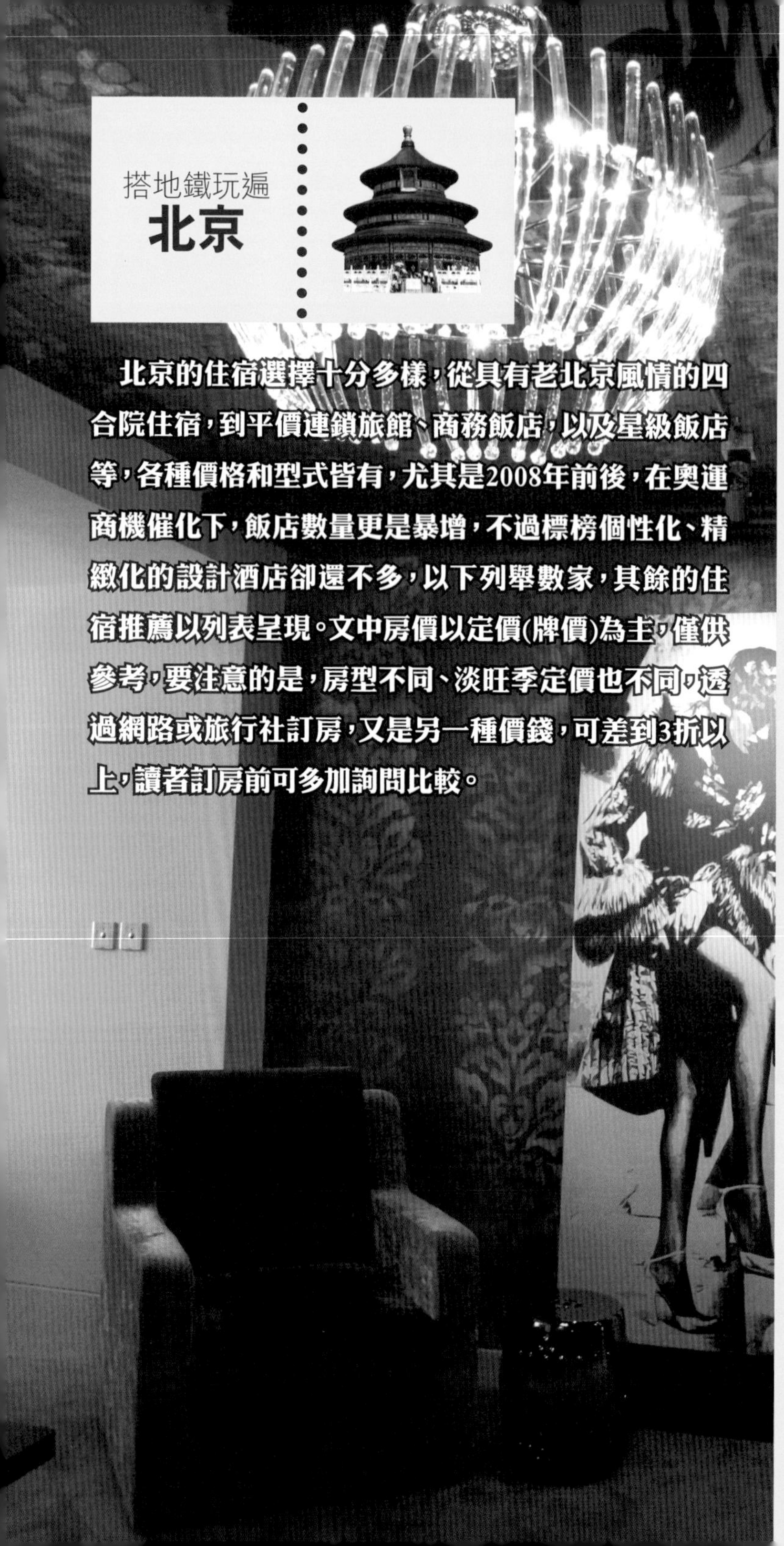

北京旅館住宿

北京的住宿選擇十分多樣，從具有老北京風情的四合院住宿，到平價連鎖旅館、商務飯店，以及星級飯店等，各種價格和型式皆有，尤其是2008年前後，在奧運商機催化下，飯店數量更是暴增，不過標榜個性化、精緻化的設計酒店卻還不多，以下列舉數家，其餘的住宿推薦以列表呈現。文中房價以定價(牌價)為主，僅供參考，要注意的是，房型不同、淡旺季定價也不同，透過網路或旅行社訂房，又是另一種價錢，可差到3折以上，讀者訂房前可多加詢問比較。

東城區

MAP P.73／C1

華爾道夫
Waldorf

DATA

http www.waldorfhotels.com.cn ✉北京市東城區金魚胡同5-15號 ☎(010)8520-8989 $ ¥1,886起／晚 ➔地鐵5號線燈市口站蜜；或從地鐵1號線王府井站步行約5分鐘

華爾道夫酒店是國際上非常著名的酒店，不僅經常出現在好萊塢電影中，更是美國總統到訪紐約時必定下榻的專屬酒店，為希爾頓全球酒店集團的一分子。北京華爾道夫酒店位在繁華的王府井商區，1分鐘就可步行到王府井，旁邊就是APM百貨，有1號線跟5號線地鐵站可搭乘，距離故宮、王府井教堂都只要5～15分鐘，生活機能與地理位置極為優越。

北京華爾道夫酒店主樓擁有171間客房，其中9間有戶外露台，除此之外，還有具有北京特色的胡同套房給遠道而來的賓客體驗！每個房間裡的電視、燈到窗簾都可遙控操作，屋內使用咖膠囊機提供咖啡，酒店內的房間生活用品也都是國際知名奢侈品牌。

＊因應大陸當地的住宿安全規定，入住前請確認酒店接待持台胞證的旅客

1

價錢昂貴那當然不在話下，但值得一提的是，酒店內沒有專設的行政酒廊，因為能來華爾道夫酒店住宿的都是頂級貴賓，沒有差別待遇。

最後說一下華爾道夫的小八卦，位在美國紐約的華爾道夫酒店，於2015年被中國安邦保險集團以19.5億美金買下，雖然還是委託希爾頓集團經營管理，但是原本習慣住華爾道夫酒店的美國總統歐巴馬，後來再到紐約的時候，就再也不住華爾道夫了。嗯，這是為什麼呢？

1華爾道夫不只名字貴氣，連外觀都金燦燦的 2樓梯不像5星級酒店那樣霸氣，體現文化底蘊 3 5門面雖然不大，但處處都是精緻 4華爾道夫的金字招牌

2

3

WALDORF
ASTORIA
BEIJING
北京华尔道夫酒店
4

5

朝陽區 MAP P.263／B2

瑜舍酒店

The Opposite House

DATA

http www.theoppositehouse.com ✉北京市朝陽區三里屯路11號院1號樓 ☎(010)6417-6688 $ ￥3,200起／晚 ➡地鐵10號線團結湖站A出口

因為日本建築師隈研吾的名氣太大，他所主導設計的瑜舍酒店也儼然成為三里屯一處景點。瑜舍從外觀到大廳、房間設計，大致以極簡風格、自然光線、低調的裝飾性為主。宛如馬賽克的翡翠綠玻璃方格，是酒店的外觀，晴朗天空下閃耀著清透的綠光，又像是把藍天白雲揉進玻璃裡一樣，如此的設計呈現出隈研吾口中的「城市綠洲」意象。

大廳內，原木地板、挑高空間，幾無阻隔，寬敞明亮。左側角落一張簡單的古董桌，就是接待處。供客人休息的沙發，如方形積木般簡潔排列；僅有的裝飾是取自中國傳統藥鋪靈感，由一個個藥櫃抽屜組成的隔間牆，陳列有藝術家的陶瓷作品。走到底，是用鋼板鋪地的一項大型裝置藝術。左手邊則是一家與街道相鄰，光線燦爛的咖啡廳。

1

2

3

4

1瑜舍全棟都是通透的帷幕玻璃，透露著翡翠綠色調，象徵與周遭環境相呼應 2地板都是原木 3餐廳包廂也極盡奢華 4以垂落的紗幕妝點而成的大廳

酒店的地下1樓則是餐廳區，包括地中海餐廳Sureno、Bei餐廳、Punk不夜酒吧等。瑜舍走精品設計旅館路線，有99間房，4種房型，房內也是清爽的原木風格，連洗手台、浴缸都是原木材質，十分特別。

朝陽區 MAP P.111／C2

極棧精品酒店

HOTEL-G

DATA

http www.hotel-g.com ✉北京市朝陽區工體西路甲7號 ☎(010)6552-3600 $ ￥1,200起／晚 ➡地鐵10號線團結湖站

這家飯店是由英籍建築師兼設計師林馬克(Mark Lintott)操刀設計，林馬克定居台灣多年，在台灣設計了不少時尚夜店，都頗受好評，風格大膽創新，走在潮流尖端。HOTEL-G在他規畫下，以六○年代的懷舊好萊塢風格為基調，走進旅館，

1

2

外頭亮晃晃的陽光立刻被隔絕在外，映入眼簾的是柔和略帶神祕的光線，坐在舒適的Lobby沙發上，整個人立刻被慵懶、遊戲般的氣息包圍。

飯店的外觀是一個個方方正正的窗戶，看似平凡無奇，但到了夜晚，每扇窗戶都能散發出7種不

同顏色的燈光，而且想要哪種顏色，房客可在自己房間內調控選擇，這讓飯店在晚上看起來就像個五光十色的調色盤！

HOTEL-G有110間客房，4種房型，風格大致偏向華麗與神祕，強調燈光的投射。牆上大圖輸出的電影海報，也讓房間有了彷彿是好萊塢劇院般的效果。而住宿有免費早餐、房間有iPod播放器、無線上網、免費撥打市內電話等，是這家飯店很受歡迎的貼心服務。

3

1酒店1樓的餐廳 2 3利用柔和的燈光、電影海報，營造出房間慵懶、懷舊的氣息

東城區 MAP P.73/D1

勵駿酒店
Legendale Hotel

DATA

www.legendalehotel.com.cn 北京市東城區金寶街9092號(燈市東口) (010)8511-3388 飯店24小時，賈梅士葡國餐廳11:30～14:00、18:00～22:00；碧翠法國餐廳10:00～22:00；濠江軒中餐廳10:00～22:00 用餐約￥392，住宿約￥3,193／晚 地鐵1號線王府井站A出口，打車過去不用跳表就到；或5號線燈市口站C出口，往南走至金寶街即是

1

外觀有如歐洲宮殿般的勵駿酒店，是一家投資了26億人民幣所興建的5星級酒店，2008年成立後，曾獲選為北京奧運會的官方接待場所。這裡有390間客房、79間公寓式酒店和126套私人府邸。整體以法式設計為主，大廳內部延續了外觀的藍白色系，一走進去，彷彿走進了法國路易時期的皇宮，古典雅致的豪華大廳，讓人為之震撼。飯店裡，充滿了歐洲16～19世紀的珍貴家具，法國巴洛克式的水晶吊燈、路易十四時期的大立鐘，將華麗的宮廷色彩與時尚設計，詮釋得淋漓盡致。

1勵駿酒店外觀有如歐洲皇宮，十分氣派 2飯店的大廳，延續外觀的藍白設計，其奢華感，彷彿只有在法國宮廷片中才會出現 3賈梅士葡國餐廳，以葡萄牙哲學家兼詩人賈梅士命名，牆壁上裝飾著特製的藍白磁畫，非常有葡萄牙色彩
(以上照片提供／勵駿酒店)

2

3

頤和園　MAP P.193／D1

頤和安縵
Aman Resorts

DATA

http www.amanresorts.com(有中文頁面) 北京市頤和園宮門前街1號 (010)5987-9999 飯店24小時；中餐廳11:30～14:30，18:00～22:30；西餐廳12:00～14:30，18:00～22:30；酒吧11:00～23:00 用餐約￥585／人均，住宿約￥3,193／晚 地鐵4號線北宮門站C出口，往東走到頤和園路右轉向南直行，到了宮門前街即可看到

帆船飯店的阿曼集團，在全球一片中國熱潮中，於2008年10月落腳北京，以奢華著名的阿曼，全球只有23家飯店，而「頤和安縵」就是其中之一。位於頤和園東門，號稱和頤和園只有一牆之隔的「頤和安縵」，可是有個VIP通道可直達園裡，讓遊客能在非開放時間進入園區，避開了擁擠的人群，安安靜靜地享受這專屬的片刻，讓客人享有如皇帝般的特殊禮遇。

「頤和安縵」的整體建築由百年的院舍改建而成，是當年慈禧太后入住頤合園時，陪同的親王內眷們所住的地方。門口兩隻端坐的石獅子，威嚴中流露著一絲霸氣，一進門，入目的是一堵牆，牆後則是寬大的院子，這裡保留了中國一進一院落的建築特色，第一個院落是接待大廳，步入廳內，陣陣樂曲飄來，時而古箏，時而琵琶，中國風味的家具，穿著復古服飾的演奏者，讓你彷彿置身於明清宮廷。這裡沒有一般飯店常見的櫃檯和空蕩蕩的大堂，取而代之的卻是典雅舒適的客廳，因為Check in、Check out都可以直接在客房間裡完成，所以不需要制式化的東西，更不需等待。

走出第一個院落，映入眼簾的是海棠、玉蘭和楓樹，意味著高風亮節和金玉滿堂，小巧的院子後面則是第二個廳堂，這裡是酒店的娛樂室，如果是下午來，會看到書法家現場揮毫，還有品茗和剪紙的藝術活動，如果都沒興趣的話，一旁還有許多書籍供你閱讀，各式各樣的紀念品可以購買。飯店也為房客提供中國傳統的健身方法，有著名的八段錦、太極、五禽戲和踢毽子，確保度假的客人獲得足夠的休息，而又不至於無聊的想離開。

AMAN

1

2

3

4

5

1頤和安縵 2大廳的一角，即使白天，屋內柔和的燈光，也讓人有種慵懶感 3廳與廳之間的院落 4大廳後方的用餐區，明式的仿古家具，精緻典雅 5酒吧外的中式園林

往外走是另一個小院，穿越悠靜雅致的園林，來到Carrie最喜歡的Lounge Bar。在這裡，即使名為酒吧，也是如此有中國風味，酒吧外的水池，大大小小的錦鯉，一看到人便蜂擁而上，張著圓呼呼的大嘴，等待好心人士的餵食。坐在這裡喝一杯，不論是美酒還是咖啡，望著對岸賞樂亭的倒影，讓人彷彿置身悠遠時空。

有機會造訪頤和園時，別忘了來這裡住上一晚或是喝喝下午茶，即使你不是Aman Junkie(死忠的阿曼迷)，連續3年獲獎的「頤和安縵」，還是值得你細細品味。

四合院特色旅店

名稱	地址	電話	交通	附近景點	房價
侶松園賓館	北京東城區寬街板廠胡同22號	(010)6404-0436	6號線南鑼鼓巷站	南鑼鼓巷、後海	¥1,188起
新紅資客棧	北京市東城區東四六條9號	(010)6402-7150	5號線張自忠路站	東四胡同、張自忠路、南鑼鼓巷	¥1,000起
古巷二十號	北京市東城區南鑼鼓巷20號6	(010)6400-5566	5號線張自忠路站	南鑼鼓巷、後海	¥888起
竹園賓館	北京市西城區舊鼓樓大街小石橋胡同24號	(010)5852-0088	2號線鼓樓大街站	鐘鼓樓、後海	¥520起
牡丹院子酒店	北京市東城區安定門西大街8號	(010)6407-6799	2號線安定門站	鐘鼓樓、雍和宮、孔廟	¥428起，多人房床位¥128

商務型&青年旅店

名稱	地址	電話	交通	附近景點	房價
木棉花酒店	北京市東城區東華門大街16號	(010)6525-9988	1號線王府井站或天安門東站	故宮、王府井大街	¥1,280
兆龍飯店	北京市朝陽區工體北路2號	(010)6597-2299	10號線團結湖站	三里屯、工體商圈	¥800起
鼓韻青年酒店	北京市西城區舊鼓樓大街51號	(010)6403-7702 (010)6403-9907	2號線鼓樓大街站	鐘鼓樓、後海	套房¥180起，多人房床位¥55起
麗舍什剎海國際青年旅舍	北京西城區德勝門內大街103號西海湖畔	(010)6406-9954	2號線積水潭站	後海、鐘鼓樓	套房¥298起，單人床位¥60起
東堂客棧	南鑼鼓巷85號	(010)6405-1207	6號線南鑼鼓巷站	南鑼鼓巷、後海	多人房床位¥50起

經濟型連鎖旅館

＊訂房前請確認是否接待大陸以外的遊客

名稱	網址	電話
如家快捷	www.homeinns.com	4008203333
錦江之星	www.jinjianginns.com	4008209999
速8酒店	www.super8.com.cn	4001840018
欣燕都	www.shindom.com	4008102191
7天連鎖酒店	www.7daysinn.cn	4008740087
北京城市青年酒店	www.centralhostel.com	(010)8511-5050

世界主題之旅

日本中部深度之旅
搭地鐵玩遍釜山
Rome & Vatican
羅馬、梵蒂岡深度之旅
巴塞隆納自助超簡單
Barcelona
東京聖經
搭地鐵玩遍上海
波蘭自助超簡單
深度之旅

深度旅行

130 **大阪，慢慢散步**
作者／Vivian Chang

127 **聖地雅哥朝聖之路**
作者／區國銓Benito

125 **嗯哼 這才是越南**
作者／DD

124 **多倫多深度之旅**
作者／海馬老爸

122 **冰島深度之旅**
作者／劉月丹

121 **波蘭深度之旅**
作者／周小仙

119 **曼谷・象島**
作者／傑菲亞娃

118 **巴塞隆納自助超簡單**
作者／老蝦

117 **靜岡喔嗨唷！**
作者／Kayo

116 **日本中部質感漫旅**
作者／Gloria

115 **義大利南部深度之旅**
作者／簡婉莉(莉莉安小貴婦)

114 **印尼爪哇：雅加達・萬隆・日惹・泗水**
作者／陳怜朱(PJ大俠)

113 **波蘭自助超簡單**
作者／蜜拉・葉士愷

112 **澳門自由行：7條路線懶人包**
作者／梁詠怡

111 **用鐵路周遊券輕鬆玩東日本**
作者／摩那卡・瓦拉比

110 **沙漠國家探索之旅**
作者／陳慧娟

109 **羅馬、梵蒂岡深度之旅**
作者／潘錫鳳

108 **日本中部深度之旅**
作者／阿吉

107 **Slow東京**
作者／蔡欣妤

106 **雲南旅行家**
作者／窗育華

105 **日本東北深度之旅**
作者／三小a

103 **旅戀日本岡山**
作者／李思嫻

102 **紐西蘭旅行家**
作者／舞菇

101 **用鐵路周遊券輕鬆玩西日本**
作者／摩那卡・瓦拉比

100 **香港自己的味道**
作者／Esther

099 **義大利尋藝之旅**
作者／蕭佳佳

098 **德國旅行家**
作者／林呈謙

097 **溫哥華深度之旅**
作者／海馬老爸

093 **中國7城創意新玩法**
作者／賴雅婷・王微瑄

090 **澳門食尚旅行地圖**
作者／梁詠怡

089 **倫敦旅行家**
作者／林庭如

088 **美國中西部驚嘆之旅**
作者／許正雄・陳美娜

087 **西班牙深度之旅**
作者／宋良音

077 **Traveller's東京聖經**
作者／許志忠

076 **泰北清邁享受全攻略**
作者／吳靜雯

075 **聖地之旅：以色列・約旦・黎巴嫩・敘利亞**
作者／邱世崇

067 **眞愛義大利**
作者／吳靜雯

066 **野性肯亞的華麗冒險**
作者／黃嘉文・吳盈光

057 **Traveller's曼谷泰享受**
作者／吳靜雯

046 **Traveller's波士頓**
作者／周蔚倫

搭地鐵系列

104 **搭地鐵玩遍大邱**
作者／Helena(海蓮娜)

094 **搭地鐵玩遍紐約**
作者／孫偉家

086 **搭地鐵玩遍曼谷**
作者／葉志輝

082 **搭地鐵玩遍釜山**
作者／Helena(海蓮娜)

079 **搭地鐵玩遍首爾**
作者／索尼客

070 **搭地鐵玩遍倫敦**
作者／李思瑩・英倫懶骨頭

069 **搭地鐵玩遍新加坡**
作者／但敏

062 **搭地鐵玩遍香港**
作者／三木

061 **搭地鐵玩遍北京**
作者／黃靜宜

059 **搭地鐵玩遍東京**
作者／孫偉家

053 **搭地鐵玩遍上海**
作者／葉志輝

夢起飛系列

505 **紐西蘭自助旅行**
作者／林伯丞

504 **騎在天使安排的道路上**
作者／張永威

503 **用馬拉松旅行世界**
作者／劉憶萱(江湖一品萱)

502 **英國開車玩一圈**
作者／Burger Bus英式漢堡店小夫妻Edison & SaSa

501 **走！到法國學廚藝**
作者／安東尼

Day by Day系列

602 **下飛機Day by Day，愛上京・阪・神・奈**
作者／飄兒

601 **下飛機Day by Day，愛上舊金山**
作者／李朵拉

打工度假系列 夯!

So Easy 095
開始到日本打工度假
作者／高函郁

So Easy 093
開始到英國打工度假・留學
作者／陳銘凱

So Easy 088
開始到美國打工度假
作者／高函郁

So Easy 084
開始到加拿大打工度假
作者／陳玉琳

So Easy 038
開始到紐西蘭打工度假
作者／蔡弦峰

世界主題 096
澳洲打工度假，送給自己勇氣的一年
作者／Lewis・Vivi

世界主題 091
澳洲打工度假：墨爾本・布里斯本・雪梨三大城市邊賺邊玩
作者／黃奧登・艾芙莉

世界主題 081
澳洲打工度假一起Cooking!!
作者／Soda・Terry

世界主題 065
澳洲打工度假聖經
作者／陳銘凱